平凡社新書
553

サンデルの政治哲学

〈正義〉とは何か

小林正弥
KOBAYASHI MASAYA

HEIBONSHA

サンデルの政治哲学●目次

第二講　ロールズの魔術を解く――『リベラリズムと正義の限界』の解読……96

※サンデルの著作名は、各講のサブタイトルに『』で示した（第一講の『正義』は、『これからの「正義」の話をしよう』のこと）。また、各著作の部・章タイトルについては、原著・訳書からのものは、「」で表記した。

はじめに――マイケル・サンデルの政治哲学の全体像

NHK教育テレビの「ハーバード白熱教室」(以下、「白熱教室」)が二〇一〇年四月から六月まで放映され、私も含め関係者の誰もが予想しなかったような知的大ブームが起きた。タイミングよく、『これからの「正義」の話をしよう――いまを生き延びるための哲学』(鬼澤忍訳、早川書房、二〇一〇年)が五月に出版され、ベストセラーになった。アマゾンで一位になったと聞いたときは耳を疑い、「学術書の一位ではないか」と聞き返したほどであった。ところが、半年たってもあいかわらず上位一〇冊に入っており、すでに六〇万部も印刷したという。

ここまで来ると、戦後日本の歴史に残る文化的現象と言ってもいいだろう。ヨースタイン・ゴルデルの『ソフィーの世界――哲学者からの不思議な手紙』(池田香代子訳、日本放送出版協会、一九九五年)などのような易しい啓蒙書がブームになったことはある。ただ、この本は哲学のエッセンスを一般の人にわかりやすく書いたものである。それに対して、「白熱教室」はハーバード大学の講義そのものだ。だから、このようなブームになるとは、関係者は誰も思っていなかったのである。

ところが、放送開始直後から、ツイッターやブログなどインターネットの世界から始まって、大反響が起こった。私はこの番組で、翻訳のチェックと解説を行っていた。この反響を見て、ただならぬことが起こりつつあることを知り、一層この作業に傾注した。すると、やがて雑誌をはじめとする様々なメディアから問い合わせが来たり、インタビューを受けたりするようになっていった。ビジネス誌や女性誌などからもインタビューを受けて、反響の広がりに驚いたものである。

番組での短い解説（毎回二回で一分半ずつ）は、NHKの要請に応えて、マイケル・サンデル教授（以下、敬称略）が何をこの講義で言おうとしているのか、大きな方向について簡単に説明したものである。その翻訳・台本が『ハーバード白熱教室講義録＋東大特別授業（上・下）』（早川書房、二〇一〇年）として刊行された。解説には若干の加筆修正を行ったが、骨格は同じである。番組での解説は時間的制約があったので、エッセンスを凝縮して述べた。幸い好評だったが、「講義で彼が何を伝えたかったのか。彼自身の思想はどこにあるのか」ということについて、もっと知りたい方も多いだろう。DVD「ハーバード白熱教室」には、より詳しい解説を付したが、基本的には各回の講義についての解説である。白熱教室でサンデルが話していないことについては、ほとんどふれていない。

また、『これからの「正義」の話をしよう』は、ハーバード講義をもとにサンデルが一般向けに書いた概説書である。ただ、内容は「白熱教室」との共通性が高く、サンデルは、正義についての様々な考え方を説明することに主眼を置いているので、自分自身の主張についてふれているのは最後の方だけである。

そこで、本書では、サンデルのこれまでの全著作（編著を除く）を取り上げ、それぞれに学問的解説を加えることによって彼の思想の全体像を描き出してみたい。実際に、番組が反響を呼んでから、私のもとには上記のような要望がしばしば寄せられたので、五回にわたりサンデルの全著作について講義を行った。その内容を基本にして、全面的に加筆修正してできたのが、本書である。そこで、本書では講義形式の体裁をとって各章を構成し、サンデルの哲学的な思想をなるべくわかりやすく説明するように試みた。

インタビューなどでは、「なぜこのような大反響が生まれたか」ということについて聞かれることが多かったので、「序」はそれを中心にまとめた。第一講は、「白熱教室」（二〇〇五年収録）や『これからの「正義」の話をしよう』（二〇〇九年）を改めて振り返ってそのエッセンスをまとめてある。すでにこれらにある程度接している人には、一種の復習となろう。第二講は、サンデルが広く学問的に知られるに至った『リベラリズムと正義の限界』（一九八二年）について説明したものである。この著作は哲学的で難しいので、可能な限り明快に解説するように努めた。第三講は、彼がアメリカの公共哲学について具体的・歴史的に説明した『民主政の不満——公共哲学を求めるアメリカ』（一九九六年）についての解説である。私たちが翻訳しているこの著作は、政治哲学のみならず公共哲学という観点からも重要なので、その内容には私の最も伝えたいことが凝縮されている。第二講と第三講で扱った二著作は、彼の政治哲学の主著と言えるものであり、本書の中心をなす。

第四講は、彼が生命倫理について明確に自らの意見を公にした『完成に反対する理由』（二〇〇七年）を説明した。サンデルは、遺伝子工学によって人間の能力が増強されることに道徳的に反対しており、この著作でその哲学的な理由を明らかにしたのである。ミスリーディングな題名で翻訳が刊行されているので、彼の真意が明確に伝わるように努めた。第五講は、公共哲学という言葉自体が題名になっている『公共哲学』（二〇〇五年）を解説した。この著作は、多様な主題についての小論からなっており、政治的評論や文化的・社会的論説、そして哲学的論説を含んでいる。一見雑多な主題が含まれているので、公共哲学の観点から統一的に説明するように試みた。最終講では、全体をまとめて整理しつつ、サンデルの思想的展開について私なりの解釈を示した。特にこの部分はサンデル解釈としても新しく、私としては本書が学問的な貢献ともなりうることを希望している。

第二講から第四講までは時系列に即して独立した著作を扱い、『これからの「正義」の話をしよう』と『公共哲学』は本書全体にわたる主題を扱っているので、最初と最後で取り上げた。「正義」と「公共哲学」はサンデルの政治哲学の全体を貫く主調音ともいえよう。

それぞれの章では、はじめに序説的な説明をしてから、その著作の内容を概観し、最後に私なりの観点からの解説や補足説明を付してある。政治哲学や公共哲学の広がりの中で、サンデルの著作に関連の深い議論や背景を紹介して、彼の著作を位置づけ、その意義を明らかにした。新書の性質上、参考文献は最小限にとどめざるを得なかったので、関心を持たれた方はこの説明を入り口にして、政治哲学や公共哲学の世界を自ら探究していただければ幸いである。

第五講や最終講で述べたように、彼の政治哲学は単に学問の世界だけではなく、実際の政治や社会において、重要な意味を持つ。本書の副題を「〈正義〉とは何か」としたように、サンデルの政治哲学は、「本来の正義とは何か？」「本来の正しさとは何か？」という問いを公共的に喚起するにいたった。本来、この問題は、私たちのすべてが日々、私的生活と公共的生活の双方において直面している課題である。サンデルは、今や日本でもっとも知られている公共哲学者となった。彼の問いを導きの糸として、この課題に対して哲学的に熟考し、探究していこう。本書が、そのような「正義の探究」を可能にする良き道案内となりうれば、私としてはいささかの「善」を公共的に行ったことになる。それは、私にとっては望外の喜びである。

※　本書では、必要な場合には原語や説明、省略などは（）、学術語や既存の訳語、訳注補足などについては［］で示した。また、巻末に「読書案内」を掲げ、重複する場合には本文中では書誌的情報を省いたので、必要に応じて参照されたい。

序　新しい「知」と「美徳」の時代へ——なぜ、このような大反響となったのか

「白熱教室」放送時には、実にさまざまな方から感想が寄せられた。私の周辺にいる人たちはもちろん、熱心な視聴者からの問い合わせを受けることも多く、その熱意は電話越しでも明確に感じられた。そうした受け答えなどを通じて「なぜここまで大反響を生んだのか。何がそこまで視聴者や読者を惹き付けたのか」という理由が徐々に浮かび上がってきた。ここでは次の八点を大反響の理由として挙げてみよう。

ハーバード大学という知的ブランド

「世界の最高峰と言われるハーバード大学で、いったいどのような講義をしているのか」。

多くの視聴者の関心は、ここから始まったのではないだろうか。テレビをパッとつけた時、あるいは新聞などで番組表を見た時、ハーバードの講義であることが目に飛び込んでくる。この知的ブランドの力はかなり強かっただろうと想像できる。

もちろん、ハーバードの講義であり、またサンデルの研究が反映しているだけあって、その

内容は超一流の優れたものである。この「白熱教室」は、ハーバード大学史上はじめて一〇〇〇人以上の学生を集めた大人気の講義であり、サンデルはアメリカで最も有名な教授と評されることもある。また、テレビでその講義を日本にいながら日本語で体験することができる。

そして、二〇一〇年八月末にサンデルが来日した際は、東京大学の安田講堂で一〇〇〇人規模の対話型講義が行われた（その様子は「白熱教室 in Japan」としてNHK教育テレビで放送され、六本木でも「マイケル・サンデル教授特別講義・日本版」を行った）。「ハーバード大学が世界の知の中心であれば、日本の中心は東京大学」という発想でこのような講義が企画されたのだろう。雑誌の特集などでも、「ハーバード大学 対 東京大学」という枠組みのものもあった。

しかし、このような知的ブランドだけでは、決して大ブームは生まれなかっただろう。番組を知る入り口としてはハーバードのブランドも意味があっただろうが、他にも重要な要因がある。それは何だろうか。

大衆社会の中の知的なオアシス

第二に、知的な興奮を掻き立てるこのプログラムが、テレビ放送全体の中で際立っていたという点を指摘しておきたい。

日本の多くのテレビ放送ではお笑い番組やスポーツ番組が主流になっており、知的なことや真剣な哲学的問題とは関係のない番組がほとんどである。これは学問的には「大衆社会状況」

と言われるが、そういう状況の中でたまたまチャンネルを合わせたら、真面目な内容が放送されているのだ。他の多くの番組とは明らかに異なるこの印象は強烈であろう。ここに、知的興味を持った方々が惹き込まれたのではないだろうか。大衆社会状況的なテレビ放送における一種のカウンターパンチとして、この番組が注目を浴びたのではないだろうか。「白熱教室」は、いわば放送における「知的なオアシス」のように感じられたと思うのである。

私は、かねてから知的状況の貧困さを憂い、大衆社会状況の批判をしてきた。しかし、知的な関心や欲求というものは、日本人の魂の深いところにマグマのように潜在していたのかもしれない。今回、「白熱教室」の放映を通じて、伏流水のように潜んでいた知的関心のマグマに突破口が開かれ、このチャンネルを通じて一気に噴出してきたように感じた。これはじつに喜ばしいことであった。

対話型講義の新鮮さ

第三に、「対話型講義の新鮮さ」を挙げたい。視聴者の多くはたまたまチャンネルを合わせ、この新鮮な魅力にふれて番組に惹き込まれていったのである。サンデルの講義は、非常に大人数の学生を相手に、学生から議論を引き出しながら進められていく。その流れはじつに流麗で印象的である。

日本でも、大学のゼミなどでこのような対話型方法は用いられているが、大規模講義で行われることはほとんどなかっただろう。だから、多くの日本の視聴者にとって、このような方法を見るのは初めての体験であったはずだ。視聴者は、サンデルと学生の対話、そして学生同士の議論の妙に、思わず引きずり込まれていったのだろう。

対話や討論こそは、ソクラテス以来の伝統であり、現在でも例えばロースクールなどではソクラテス型メソッドと呼ばれる教育方法が行われている。対話や問答を通じて真実に近づいていくこと。これこそが、哲学そのものの原点なのだ。つまり視聴者は「白熱教室」を通じて、哲学の原型をかつてない大規模な形で追体験していることになる。

聞くところによると、「白熱教室」の視聴者は、一切他のことをしないでテレビの前に座り込んで、じっと見ていた方が多いという。この番組は「ながら族」のように見ることはできず、番組の前に用事は済ませ、真剣に集中するらしいのだ。少しでも流れを見逃すと展開がわからなくなってしまうからであろうが、そこまで真剣に見られるテレビ番組は大変に貴重である。

このような「対話」には、哲学本来の姿がある。ここから、哲学的思考そのものが再生する可能性があるだろう。日本においては、初めて確立することになるのかもしれない。対話や議論を通じて、「人間はどう生きるべきか、世界はどうあるべきか」といったことを考えて、自分自身の生き方の手がかりにするということ。「白熱教室」は、哲学のこの姿を目で見せ、多くの日本の方々が自由に気軽に、しかし真剣に体験することができるきっかけを作ったのである。

講義の演劇的アート(技術・芸術)

第四に、サンデルの対話型講義は、いわば教育的芸術と言ってもいいほどの「アート」を駆使しているという理由を挙げることができる。アートという言葉は、技術・芸術という意味であり、例えば「政治術《ポリティケー》」というようなギリシャ時代の言語の感覚で「術」と言うことにすれば、サンデルは卓越した「講義術」を持っているのである。

サンデルは、学生たちの様々な考えを引き出しながら、対話を通じて議論を深化させていく。この手法は実に見事である。サンデルは、いわば全体の進行を制御する指揮者のような役割を果たしており、発言する学生たちに様々な演奏をさせていくように感じられる。

それはいわば演劇的な構成を持っているように思われ、ちょうどプラトンが書いたソクラテスの対話編のような趣を持っている。プラトンの対話編においても、ソクラテスの対話相手が様々な議論を繰り出し、対話を通じてソクラテスはそれらの議論の難点を明らかにしていく。ソクラテス自身の最終的な考え方は容易にはわからないが、問答を通じて議論は深められていくのである。

視聴者はいつしか、サンデルが主役となった演劇を見ているような感覚を持つに至る。「白熱教室」は、まさに劇場型の大教室(サンダース・シアター)で行われていたし、東大の安田講堂もそれに近かった。だから、「白熱教室」の番組では、劇場型教室を舞台に講義という演劇を見ることになる。これは知的な観劇体験のようなものである。

視聴者から見れば非常に面白いけれども、私の体験からも、教師にとっては実に厳しい講義で、毎回アドリブで演技をするような緊張感が要求される。従って、知識や洞察力は当然のことながら、講義をするための高度な「アート」が必要になってくる。

また学生たちにも、予習などの準備が要請される。「白熱教室」では、学生たちはグループに分かれてティーチング・フェロー［ハーバード大学での呼称］の指導を受け、事前に文献を読むなどの準備をしている。だから、サンデルの技量が、事前に予習をしてきた学生たちの思考としっかりかみ合い、この結果が素晴らしい対話となり、みごとな講義となったのである。

このような講義を日本で実現することは必ずしも容易ではない。この講義の背景には、充実したチューターないしティーチング・アシスタントなどの制度や、学生たちの努力があることを忘れてはならないだろう。

事例や道徳的ジレンマの吸引力

第五の理由は、実例や仮想的な例と、それをめぐる道徳的ジレンマが非常に印象的なことであろう。このジレンマを考えることが非常に面白く、それを考えることにより、視聴者も深く講義に自ら参加することになる。

道徳的ジレンマとしては、暴走する路面電車や救命ボート（殺人と人肉食）の事例などは、すっかり有名になった。実例も面白く、例えばクリントン大統領のモニカ・ルインスキー事件（第7回）が興味深い視点から扱われたり、脚の不自由なゴルファーによるゴルフ・カートの使用問題（第10回）などのように、訴訟の例も多く取り上げられている。

これらの事例を通じて哲学的な原理を深く考えることが、「白熱教室」の醍醐味である。実際に番組を視聴すると、原理を念頭に多くの事例を深く考えることを通じて、原理にせよ、事例についての判断にせよ、当初の考え方が変わることもしばしばあるだろう。考える前と後で、見解が変わっていくという経験は重要である。このプロセスを、サンデルは「弁証法《ダイアレクティクス》」と表現した。ごく簡単に言えば、対話などを通じて、原理と実例との間を往復して考えることである。それによって、当初は正しいと思った原理や実例の判断を修正し、深化させていくプロセスを体験できるのである。哲学的な思考方法は、決して限られた人たちのものではない。自ら対話や討論に参加しなくとも、追体験をすることにより、哲学という営みの醍醐味を味わうことは充分可能なのである。

政治哲学というジャンルの魅力

対話型講義は分野を超えて有意義であることは確かだが、もしも他のジャンルでの講義だったらここまでのブームとなっただろうか。思うに、政治哲学という分野の新鮮な魅力が、大反響を呼んだ第六の要因として挙げられるだろう。

政治哲学という分野は、これまで日本ではほとんど知られていなかった。我が国では政治思想史や政治学史の講義はあるが、政治哲学についての講義はあまり聞かない。政治哲学はさほど研究されておらず、研究者も少なく、本も少ないのである。例えば大学で政治や法律を学んだ人の多くも、「白熱教室」のような講義内容は知らない。だから、未知の分野に接して、惹き込まれた部分も非常に大きいのではないだろうか。

哲学が人生や世界のあり方を考えるために重要な役割を果たすのと同様に、政治哲学は政治や経済を根底から考えるためには必須の学問なのだが、日本ではあまりにそれが知られていなかった。今回、はじめてこのジャンルを知り、真剣に理解したいと考える人がたくさん現れたのである。

また、現在進行形である政治経済の問題を議論する際には、どうしても実例を取り上げて論じる必要が出てくる。この点もサンデルは巧みで、非常に印象的な実例を出してリアルな思考の訓練を行っている。例えば、兵士募集法と代理母契約（第5回）、アファーマティブ・アクション（第9回）、同性婚問題（第12回）などを具体的なテーマとして議論を展開していくが、これも今までの日本の哲学ではあまり見られなかった方法だ。

そして具体例だけ論ずるのではなく、必ず抽象的な原理・原則と関連させて議論を進めるのも大きな特徴だ。実例だけでは哲学にならないし、他方、抽象的な原理・原則だけ検討しても机上の空論に陥りやすく、多くの人たちを惹き付ける魅力に欠けてしまう。印象的でリアリティあふれる具体例と、原理・原則との絶え間ない往復運動が、前述した弁証法的な方法であり、彼の政治哲学の重要な特徴の一つである。

日本や世界の時代状況とのマッチ

大反響を生んだ第七の理由は、サンデルの講義の内容が、現代の日本や世界の政治経済の課題に合致しているということだろう。

例えば講義のはじめの方の回では、功利主義やリバタリアニズムを取り上げている。これらは経済や市場主義を重視した思想であり、これまでの日本や世界の政治経済において有力な考えだった。それに対する批判的な議論を展開していくサンデルに、視聴者は共感を覚えるようになる。なぜか。

日本で言えば、現在、民営化や構造改革路線が生み出した経済的問題と、それを促進した思想に多くの人が疑問を抱いている。このような問題点に哲学的な観点から議論を提起していくことにより、視聴者は講義に惹き込まれていくのである。サンデル自身の政治哲学は番組の終盤にならないと見えてこないのだが、そこにいたる道筋は、今の政治経済の問題点に即しているのである。

もし五年前くらいだったら、アメリカはブッシュ政権、日本では小泉政権などの推進したネオ・リベラリズムないしリバタリアニズムが隆盛を誇っており、過度な市場経済化ないし商業化を批判するサンデルのような議論が、かくも反響を呼ぶことは考えられなかった。しかし、現実の政治経済は、リーマン・ショック以降、方向性を見失い、新たな考え方を求めている。このような状況下では、システム自体を根底から考え直す必要がますます求められるようになっている。例えば、「世界の経済システム、つまり貨幣システムや金融システムの根幹から考え直さなくてはいけないのではないか」という議論が、真剣に展開されている。

サンデルがＮＨＫから初めてインタビューを受けたのは、ＮＨＫスペシャル「マネー資本主義」という番組の最終回（二〇〇九年七月二〇日）であったが、それはこのような問題意識のもとに行われたものだった（内容はＤＶＤ「ハーバード白熱教室」の解説ブックレットに収録）。このインタビューの際に、ＮＨＫはサンデル自身からハーバード講義の放送を勧められ、「白熱教室」として放送することになったという。こういう時代背景があるからこそ、サンデルが提示した政治哲学の議論が、多くの人の興味を惹いたのだろう。後述するように、サンデルの主張する「コミュニタリアニズム」は、日本でいえば、小泉政権に代表されるネオ・リベラリズムに対するオルタナティブなのである。

アメリカではオバマ政権への交替があり、日本では鳩山政権、民主党政権への交替があった。オバマ大統領は道徳的理想を語り「変革」を訴えて当選したし、鳩山氏は、「友愛」や「新しい公共」といった理念を掲げて、新しい政治を試みた。このように倫理性とか精神性が、アメリカにおいても日本においても、現実政治において発現したのである。

このような変化に対応する政治哲学を求めれば、サンデルらのコミュニタリアニズムが鮮やかに浮かび上がってくる。現実の政治の方が先行したけれども、知の世界でも、同様の方向を持った政治哲学が大ブームを引き起こした。サンデルの講義に共鳴を覚えることと、政権交代という大変化とは、実は深いところで、しっかりと結びついているのであろう。

東アジアの文化的伝統

サンデルの政治哲学の軸心は、「正義」と「善」の関係を問うところにある。「善」と無関係に正義を考えるという点で「善なき正義」と言えるリベラリズムの考え方を批判し、〝善を無視しては正義を充分に語ることはできない〟と主張しているのである。サンデル自身の政治哲学の核心は、後述するように「善ありし正義」という正義観にあると言えよう。これは、「倫理」という言葉の伝統的な意味において、まさに倫理的な正義の観念であると言ってもいい。

そして、このような「善ありし正義」という考え方は、徳を重視する東アジアの文化的伝統とも深いところで共鳴しているように思われる。これは、大反響を起こしている第八の理由かもしれない。

儒教においては、「義」は徳に不可欠な要素の一つであり、倫理的な観念である。サンデルの支持する正義の考え方も、美徳を促進するような「正義」である。だから、儒教的な「義」の観念は、サンデルの指し示す「善ありし正義」という考え方と通底するのである。

サンデルは、日本だけではなく、韓国でも大きなブームを引き起こしており、二〇一〇年の訪日直前の韓国での講義には四五〇〇人が集まったという。おそらく現代では、いきなり儒教と言っても、古いものと感じられることが多いだろうが、サンデルの政治哲学は、今日の政治経済の状況に対応するものだからこそ、大反響を引き起こした。その倫理的正義の発想は、儒教をはじめとする東アジアの倫理的伝統と共鳴するからこそ、ここまでの知的旋風を引き起こしたのかもしれない。

大反響の理由と、そこから現れる可能性

これまで、「①ハーバードというブランド、②大衆社会における知のオアシス、③対話型講義の新鮮さ、④演劇的アート（技術・芸術）、⑤事例と道徳的ジレンマの吸引力、⑥政治哲学という新ジャンルの魅力、⑦日本や世界の時代状況とのマッチ、⑧東アジアの文化的伝統」という八点から、「白熱教室」の人気をまとめてみた。

それでは、このブームからどのような可能性が現れるだろうか。ここからは、新しい学問と教育が現れる可能性があるように思われる。それを「学問改革」と「教育改革」と呼んで、今日の知的状況に触れながら、その可能性を示してみよう。

学問の原点回帰

哲学と言えば、大学の文学部でカントやヘーゲルの難しい思想を勉強するというイメージが強い。でも、哲学の原点はそのようなものではなかった。プラトンがソクラテスを主人公として書いた対話編を見ると、哲学の原点は、ソクラテスと登場人物との生き生きとした対話にあることがわかる。

「白熱教室」には、まさにソクラテスの対話を彷彿とさせるものがあり、ここに新しい哲学の姿があると私は強く感じる。ソクラテスが対話する相手は、当時のアテネの人々であり、中には若者も多い。『国家』に登場するアデイマントスやグラウコンなどは知っている人も少なくないだろう。対話編では、登場人物がそれぞれの考え方を述べ、それに対してソクラテスが問う形で議論を深化させていく。だから、今日では登場人物の開陳した考え方も、その名とともに知られている。例えば、『ゴルギアス』に登場するカリクレスとか、『国家』に登場するトラシュマコスといえば、「強者の利益こそ正義である」「力こそ正義である」という現実主義的な議論を代表している。

それと同じように、「白熱教室」に登場する学生たちは、様々な思想を代表し、その思想を展開していく。サンデルが時に「君は○○（例えば、リバタリアンとかコミュニタリアン）だね」と言って思想的立場を自覚させるのも、このための技術と言うことができよう。そして、ソクラテスたちが行っていたように、議論が対話を通して深化していくことになる。

万人哲学者――「愛智の学」の復活による学問改革

そして、「白熱教室」では、職業的な哲学者ではなく、学生たちが自ら哲学を展開させていく。この講義は全学の学生が受講できるもので、哲学を専門とする学生たちだけが受講しているわけではない。だから、他の領域を学ぶ学生も堂々と哲学的議論をしているわけである。サンデルが東大講義で最後に述べていたように、このような対話や議論は、東大安田講堂やハーバード大学だけで行われうるものではなく、広く社会一般で多くの人々が行いうるものである。それによって、文化や社会、そして政治が質的に向上するだろう。つまり、このような哲学的対話は、職業的な哲学者だけが行うものではなく、市井の人々が行いうるものである。私はそのような考え方を、万人が哲学者たりうるという意味で「万人哲学者論」ないし「万人哲人論」と呼んでいる。

哲学は英語でフィロソフィーと言う。ソフィーは古代ギリシャ語のソピア、ラテン語のソフィアに由来して「智」を意味し、ギリシャ語のフィロスは「愛する」とか「求める」という意味なので、哲学は「愛智」の学と言い換えることができる。今回の講義は、視聴者が愛智の生き生きとした姿を見る大きなチャンスになっただろう。

哲学者同士で、難しい術語を用いて議論を展開するのは、確かに学問的には重要だが、それでは愛智の素晴らしさは広まらない。そうではなく、優れた哲学者が学生の議論を通じて哲学を展開させていく、姿を目の当たりにすることで、議論や討論を通じて智に到達することの素晴らしさや魅力がわかり、智を愛すること、すなわち真の哲学の姿が伝わったのである。

サンデルも語っていたが、哲学というものは、我々が常識的に当たり前だと思っていることの自明性を揺るがす。しかし、懐疑主義に陥ることなく、省察や議論を重ねていけば、結果として、より深い考え方に到達することを可能にする。学問の原点に立ち返り、このような学問を発展させることこそが、学問改革につながっていくのではないだろうか。

世界的な視座の中の新しい「知」の意義

また、このような新しい知的な風が、ハーバード大学という世界の学問的中心から始まったことも、大きな意味を持っている。あとの章で詳しく述べるが、政治哲学や法哲学を復興したのはジョン・ロールズ(一九二一—二〇〇二年)というハーバード大学の哲学教授であり、彼が今日のリベラリズムの基礎を築いた。また、ロールズを批判したロバート・ノージック(一九三八—二〇〇二年)はリバタリアニズムの創始者であるが、彼もハーバード大学の哲学教授だった。これに対して、ロールズらを批判したのが政治学教授のサンデルである。このように、リベラリズムやリバタリアニズムの代表者も、それを批判するサンデルも共にハーバード大学の教授なのだから、ハーバードは政治哲学の世界的中心と呼び得る大学なのだ。

そして、サンデル自身はオックスフォード大学で博士号を取っており、ヨーロッパの思想も充分に知っている。サンデルの議論は、ヨーロッパ思想を視野に入れているのだ。

現在の哲学界一般に目を転じてみよう。サンデルの先生であるチャールズ・テイラーはカナダの哲学者で、ヘーゲル哲学の研究から始めて独創的な新しい哲学の流れを作っていった人物である。近年、フランス系の現代思想の大家が相次いで亡くなったため、世界的にはドイツのユルゲン・ハーバーマスがおそらく一番有名な哲学者であり、テイラーはその次ぐらいに位置しているように思われる。テイラーの最も優秀な弟子がサンデルだから、働き盛りの世代の哲学者全体を考えても、サンデルは最も重要な人になりつつある。そしてサンデルの政治哲学は世界的にもその栄誉に相当する深みや蓄積を持っていると言えるだろう。

日本における戦後の知のブームについて考えてみると、早い時期にはまずマルクス主義の流れがあって、左翼的思想が隆盛を極めていた。この系譜において、最近まで思想界の中心にあったのは、ポスト・モダンと言われるようなフランス系の現代思想であった。しかし、このポスト・モダン思想においては、「私たちはどう生きるべきか」「政治経済はどうあるべきか」といった問いに建設的な答えを見出すことはできないように思われる。そもそもポスト・モダンは、そういった理想や真理の体系を批判する所から生まれた知だからである。原理的に理想を見出せない思想は、いわば知の自殺行為とも言えるのではないだろうか。

サンデルの立場は、この種のポスト・モダン思想とは明確に異なっている。ポスト・モダンの方向性とは逆に、サンデルは「白熱教室」において、近現代の思想から紹介を始めて、ギリシャ時代のアリストテレスに遡っていくのである。これに対応して、サンデルの議論は、「目的」や「善」といった意味のある考え方や行動につながっていく。そこに実践性が存在する。決して番組の中で声高に主張されている訳ではないが、生きる指針とか、政治経済の指針となるような要素が確かに存在するのである。視聴者はポジティブなベクトルを敏感に感じ取ったのではないだろうか。「いかに生きるべきか」「政治経済や社会はどうあるべきか」という重要な問題に関しての、重大なヒントがあるという可能性を直感的に感じ取ったのだろう。

ポスト・モダン思想に代わる新しい「知」の流れは、まさにここから生まれるのではなかろうか。

政治哲学が日本にもたらすもの

なぜ日本には政治哲学がほとんどなかったのだろうか。

日本の国立大学では政治学は法学部で教えられていることが多いが、政治思想史はあっても政治哲学はほとんどない。戦後最大の政治学者である丸山眞男以来、政治思想史の研究者は政治学や市民に大きな影響を与えてきた。しかし、これらの研究者は政治思想史研究を通じて洞察を得て、それを活かす政治思想史家であって、「現在の問題について哲学的な観点からどうすべきか」という規範的な政治哲学は、日本においてあまり紹介されなかったのである。

なぜ日本では政治哲学が導入されなかったのだろうか。どうやら、「多くの学問が導入された明治時代には、政治哲学を研究すると、すぐに主権とか天皇制の問題などに触れてしまうので、その危険を避けた」という説が有力である。戦後は主権在民となったにもかかわらず、明治以来の学問的伝統が影響を及ぼしているのである。現在、政治哲学について研究しようとしても、教えてくれる先生がほとんどいないから、修士号も博士号も取りにくい、という状況が続いているのである。

もっとも、日本では、法学部の中には法哲学の講義があり、法哲学の専門家は相当数存在している。そして、法哲学の専門家たちの間では政治哲学の存在は知られていたし、それに関係する議論もなされていた。しかし、やはり法を中心として考えるので、結局、権利や法的手続きなどが議論の中心になってくる。これは、〝政治においては法的手続きや権利の概念だけでは充分ではない〟と主張するサンデルのような政治哲学とは相容れないものだ。だから、法哲学者の研究者たちもこのような政治哲学を積極的かつ肯定的に紹介することは少なかったのである。

他方、アメリカにおいては、戦後、科学的な政治学［政治科学］が隆盛に向かった反面、政治哲学は衰退していたが、一九七〇年代以降、政治哲学の研究はめざましく復興した。サンデルがまさに現在のその代表者の一人であるわけで、サンデルの鮮烈な登場は、日本において政治哲学が本格的に導入されて根付く貴重なチャンスになるのではないだろうか。「いままで知られていなかった政治哲学的な思考方法が実は大変重要な意味を持つ」という認識が一気に広がったのだ。

　では、サンデルのような政治哲学が発展していくと、どのような状況が現れるのだろうか。サンデルのような政治哲学は、「白熱教室」で言われているように、日常生活の自明性を揺るがすが、決して懐疑主義的な哲学ではない。懐疑主義的な哲学では、いろいろ議論をした挙げ句に、「結論はない」とか、「どうすべきか、ということについて哲学では言えない」といったような議論で終わってしまう。これでは現実の問題の解決や事態の改善に結びつくことは難しい。

　これに対して、サンデルが主張するような政治哲学は、実践的な意味を持つものであり、単に抽象的な空理空論ではなく、現実を変えていく力を持った学問なのである。東大安田講堂での講義の最後で、サンデルは「この講義が『哲学は世界を変えることができる』ことを示してくれた」と述べた。このことは、現在を生きる我々にとって大きな意味を持っている。政治哲学は、同時代を生きる者を触発して、より良い世界に変革していくための学問なのである。

　思えば十年ほど前、盛んに政策が強調された時代があった。政策研究を中心にする大学や研究所を作ろうという動きも活発だった。政策研究はとても大事だと思うが、政策を真剣に考えて提起しようとすれば、政策の基礎となる政治哲学についても考えざるを得ない。どちらかだけに偏ることなく政治哲学と政策研究を往復すること、サンデルが言うように原理と実例を往復することが、大事なのである。

公共哲学の新展開

政治哲学に関連して、公共哲学についても触れておこう。

公共哲学という言葉はそもそも、ハーバード大学出身のアメリカの優れたジャーナリスト、ウォルター・リップマンが一九五五年に『公共哲学』という本を著して提起したものである。これは、人が広く共有している現実の政治や社会を動かす思想や考え方を指す。しかしこれが広まったのは八〇年代であり、サンデルをはじめとするコミュニタリアニズムの論者たちが公共哲学《パブリック・フィロソフィ》という観念を強調したので、この観念が世界的に広がった。

日本の公共哲学プロジェクトもその流れに刺激を受けて始まったのであるが、その後、貴重な独自の展開を遂げてきている。公共性という概念を問い直して、望ましい公共性を実現しようとしているのである。学問の現実的有効性が疑われている中にあって、日本におけるこの運動は、公共性を中軸的な概念として、学際的で実践的な学問を構築していこうとするものである。

日本の公共哲学も、対話的性格を特徴にしている。これまで日本における公共哲学プロジェクトでは基本的に、研究者や問題意識の高い実務家の間における密度の高い対話や討論を通じて、高い実践性を引き出そうと試みてきた。これに対して、サンデルのハーバード講義は専門家ではない学生による一〇〇〇人規模の大規模のものであり、この新鮮さが「白熱教室」の大流行を支えた。これは、公共哲学の対話的手法に新しい方法を加えるものと考えられるだろう。

サンデルの議論を充分に認識することによって公共哲学の世界的潮流を再認識すると同時に、教育にも新しい対話型の試みを導入する。このようにして我が国の公共哲学運動をさらに発展させる試みが、今、求められている。

ちなみに、サンデルは、「白熱教室」では公共哲学についてほとんど触れていないが、『これからの「正義」の話をしよう』では、最後の章で公共哲学に密接に関わる「共通善の政治」に触れている。両者の基本的骨格は同一であるが、このように細かな差異が存在するのである。書籍では触れられていても講義では紹介されていないものもあるし、逆に放送には登場するがこの書籍にはないものもある。『これからの「正義」の話をしよう』を紹介する第一講では、このような相違も含めて総合的に説明してみたい。

対話型講義に見るコミュニケーションの可能性

「白熱教室」の放送が始まってから、じつにさまざまな質問を頂戴した。特に多いのは参考資料や文献の問い合わせであり、私の運営するサイトなどで参考文献をあげておいた（本書巻末の「読書案内」を参照）。そんな中で、幾つか驚くような質問もあった。

「先生、自分は周囲の人たちとコミュニケーションができないような気がしていたんです。あのテレビ番組を見たところ、こういう講義に参加をすれば、自分も周囲の人とコミュニケーションできるような気がしました。ああいう対話型講義に参加することはできないでしょうか？」といったものである。この方は主婦だったが、病気療養中の方からも似たような質問を受けた。療養中に「白熱教室」をご覧になり、「一生懸命考えて、自分として納得のいく答えを見つけ出した。テレビ番組に参加できたのだから、社会にも戻って、社会との関係を回復できる。そんな気がしたんです」という話だった。

学問的な質問なら驚かないのだが、こういった質問には、学問を超えた実存的な思いを感じた。私は解説者にすぎないにもかかわらず、多くの方が何とか思いを伝えたいという気持ちで、何度も電話をかけ、真剣に会話を求めてこられたのである。

このような質問を受けて感じたのは、日本には真剣な対話の場が少なすぎるということだ。これは、公共哲学の中でも重要な論点となっていることである。私が驚いたのは、あの番組から知的な興奮を得られただけでなく、他者とのコミュニケーションの可能性を感じたり、社会との関係を回復する希望を得た方がいたことである。「白熱教室」での対話や討論は、非常に深い所で、いろいろな人の心に響いていたのである。

この発見は実は、後ほど述べるコミュニタリアニズムの問題意識と通底している。例えば、コミュニケーションが難しいほどの孤立に陥っている人にとって、他者と言葉を交えたり共に行動をするというチャンネルが日本には少ない。そしてその抑圧感や閉塞感は社会的問題や犯罪にも通じるものであり、克服しなくてはいけない。そのための解決策を提示するのは、サンデルの議論をはじめとするコミュニタリアニズムの重要な目的である。コミュニタリアニズムが大切にしているのは、「共」に行うことであり、共通性である。対話型講義は、共に生き、共に行動することの源泉となり得るのである。

対話型講義による教育改革

対話型講義は教育に対しても大きな影響を与える可能性がある。これについては、大学の研究者はもちろん、中学や高校の先生方も大きな関心を持って視聴されていて、多くの方々が「自分たちもああいう形の教育を行いたい」とおっしゃっている。大学の研究者の場合では、学問的立場を超えて反響が広がっている。サンデルはコミュニタリアニズム論者だが、いうなれば論敵であるリバタリアニズム論者やリベラル派の方々にも、あの講義形式に感銘を受けて対話型講義を導入しようとされている方がいる。

一方的に上から知識を伝達するのではなく、自分自身で考えさせる教育が大切ということはしばしば言われてきたが、「では実際どうすればいいか」となると、必ずしも良策が見つかってはいなかった。そんな状況にあった教育界に、サンデルの講義は格好の理想的モデルを提供したのだ。

実際に私は、「白熱教室」の反響が非常に大きかったので、二〇一〇年の前期の「公共哲学」の講義（登録者約一五〇人）を対話型で行ってみた。これまでもゼミはもちろん対話型で行っていたが、大規模な講義を対話型で行うことははじめてである。学生になるべく番組を見てもらって、講義ではその事例や論点について意見を述べてもらったり、それに対応する日本の事例をあげて議論してもらった。当初は、手をあげる学生は数人だったが、回が進むにつれてどんどん増えてきて、最後にはあてきれないほどになり、「白熱教室」そのものになった。こうなるためには、教師側にも学生側にも前述のような幾つかの条件が必要だろうが、日本でも確かに対話型講義が実行できることを実感した。

そして、学生たちは生き生きと考えるようになり、お互いに会話で議論したり、文献を積極的に質問するようになった。最近の大学教育では、レジメ作りを勧められることが多いのだが、これはいわば意欲の少ない学生に教師がいちいち世話をするようなものである。これに対して対話型講義は、学生が意欲を持って自ら学び思考することを可能にする。これこそが、本来の教育の姿であり、真の教育改革になるのではないだろうか。

もちろん科目によって、対話型講義が向いているものと、知識の伝達が重要で、必ずしも向いていないものもあるだろう。その中で、哲学や倫理学などの人文系の学問には対話型講義は向いていると思われる。対話型講義が広がるということは、すなわち哲学的思考が広がるということも意味している。そして先ほどご紹介したように、哲学そのものが復活すれば、それは教養全体の厚みへとつながっていく。

昨今の大学では、教養課程の縮小・廃止が行われてきた。専門知識や技能は大切であるが、それと同様に、深みや厚みのある一般教養も大切である。サンデルのような対話型講義は、一般教養の復興につながっていくと期待される。対話型講義が広がることによって、教育改革が進行することを期待したい。

知と美徳のルネッサンスへ

このような学問改革と教育改革を実現すれば、新しい「知」が生まれていくことだろう。しかし、それは単に「知」の再生だけを意味するわけではない。サンデルの政治哲学は、「知」とともに「美徳」をも再生させるものだからである。

サンデルの政治哲学の核心は「善ありし正義」というところにあり、それは美徳を促進する正義であって、美徳や善き生と深い関係にある正義なのである。これは、西洋においてはアリストテレスをはじめとするギリシャ道徳哲学の伝統に源泉を持つが、前述のように東アジアの儒教的伝統とも通底する。

だから、「白熱教室」のブームは、哲学の原点、学問の原点に回帰することによって、古くて新しい「知」の世界を拓くとともに、「美徳」の復興をも促すものである。ここには、「知」のルネッサンス、そして「美徳」のルネッサンスの可能性が現れていると言うことができよう。このサンデル・ブームを皮切りに、学問改革と教育改革が進んで、「新しい知と美徳の時代」が切り開かれていくことを期待したい。

第一講　「ハーバード講義」の思想的エッセンス――『正義』の探求のために

「正義（Justice）」の意味するところ

まずは、学術書としては稀有なベストセラーになった『これからの「正義」の話をしよう』と、「白熱教室」の翻訳・台本である『ハーバード白熱教室講義録＋東大特別授業』（以下、『講義録』）から説明を始めよう。前者は、ハーバード大学で例年行っている講義「正義」の内容を、サンデルが一般向けにわかりやすく執筆したものである。NHKが放送したのは二〇〇五年収録の講義（アメリカのWGBHボストンがPBS〈公共放送サービス〉として二〇〇九年に放送）であり、原書は二〇〇九年の刊行である。だから、内容には若干の相違点もある。日本だけではなく、「白熱教室」が放映されていない韓国でもこの本はベストセラーになっているという。

この本のタイトルは翻訳では『これからの「正義」の話をしよう――いまを生き延びるための哲学』となっているが、原題は*Justice: What's the Right Thing to Do?*で、直訳すると、『正義――何がなすべき正しいことか』となるので、以下では『正義』という略称を用いる。ハーバードの講義名も「正義」であり、彼はこの講義の参考文献として『正義――読本』（二〇〇七年、未訳）というリーダーを編集している。私が「白熱教室」の解説で手にしていた本である。ただ、従来のサンデルの議論を知る者としては「正義」というタイトルは少し不思議に思えた。というのも、彼の中心テーマは「正義」と「善」の関係であり、「善」に対する「正義」の優位を説くリベラリズムの政治哲学を批判しているからだ。

この点をサンデルに尋ねたところ、「アメリカでは『正義』という概念が非常に重要だから」ということであった。確かにアメリカの政治哲学では「正義」が基本概念になっており、日常用語としても、日本よりも「正義」という言葉がよく使われている。この点については、最終講でまたふれることにしよう。

またサブタイトルにある right にも注目して欲しい。right という概念は、リベラリズムの政治哲学においてよく使われるが、その場合は rights, つまり権利という意味でも使われることが多い。それに対してこのサブタイトルは、Right Thing to Do で「なすべき正しいこと」である。つまり、権利に限らず正しいこと全般を指すことになるから、日本語でいえば「倫理的な正しさ」という意味合いを帯びてくる。

『正義』のメインテーマは、まさに善に関わる倫理的な正義概念を提起することにある。それが原題のサブタイトルに明確に現れているのである。

『正義』と『講義録』の大きな特徴

はじめに、二つの方法的な特徴を指摘しておこう。一つは、対話的・弁証法的な手法で道徳的ジレンマを考えていく点、二つ目は、現代から近代、さらには古典へと遡って議論を展開している点である。

「白熱教室」やこの本で、サンデルはさまざまな事例を取り上げながら、事例に対する具体的な判断と、事例を説明する原理との間を往復して考える方法を取っている。例えば、ある事例について当初考えていた判断が、原理から考えていくことによって変化することがある。逆に、具体的な事例から考えることによって、選択していた原理を変更することもある。この往復運動を通じて、「具体的な判断」も、それを「説明する原理」も、より優れたものになっていく。これがサンデルのいう「弁証法的」な論法である。

また、取り上げられる事例が、容易には判断できない道徳的なジレンマを持つもので、それが非常に鮮明な印象をもたらしている。そして、各章における様々な事例の考察を通じて、それまでの道徳的な原理や理論の限界が浮かび上がり、次の議論へと進むことになっている。だから、大きな傾向として、この講義や本は、より後の方で、サンデルが好感を持つ政治哲学が検討されるという構造になっている。ある意味では、サンデルがいうところの対話的・弁証法的な方法によって、より優れた道徳理論へと進んでいくのである。

具体的には、初めが帰結主義的な功利主義で、続いて義務・権利論的なリバタリアニズムとロールズ的なリベラリズムを経て、最後に目的論的なコミュニタリアニズムへと進む。これは、その源流とされる哲学でいえば、「近代のベンサムからロック、カント、そして最後に古典的なアリストテレスへ」というように、途中から哲学史をひっくり返したような構成になっている。これは、現在の問題を考えるために、近代の考え方を調べ、そこからさらに古典に遡ることが必要になってくる、という流れである。

経済学や社会学だと、一八―一九世紀から学んでいけばある程度の全体像が見えてくる。しかし政治思想の講義では、民主主義の出発点であるギリシャやローマが非常に大切になるが、古典から教え始めると現代の思想まで連続して教えるのはなかなか難しい。これに対して、時代を遡るサンデルの視点は、古典的な政治哲学の必要性を、わかりやすく読者に提示しているといっていいだろう。

功利主義からリバタリアニズムへ

第1―3章（第1―3回、以下、「白熱教室」『講義録』の該当回を括弧で示す）の最も大きな主題は、市場経済を至上視する考え方に対する批判である。

現在、経済学で新古典派とか主流派と呼ばれている経済学は、「効用」という概念を使っているところからもわかるように、哲学的に見ると功利主義の流れの中にある。だから、功利主義について扱っている第1・2章（第1・2回）では、主流派経済学の哲学的基礎について述べていることになる。そして、第3章（第3回）では、経済学的な理論ではネオ・リベラリズムに対応すると考えられているリバタリアニズムについて書いている。

哲学史から見ると、リバタリアニズムは第6章（第7・8回）で説明されるロールズ以降に登場する考え方なので、政治哲学では普通はロールズの後で説明される。だが、サンデルは、主流派経済学に影響を与えている功利主義から始めて、次にリバタリアニズムの検討に進む。リバタリアニズムは、民営化や規制緩和を主張するネオ・リベラリズムと同様に、市場を最大限重視する考え方だから、功利主義とリバタリアニズムの考え方は市場主義の哲学的基礎ということができるだろう。サンデルは、この二つをまず取り上げ、事例を通じてその問題点を浮上させていく。そして、次に第4章（第5回）でロールズ的なリベラリズムを検討するが、これは、福祉を正当化するという点において、市場主義を一定程度修正する思想である。さらに、この問題点を指摘した後で、最後に自分自身の共感を持つ思想を紹介する。こうして現代から過去へと遡って議論を展開するのが、この本や講義の進み方である。

第1章（第1回）三つの正義観――「正しいことをする」

福利型・自由型・美徳型正義論

『正義』の邦訳の第1章のタイトル「正しいことをする」は、英語ではまさにDoing The Right Thing である。サンデルは、まず正義を考えるための方法として、次の三つの考え方の説明から始めている。

①「福利（welfare）の最大化」という考え方（帰結主義：功利主義）

②「自由の尊重」という考え方（義務・権利論：リベラリズム、リバタリアニズム）

③「美徳の促進」という考え方（目的論：コミュニタリアニズム）

この三つの正義論の類型は非常に重要だから、本書ではそれぞれ、①福利（最大化）型正義論、②自由型正義論、③美徳型正義論、と呼ぶことにしよう。

サンデルは、「ハリケーン後に商品を便乗値上げすることの是非」「戦闘で怪我をした軍人に対する勲章（パープルハート勲章）にPTSDなどの心の傷は含まれるのか」「国費で救済された企業の役員に巨額な報酬を支払うべきか」などを取り上げ、三つの考え方を順に検討していく。

欧米では、これまで①や②の考え方が主流であったが、それに対してサンデルは③の美徳を中心にする考え方の可能性を示している。ハリケーン後の商品の便乗値上げの例で言えば、不正義に対する怒りや、経済的問題において強欲は正義に反するという感覚は、美徳や品位に関わるものであり、「正義は美徳や善き生と深い関係にある」とする③の理論でこそ説明できる。〝だから、この考え方こそ必要ではないだろうか〟とサンデルは問題を提起するのである。

この第1章（第1回）では、「白熱教室」で非常に有名になった、暴走する路面電車の例が取り上げられている。これは、「暴走する列車の前方に五人いるが、脇の路線に進路変更すればそちらには一人しかいない。このままでは五人が死んでしまい、方向を変えれば一人ですむのだが、あなたならどうするか」という話だ。これは、多数が助かるなら少数は犠牲にしてもよいのか、という議論に進んでいく。

通常の判断であれば、多くの人が死ぬよりも、少ない人が死ぬ方がいいだろう。実は、これは次章で説明される功利主義と似た発想である。「そのような考え方は、果たして人間の命といったものを取り扱えるのだろうか」という問いがなされて、第2章へと進んでいくのである。

第2章（第2回）功利主義の福利型正義論――「最大幸福原理」

功利主義とは何か

功利主義では、まず、個人の感じる喜びないし快楽（pleasure）を「幸福（happiness）」と考えることから出発する。そして、古典的には、社会を構成する一人ひとりの幸福を合計すれば、その社会全体の幸福を考えることになり、これを最大化することが望ましいとする。つまり、私的な喜びの和を最大にすることが正しいとするのである。この際、人が何を喜びないし快楽とするかは、あくまで主観的なものであり、それを外から判断する基準は必要がないと考える。

この功利主義は、道徳性や正しさを結果から判断するので、帰結主義あるいは結果主義という特徴を持っている。この考え方は、個々人の行動や、政策や法律を考える場合に適用され、結果として生じる喜びないし快楽の合計が、最も多くなることを目指すことになる。

現代の主流派経済学の基礎にあるのは、「喜び」ないし「快楽」を「効用(utility)」とする功利主義(utilitarianism)の考え方である。今日では、精緻化され洗練されているとはいえ、ミクロ経済学で最初に学ぶ効用関数などの考え方は、功利主義の枠組みの中に位置しているといえる。

功利主義的発想が端的に現れてくるのが、経済指標のGNPを至上視する見方である。お金を持っていることが喜びないし快楽と連動していると考えれば、喜びや快楽の合計は、GNPという指標に表れることになり、GNPの成長が社会の幸福の増大ということになる。ここから、「経済成長を最も大きくすることが政治の目的である」という考え方が現れることになるのである。

ベンサムの功利主義

功利主義は、一八―一九世紀のイギリスの哲学者、ジェレミー・ベンサム(一七四八―一八三二年)が創始者とされている。彼は、喜び［快楽］と、苦しみ［苦痛］の欠如が良いことであるとして、苦しみに対する喜びのバランス(割合)、すなわち「喜び－苦しみ＝幸福」を最大にすることが道徳の至高の原理である、と考える。そして、正しい行いとは、(喜びを増やし、苦しみを少なくする）効用を最大にすることなのである。一般的に彼の「最大多数の最大幸福」という言葉が知られているが、ベンサムは後年「最大幸福原理」という術語を用いるようになった。彼は、功利主義によって道徳の科学を創出できると考え、それに基づいて法制や政治を改革しようとした。彼の提案で有名なものとしては、円形刑務所（パノプティコン、panopticon）や救貧院といったものが知られている。このベンサムの功利主義は、経済学に大きな影響を与え、現代になってロールズが登場するまで、英米の哲学ないし政治哲学の主流の考え方であった。

功利主義を検討するために、サンデルは「救命ボート」の例を挙げている。四人が乗っていたボートが難破してしまい、食糧難に陥った。そしていよいよ飢餓状態が極まり、ついに船長トーマス・ダドリーは、一番衰弱していた一七歳の見習いリチャード・パーカーを殺して、残りの三人の食料にするという決断を下した。救援後、これが発覚し、裁判になった。こういう実話である。

功利主義からすると、衰弱していずれは死んでしまう見習いを殺して、他の三人が生きながらえたことは許されるかもしれない。結果から考えると、一人の犠牲で三人が助かったのだから、これは正しい行為と考えられるからである。だが、果たして人間は、自分が生き延びるために、他の人を殺してもよいのだろうか。

このような倫理的な問いに対して、〝人間には当然、生きる権利があり、そして「他人を殺してはいけない」という義務がある〟という見解がある。このような人間の権利や義務から考える見方（自由型正義論）からすれば、いかに命が救われるためとはいえ、殺人はやはり誤りである。功利主義とこの考え方との相違が、この救命ボート事件では典型的に示されている。

他に、キリスト教徒をライオンに食べさせる闘技を見て喜ぶ古代ローマ市民の例や、9・11後のテロリストに対する拷問の例、作家ル＝グィンの『オメラスから歩み去る人々』という作品などが挙げられ、人間の尊厳の観点から功利主義の問題点が指摘されていく。

価値の共通通貨

ベンサムのような古典的な功利主義では、人々の幸福は計測でき、合計できると考えるため、幸福には共通の基準が成り立つと考える。ベンサムの効用という概念は、このような共通通貨を提供するものである。

この考えのもとに行われているのが、費用便益分析である。「ある政策や行動がどれだけの幸福をもたらし、同時にどれだけのコストがかかるか」を貨幣価値に換算して、その差額で政策や行動を決定していく、というものだ。

費用便益分析の事例として、タバコ会社のフィリップモリスが行ったチェコのタバコ問題が紹介されている。分析の結果では、「タバコが原因で人々が亡くなる場合、生きている間の国家の医療費負担は増えるが、喫煙者は早死にするため、医療費、年金、高齢者向け住宅などの費用が節約できて、国家の財政としては助かる。だから国家はタバコを禁止せずに吸わせ続けた方がいい」というような結論が出た。これは、人間の命を軽視しているという点で非人道的なため、後に問題となってフィリップモリスは謝罪することになる。

フォード社のピント車の費用便益分析では、車の欠陥のために事故で死ぬ人間の命や負傷する人の怪我を貨幣に換算してこれを（修理の）便益の中に加えたが、欠陥の改良にかかる費用の方が便益より多かったので、「人命は犠牲になっても欠陥の改良はしない方がよい」とした。他にも、環境保護局の分析で高齢者の命を貨幣換算する際に割り引いていた例、自動車の制限速度の引き上げで増加する死者の命を貨幣換算した例などが挙げられている。この多くは、費用便益分析において人命を貨幣換算して、「人命が失われる費用よりも、その対策にかかる費用の方が大きい」という理由で行為や政策が正当化された、というものである。

つまりここでは、費用便益分析のような帰結主義の考え方は、人命の犠牲の放置や正当化などのように道徳的に許されない答えを導いてしまうことがあることを指摘し、「人間の生命について貨幣換算してよいのか。人間の幸福を単一の共通尺度で測ってもよいのか」という問題が問われているのである。

J・S・ミルは功利主義者か？

ベンサムの功利主義を継ぎながら、その考え方に修正を施した哲学者が、ジョン・スチュアート・ミル（一八〇六―七三年）である。

J・S・ミルは、質の高い喜び［快楽］と、低い喜びの区別を試みた。例えば、一般に、闘犬や闘鶏でもたらされる喜びは、高級なものとは考えられず、こんにちではローマ時代の競技でキリスト教徒虐殺のような虐待の「喜び」も低級として否定されている。他方、レンブラントの絵やシェイクスピアの作品は、高級な喜びを与えてくれるものとされている。

ミルは、高級な喜びと低級な喜びの双方を経験すれば、大部分の人々が選ぶものの方が望ましい喜びである、とした。サンデルは、この考え方を検証するために、シェイクスピアの作品とアニメの「シンプソンズ」などの娯楽番組二つを学生たちに見せ、「この三つの中で、どれが一番面白かったか」を講義で聞いている（第2回）。すると、最も多くの人が「シンプソンズ」を選ぶが、「どれが最も質が高いか」を聞くと、シェイクスピアを選ぶ人が圧倒的に多い。ゆえに、ミルの検証法は成功しないということになる。

そもそも、このミルの議論は本当に功利主義の枠内の議論なのだろうか。ミルによれば、高級な喜びと低級な喜びという相違を認めることは、功利主義という考え方の改良である。だが、そもそも功利主義は、一つの基準によって、望ましさを判断するものではなかったか。だとすると、喜びに量的な違いではなく、質の違いをも考慮するような考え方は、もはや功利主義とはいえないのではないか。だから、サンデルは〝J・S・ミルの議論は、すでに功利主義の枠を超えているのではなかろうか〟という示唆をしている。

政治哲学の歴史では、ロールズが功利主義批判を展開し、大きな影響を与えた。ただ、ここでは、ロールズの議論を見る前に、市場経済を正当化するもう一つの重要な議論、すなわちリバタリアニズムへと話は移っていく。

第3章（第3回）リバタリアニズムの自由型正義論——「私たちは私たちのものか？」

リバタリアニズムとは？

正義についての三つの考え方の「②自由型正義論」は、哲学的には「義務論」（deontology）と関連が深い。非帰結主義的ないし非功利主義的な倫理学のことを広く義務論といい、「行為はそのもたらす帰結の良し悪しとは関わりなく、（非帰結主義的な）道徳的原理ないし規則に従って、義務としてなされるべきである」とする。前章で扱った功利主義は「帰結主義」であり、要は「結果がもっと良くなるようにする」という考え方であるのに対し、「義務論」は端的にいうと、結果にかかわらず「これをしなくてはならないからする。すべきだからする」という考え方である。

その義務論の系列に、権利を基礎とする理論［権利基底的理論 rights-based theory ないし権利志向的リベラリズム rights-oriented liberalism］があり、リバタリアニズムはその中の一つである。これは義務論の中に含めて考えられることもあるが、ここでは双方を総称して「義務・権利論」と呼ぶことにしよう。

リバタリアニズムという言葉は、人間をそれぞれ別の分離した存在と考えて、個々人の「自由」な意思を尊重するというところに由来するが、リベラリズムと区別するために「自由至上主義」とか「自由尊重主義」と訳されることも多い。私は「自由原理主義」と訳す。「自由」の尊重という点はロールズらのリベラリズムと同じだが、ロールズ的なリベラリズムとは異なって、リバタリアニズムは政治的自由だけではなく、企業などの経済的自由も重視し、権利の中には強い「(私的)所有権」が含まれている。だから、これは政策的には「市場原理主義」とも言うことができるほど、市場経済を重視する思想である。

そして、経済政策においては、市場経済の効率化を図るために民営化・規制緩和や福祉の縮小を主張するネオ・リベラリズムの主張と共通するところが大きい。これは、英米のサッチャー政権やレーガン政権以来、世界を席巻した思想であり、日本では中曾根内閣の第二臨調や国鉄民営化、そして小泉内閣の郵政民営化に典型的な形で現れた。リーマン・ショックはこのような政策の破綻を意味するから、リバタリアニズムも改めて再検討されなければならないだろう。

周知のようにアメリカでは、圧倒的な富を持つ大富豪が存在し、貧富の格差が激しい。その中でリバタリアニズムは、市場経済における自由を非常に重視し、豊かな人に課税して貧しい人に再分配する仕組みや考え方を否定する。そして、国は治安や市場のルールを守ってくれるだけでよく、その関与は最小限にすべきだ、とする。従って、シートベルト着用法のような

「パターナリズム［父親的温情主義、家父長主義］」や、売春禁止法のように法律に道徳的な考え方を加味する「道徳的法律」、そして課税による「所得や富の再配分」を拒否するのである。

このリバタリアニズムの代表者が、ハーバード大学哲学教授だったロバート・ノージックである。ノージックの考え方によると、はじめに持っている初期財産が正義に適《かな》っていれば、その後で市場における交換か贈与に基づいて財産の移転が正しく行われている限り、現在保有する財産も正義に適っている、と考える。例えば、はじめの財産が略奪によるものだった場合は、初期財産が不正となるので、その後いくら市場の正当な交換などによって富を得ても、その結果は正しくはない。また、詐欺などによって途中の移転が不正である場合には、結果として保有する財産も不正になる。

逆に言えば、「初期財産の正義」と「移転の正義」が満たされていれば、財産が増えたり減ったりするのは、すべて正義に適っている。だから、その財産を国家が強制的に取り上げることは許されない、とするのである。

これを支える重要な基礎的論理が、「自己所有」の考え方である。人間は肉体を所有している。これは、自己を所有していると言い換えることができる。だから、自分の肉体を使って労働すると、その労働の成果も自己が所有することになり、労働の結果生まれた財産も自己が所有することになる。つまり、肉体から財産までを含めて、自己の所有物と考えるのが自己所有の考え方なのである。

この自己所有の考え方に基づくと、自分の労働で得た財産は、はじめの状況が正義に適っている限り、所有する権利（所有権）を持つことになる。だから、その財産を取り上げる課税は、国家から強制的に働かされたのと同義となる。そこで、リバタリアニズム論者からすると、課税は強制労働であり、一種の奴隷制のようなものということになるのである。

リバタリアニズムに対する批判

リバタリアニズムと課税の話の例に、サンデルは、マイクロソフト会長のビル・ゲイツやバスケット・ボール選手のマイケル・ジョーダンを高額所得者として取り上げている。ゲイツやジョーダンは、たしかに多額のお金を稼ぐが、その所得に課税してもいいのだろうか。

課税を不正とするリバタリアニズムへの反論の中に、「ジョーダンは運が良い」というものがある。「彼が才能を持っているのも偶然だし、その才能を活かせたのも時代背景による。だから彼の収入をすべて彼個人のものにする権利があるとは言い切れない」という反論である。

つまり、リバタリアニズムでは自己所有（権）を主張するけれども、それは本当に絶対のものなのだろうか。第3章のタイトルにある「私たちは私たちのものか？」というのは、自己所有という考え方そのものに対する疑問を意味しているのだ。

リバタリアニズムの考え方を徹底していくと、例えば、売春については、「自分の体をどう使うかは女性の自由だから、それを道徳的な観点から法律で規制するのは正しくない」という議論が現れる。姦通や同姓愛についても同様に、「道徳的な判断を含んだ法律は否定すべきであり、性的同意年齢に達した者は自分の性の相手を自分で選ぶのは自由だから、それらを禁止すべきではない」という主張となる。また、移植のために市場で臓器を売買することも、普通には倫理的にとても許せないと思えるが、「自分の体は自分の所有物だから臓器を売ることも自由である」という議論が現れる。さらには自殺幇助も、「自分の命の持ち主は自分だから、自分の命を終える自由もあるし、それを医師に助けてもらうことも自由であるべきだ」という議論になる。そしてついには「合意による食人」も、「食べる側と食べられる側が自由意思に基づいて合意していれば、何が悪いのか」ということになりかねない。

リバタリアニズムの考え方は、徹底するとこのように極端な結果にたどり着く可能性を孕んでいる。サンデルは明言してはいないものの、「だからリバタリアニズムの論理は支持できないのではないか」と暗に問いかけているのである。

第4章（第5回）市場主義にさらされる道徳──「雇われ助っ人」

市場主義に生じるジレンマ

リバタリアニズムは市場経済の論理を哲学的に基礎づける議論であり、彼らは自分たちの思想的源流をしばしばジョン・ロックの思想に求めている。『正義』では割愛されているが、「白熱教室」や『講義録』では、第4回で社会契約論の代表的論者ジョン・ロックの思想が扱われ、「ジョン・ロックはリバタリアニズムの思想的源流かどうか」という重要な議論も扱われている。

続いて、市場主義の問題を具体的な事例に即して展開しているのが、この第4章（第5回）である。兵隊募集や代理母契約の問題などを取り上げ、市場主義を徹底すると、どのような道徳的ジレンマが生じるかを明確にし、市場主義の絶対化の危険性を指摘している。

例えば国が軍隊の兵隊を募集する方法として、強制的に兵士とする「徴兵制」と、給与と引き換えに希望者を募る「志願兵制」（市場方式）、そして徴兵するが本人の代わりに金銭で身代わりを雇ってもいいとする「条件付き徴兵制」の三つが挙げられる。

このうち、「条件付き徴兵制」は南北戦争の時に実施された制度である。兵士になるというのは、自分と敵が命を奪いあう事態にさらされることなのだが、徴兵される代わりに、お金を払って別の人を雇い、軍隊に行ってもらうのはよいことなのだろうか。このような問題が、まず提起される。

さらには、「志願兵制」でも賃金との引き換えという側面があるから、言い換えればこれは「給与制」である。これは、自由意思による志願制度であるという議論もできるが、実際には、やはり貧しい人々が報酬を求めて志願することが多い。つまり、これも市場の論理に基づく軍隊なので、サンデルは「市場方式」とも呼んでいる。より徹底した市場の論理に基づく軍隊業務として、イラクで見られたような軍隊業務の民間委託や、傭兵にも言及されており、その問題性が指摘されている。

そもそも軍隊には、もともとは「愛国心に基づいて、市民の責務として国を守る」という大義名分があった。だから、「公民的美徳と共通善」という理由によって、市場を利用した兵隊募集には反対がある。そこで、「南北戦争時のような金銭による肩代わりは道徳的に許されないし、市場方式の志願兵制も好ましくなく、むしろ徴兵制にすべきである」という主張も存在するのである。

報酬を受け取って、契約主の精子を人工授精して妊娠・出産を行う代理出産は、日本では原則として禁止されているが、アメリカでは認められている州（カリフォルニアなど）がある。そして問題になった例として「ベビーM事件」がある。この事件では、代理出産契約を結んだにもかかわらず、代理母はいざ産んでみたら子供が可愛くなって、契約主である親に引き渡せなくなってしまった。そこで訴訟になったのだが、「果たして契約通りに子供を引き渡さなくてはいけないのかどうか」という問いかけがされている。

「自由意思に基づく契約であれば、それは守らなくてはいけない」というのが契約の原則である。しかし、その契約は代理出産にまでも強制されるべきなのだろうか。下級審では〝契約を履行すべきである〟という判決が出されたが、ニュージャージー州最高裁判所では、〝充分な情報がなかったという同意の瑕疵《かし》があり、赤ん坊の売買にあたる〟という理由でこの契約を無効とした。現在では、体外受精の技術の進歩のため、「別の女性の卵子によって人工授精をする」という借り腹型の代理出産が可能になった。このため、いわば妊娠を外部委託することができるようになり、インドで商業的な代理出産が合法化され、グローバルな産業となったために道徳的問題はさらに明確になった。サンデルは、道徳哲学者エリザベス・アンダーソンの議論を援用しながら、「赤ん坊や妊娠を商品として扱うのは、それらを貶《おとし》めることになるのではないか」という問いを提起している。

こうして第4章では、兵士募集と出産という異質な行為を例として、「市場の論理をこれらの領域でも用いていいのだろうか？」という問いが提起されている。サンデルは、「市場では評価されなくても、金では買えない美徳や、より高級なものは存在するのではないか」問うているのである。

リバタリアニズム、ネオ・リベラリズム、リベラリズム

具体的な事例に対して、異なる哲学的な立場からの意見を対比しながらサンデルの講義は展開していくが、これまで言及してきたリバタリアニズム、ネオ・リベラリズム、リベラリズムについて、サンデルの議論に即した概念の整理を行っておきたい。というのも、一般とは異なった使い方がされていたり、一般にはあまり区別されないけれども重要な相違が見られるからである。

一般にネオ・リベラリズムは、市場の効率を最大にして経済成長という結果を実現するとい

う経済学的な議論なので、その点では哲学的には功利主義ないし帰結主義の考え方に近い。これに対してリバタリアニズムは哲学的な原理を主張しており、自由型正義論ないし義務・権利論の一種である。特にレーガン政権以降のアメリカでは、リバタリアニズムとネオ・リベラリズムとは、共に民営化・規制緩和や減税・福祉削減といった政策を支持し推進してきたので、あまり区別はされないこともあるが、論理的には上記のような違いが存在する。簡単に言えば、ネオ・リベラリズムの論者は経済成長という結果を可能にするためにこれらの政策を主張し、リバタリアニズムは自己所有に基づく正義を実現するために課税に反対するのである。

また、リバタリアニズムは自己所有の考え方から、課税や福祉政策に反対するが、それと同時に、前述のように、妊娠中絶や代理母契約などの擁護、売春や同性愛の合法化・自由化といったような文化的問題についても主張を行っている。他方、ネオ・リベラリズムは経済政策や福祉に対する議論に限定されているので、リバタリアニズムのように文化的問題について主張することはあまりない。

リベラリズムという言葉は、ヨーロッパで一七世紀頃からさまざまな形で使われてきており、私はこのような元来のリベラリズムには「自由主義」という訳語を用いている。これは、今日の政治的自由を実現してきた、重要な思想である。リバタリアニズムも自由を強く主張するが、政治的自由だけではなく、企業も含めた経済的自由を主張する。その意味で、歴史的な自由主義とは違う言葉としてリバタリアニズムという概念が使われている。

これに対して、アメリカのリベラリズムは意味が異なる。独立後のアメリカでは政治的自由主義は前提になっている。その上でリバタリアニズムやネオ・リベラリズムが経済的自由を強調する保守主義的な考え方ということになり、それに対してリベラリズムは、政治的には福祉を擁護するなどのように進歩的な考え方を意味する。

また、政治哲学においてリベラリズムという言葉が用いられるときには、ロールズのように、自由や権利の概念を善などの倫理的価値と分離して捉える見方を意味するのである。その意味で、アメリカの政治哲学にいうリベラリズムは「非倫理的な自由主義」である。

前述したヨーロッパの自由主義には、ジョン・ロックやJ・S・ミルのように、宗教的ないし包括的な哲学の基礎を持つ思想が含まれる。だから、ヨーロッパ発祥の自由主義とアメリカの政治哲学におけるリベラリズムとは意味が異なっている。以下、本書ではアメリカの政治哲学で言う意味でリベラリズムという言葉を用いる。

ロールズ的なリベラリズムとリバタリアニズムとは、「正義」や「正しさ」を考える際に、ともに善などの価値の問題を扱わない点においては、共通している。だから、サンデルは、この点を念頭に、リバタリアニズムもリベラリズムの中に含めて考えていることもある。本書では、この二つをなるべく呼び分けることにするが、あえて相違点を明確にする必要がある時には、リベラリズムについては「ロールズ的リベラリズム」ないし「平等主義的リベラリズム」と呼んでいる。

アリストテレスなどの古典的な発想や、日本語の語感から考えると、正義という言葉には宗教的な基礎や倫理性が含まれている。しかし、アメリカで使われるリベラリズムやリバタリアニズムの言う「正義」とは、このような善や倫理性とは切り離された非倫理的な「正義」なのである。後述するように、ロールズのリベラリズムは「公正としての正義」を主張するが、「公正さ」は特定の「善」とは切り離されているという意味において、この正義観を本章では非倫理的と表現する。そしてこのような正義の議論が出現したのは近代であり、カントやジョン・ロールズがその典型的な思想家である。そこで、サンデルはリバタリアニズムの後にこれらの思想の検討に移っていく。

第5章（第6・7回）道徳的哲学者、カント――「重要なのは動機」

近代的自由主義が生まれたところ

サンデルに従って大まかにいうと、ロック、カント、ロールズこそ、政治哲学における自由主義を作った三人である。「人々が同意による契約によって政府を作る」という社会契約論を主張したロックと、理性に基づく自律的道徳（法則）を考えたカントという二人は、近代自由主義の代表的な思想家である。そこに、戦後に政治哲学を復興させたロールズを加えて、この三人を把握すれば、今日のリベラリズムの中核がわかってくる。サンデルはそこに絞って議論を進め、最も重要なエッセンスを述べている。「白熱教室」ではリバタリアニズムとの関係においてロックを扱い、ロールズ的なリベラリズムの源流としてはカントを論じている。「白熱教室」でも『正義』でも、恐らく一番難しいのがカントをめぐる議論だろう。サンデルはここで大胆に、カントの体系の中で理論哲学や認識論（『純粋理性批判』）や目的論・美学（『判断力批判』）にはほとんど触れずに、『実践理性批判』で扱われている実践哲学・道徳哲学に絞って話を進めていく。つまり、実際の生き方における道徳や実践的行為に関する部分に焦点を合わせて説明しているのである。思い切った教え方であるが、カントの実践哲学で最も大切なエッセンスは確かに伝えている。それが「重要なのは動機」というタイトルに表現されている。

カントの考え方

カントは、「理性」「自律」「自由」などを体系的に定式化しているという点で、良い意味における近代思想を代表する哲学者である。

古代であれば、「神がこのような啓示を下したから」とか、あるいは「支配者ないし権力者がこのように決めたから」というように、自分以外の他者ないし外的権威の意思や命令、その決めた法則や規則に従って人間は生きるべきである、とされていた。また、カントによれば、自分の欲望や衝動や利益などに従って行動することも、自分の理性的な意思による行動とは言えない。これらは、「他律」的な生き方である。しかし近代になって、人間は自分の理性で考え、自分で規則（ないし道徳法則）を作って、それに従って行動することができるようになった。哲学的にはこれを「自律」と呼ぶ。この「自律」の考えを、近代で最も典型的に定式化したのがカントなのである。そしてこの考え方は、人間の尊厳を強調することになるため、こんにちの普遍的人権という考え方の基礎にもなっている。

カントは、道徳原理の基準は、利害、欲望、選好（好み）などの経験的理由に基づくべきではないと考えて功利主義に反対した。彼によれば、人間が本能的な欲望や衝動や選好といった「傾向性」に従って行動しているときは、実は自由ではなく、それらの奴隷になっているのであり、他律的である。それに対して、人間が自由に行動するとは自律的に行動することであり、自律的に行動するとは自分自身の与えた法則に従って行動することなのである。人間が（自己を所有するからではなく）理性的で自律的な存在だからこそ、人間には尊厳があり、人間を道具としてではなく、目的そのものとして考えることが必要である。

だから、カントは、人間を手段として使う功利主義に反対した。行動を道徳的に価値のあるものとするのは、「帰結」ではなく「動機」なのであり、道徳法則（道徳律）の義務のためになされた行為だけが道徳的に正しいのである。これが義務論の義務論たる所以であり、結果にかかわらず、実行しなければならない義務として道徳を考える。そして、人間が自律的に法則を与える実践的な理性は一つであり、それは生い立ちや特定の価値観などに左右されない普遍的な理性だから、道徳法則は一つなのである。

それでは、道徳性の最高原理となる、その道徳法則とはいかなるものか。カントは、理性による意思決定について二種類の命法（理性の命令）を挙げる。すなわち、目的のための手段として行為を要請する仮言命法［Xのために Yをせよ］が他律的であるのに対し、目的自体として行為が要請される定言命法［他の動機を伴わずに、それ自体として絶対的に適用される実践的法則］によって行動するのが自律的である。簡単に言えば、「条件付きで、あるいは、このような結果を得たいからこうしなさい」というのは「仮言命法」で、「絶対的で無条件の義務として必ずこうしなさい」という考え方が「定言命法」である。

そして、この無条件的・絶対的な定言命法は、第一に、「普遍的法則の定式」であり、「汝の意思の格率が、常に同時に普遍的法則となるように行為せよ」と命じるものである。つまり、行為の格率［行為の個人的・主観的な原則・規則・準則］を普遍化することによって、それが定言命法であるかどうかがわかる。この格率の普遍化は、「自分の欲求や欲望を他人のそれらより優先していないかどうか」を調べるためのテストなのである。

第二に、定言命法の二つ目の定式は「目的としての人間性の定式」であり、理性的な存在である人間に対して「汝の人格においても、あらゆる他者の人格においても、人間性を単なる手段としてではなく、常に同時に目的として扱うように行為せよ」と命じるものである。嘘や殺人・自殺は、いずれも人間を手段として使っているから、これらは人間の尊厳を侵害しており、これらの行為はしてはいけないのである。

定言命法における普遍的法則の定式は、まさに道徳法則がすべての人にあてはまる普遍主義的なものであることを表す。また、目的としての人間性の定式は、「人間の尊厳」の尊重を要請し、今日言うところの権利を基礎づける。だから、この双方の定式は、普遍的な権利という考え方を基礎づけ、今日のリベラリズムの思想的源流となるのである。

ここでもいくつかの面白い例が挙げられながら、「動機」をめぐるカントの議論が説明されている。釣りをごまかさない店主の動機や、商事改善協会の標語や、プレゼント付きの誓約書で自主的にカンニングを防止しようとしたメリーランド大学の例、スペリング・コンテストで勝ち進んだ少年が自分の誤りを申告して敗退した例などである。例えば、商事改善協会の標語の例では、正直な商売をする理由が、「利益になるから」と「正直でありたいから」とでは動機が違い、カントによれば後者だけが正しいことになる。利益を理由とする行動は、カントの観点からは望ましくない考え方なのである。スペリング・コンテストのケースであれば、「自分をズルい人間だと思いたくなかったから」ではなく、「真実を告げるのが正しいことだと知っていたから」正直に申告したというなら、これはカントのいう正しい理由であり、正しい行動である。

さらに、サンデルは、嘘と、誤解を招くような言い方で真実を述べることとは、道徳的には違う、とする。定言命法においては、「嘘をついてはいけない」のだから、殺人犯から友人が家にいるかどうか聞かれても嘘をついてはいけないが、殺人犯を欺くために、誤解を招くような言い方で真実を述べて友人を助けようとすることは許される。嘘と「誤解を招くような真実」とでは、帰結主義から見れば生み出す結果は同じでも、カントは道徳性の基礎を道徳法則の形式的な遵守に置いているからである。

サンデルは、よくないネクタイを贈り物としてもらった時の上手な言い方を例に挙げてから、クリントン元大統領のモニカ・ルインスキー事件（セックス・スキャンダル）の際の言い逃れを取り上げている。嘘と言い逃れとでは、双方とも「人を欺く」という動機は同じと思えるかもしれないが、サンデルは〝言い逃れの方は真実を言うことで道徳法則に敬意を払っている〟というのである。これは、カント哲学には一見似つかわしくないような、とてもユーモラスな例である。

第6章（第7・8回）ロールズの自由型正義論――「平等のための理由」

ロールズとサンデル

カントは、正義と権利は社会契約に由来するとしており、その契約（原始契約）は実在のものではなく、仮想上のものであり、「理性の理念」と呼んでいる。ロールズはこのような契約の考え方を展開したので、この章は、カントに続いてロールズの議論を取り上げている。

「白熱教室」や『正義』では、あまり明確に述べられていないが、実は第二講で述べるように、サンデルはロールズを批判して世に知られるようになった人である。ハーバードの受講生は、『正義――読本』にまとめられた教材の文献などを読んでおり、そこにはサンデル自身の文章も含まれている。また、ティーチング・フェローの指導も受けているので、サンデルのロールズ批判はすでに知られており、改めて正面から説明する必要は少なかったのであろう。しかし、「白熱教室」をはじめて見たり『正義』を読んだだけの人には、この点はよくわからなかったかもしれない。この批判については、『リベラリズムと正義の限界』を扱った第二講で詳しく述べていくことにして、ここではとりあえずこの位置関係を頭に入れておこう。

ロールズの考え方

ホッブズ、ロック、ルソーらによる社会契約論は、近代憲法の基本的原理となったが、その後でヒュームらから「社会契約は現実には存在しなかった」という趣旨の批判を受け、影響力が衰えた。さらに、戦後には、自然科学の方法論が社会科学に影響し、科学的で実証主義的・経験的な政治科学が隆盛したので、政治哲学は衰退し、「やがて死滅するのではないか」とまで言われていた。ロールズは、一九七一年に『正義論』を刊行して、契約論的な構成を新しく提示して、それによって政治哲学を復興させた。そこで、今日の政治哲学ないし正義論を考えるために、ロールズは決定的に重要である。では、彼の論理の骨子を見て行きたい。

まず〝すべての人が「無知のベール」をかけて、社会の基本的な原理に合意して契約しようとしている〟という仮設的な状況を考えよう。これを「原初状態」という。このベールは、自分自身の貧富や階級、人種、健康や容姿、所属するコミュニティ等々、具体的なことがわからなくなるベールである。このベールがない場合、無意識の裡《うち》にもわれわれは貧富や階級、人種、国などの立場にたって物事を考えてしまうので、合意に達することはなかなか難しい。しかし自分がどんな者かわからなければ、具体的な立場にとらわれずに理性的に思考することになるので、合意もしやすくなる。そこで全員が「無知のベール」のもとで考えるなら、全員が正義の原理に合意できる。だから、この仮設的な契約において、正義の原理に人々は合意し契約する。このようにロールズは主張するのである。

そして、その「正義」は、二つの原理からなり、これを「正義の二原理」という。第一原理は「平等な基本的自由の原理」であり、これは近代憲法における自由権と基本的には共通している。そして、第二原理は二つからなり、一つ目が「格差原理」で、これは簡単にいうと、「完全な結果の平等が必要なのではなく、格差は認める。だがその格差は、最も恵まれない人にとって便益があるような格差でなくてはならない。その場合にのみ、経済的・社会的な不平等は許容される」という考え方である。サンデルは説明を省略しているが、第二原理のもう一つは「公正な機会均等原理」である。次に『正義論』の定式化（第四六節）を掲げる。

「第一原理：各人は、基本的自由に対する平等の権理を持つべきである。その基本的自由の体系は、他の人びととの同様の自由の体系と両立する限りにおいて、最大限広範囲で全面的な自由の体系でなければならない〔平等な基本的自由の原理〕。

第二原理：社会的・経済的不平等は、次の二条件を満たすものでなければならない。
（1）それらの不平等が最も不遇な立場にある人の便益を最大化すること（〔格差原理〕）。
（2）公正な機会の均等という条件のもとで、すべての人に開かれている職務や地位に付随するものであること〔公正な機会均等原理〕」

ここでは「格差原理」について簡単に説明しておこう。まず、ロールズは完全な平等の実現は主張しない。「完全な平等のもとでは、経済活動のモチベーションを維持できないため、経済発展は望めなくなる。すると全体のパイも大きくならず、貧しい人も救われなくなってしまう」という理由からである。

他方、彼はリバタリアニズムのような市場主義にも反対する。リバタリアニズムは、初期財産や移転の過程に不正がない限り、いかに貧富の差があっても、課税によって再分配を行うのは不正義であるとして反対する。ところが、「無知のベール」のもとでは、人は、自分の成功を確信することはできないから、もしかすると自分は最も貧しい人なのかもしれない。そのような状況であれば、最も惨めな人でも便益を得ることができるような程度にまで、格差を是正するような正義の原理に合意するだろう——このようにロールズは考えたのだ。

だから、この「格差原理」に基づく限り、ある程度の格差は許容されるが、アメリカのような貧富の差が激しい社会では、その格差は小さくすること、是正することが正義の要請である。そのためこの原理は、アメリカのように格差が大きな社会では、豊かな人に課税して貧しい人に与えるという福祉政策、再分配政策を正当化する原理になる。そこで、今日の政治哲学で、福祉政策や福祉国家を正当化する最も重要な論理の一つが、ロールズの「格差原理」なのである。

契約の道徳的限界

ロールズの仮設的契約の道徳的な力を理解するために、サンデルは実際の契約の道徳的限界についての考察を行う。通常は、双方が同意すれば契約は成立すると考えられる。ここで必要なのは、契約を結ぶという意思であり「自律性（autonomy）」である。しかし、実際には契約をしたからといって、契約が公正であるとは限らない。契約には、双方の当事者の便益という「互恵性（reciprocity）」が必要なのである。

具体的には、例えば「トイレの水漏れ修理」の例が挙げられている。あるご婦人が修理工に騙されて、法外な金額で修理の契約に合意してしまった。他の人がこの非常識な金額に気づき、事件が発覚して修理工は詐欺で逮捕された。この場合は、現実の契約は存在していたが、双方が便益を与えあうという「互恵性」が存在していなかった。

これとは反対の例として、契約論を批判した懐疑主義的哲学者デイヴィッド・ヒュームは、エジンバラの家を貸していたが、借り手はヒュームに相談せずに業者に修繕をさせて、ヒュームに請求書を送った。ヒュームは、自分では契約をしていないので、支払いを拒否して裁判になった。業者は修繕はなされる必要があったと主張し、裁判所はヒュームに支払いを命じた。だから、本人が同意して契約していなくとも、実際の互恵的な便益があれば、契約の履行を命じられることがあるわけである。

サンデルはここで、「契約は自由意思に基づく同意である」という考え方の限界を指摘している。この考え方には道徳的な限界があり、契約が成立するためには互恵性が必要であって、場合によっては同意という自律性がなくても、互恵性があれば契約の履行を迫られる場合すらあるのである。

だから、当事者たちの立場や知識、能力などが違う場合、同意しただけでは互恵性があるかどうかはわからないから、直ちにこの契約は公正だということはできない。逆に、そのような当事者間の不平等が一切なくなれば、この契約は必ず公正になるはずである。これがロールズの考えた、「無知のベール」のもとの仮設的契約である。このような契約は、実際の契約より劣っているのではなく、実際の契約が純化した形態であり、完全な契約であって、逆に道徳的な力は増すのである。

そして、通常の契約は道徳的に完全なものではないだけでなく、その結果として配分される所得も、実は道徳的には恣意的なものにすぎない。ロールズの格差原理には、「原初状態で契約する際に、人々が賭けに出て、格差原理を選ばないかもしれない」という批判がある。「無知のベール」をはずせば、自分は、最も豊かな人間であるかもしれないからである。これに対してロールズは、〝そもそも所得や機会は恣意的な要素に基づいて分配されるべきではない〟と考える。

例えばマイケル・ジョーダンが極めて高い収入を得ているのは、彼の努力の結果でもあるが、同時に彼が生まれつき持っていた才能によるところも大きい。ロールズによれば、自然の才能は道徳的に恣意的なものである。努力できるかどうかということすら、持って生まれた性格の結果かもしれない。また、われわれが生きているこの社会が、彼のように素晴らしいプレーをする人を高く評価する社会であり、さらにそこに市場の原理も働いているから、彼は高収入を得ているのである。まったく別の社会であったら、彼の所得は必ずしも高額ではないかもしれない。だから、契約の結果の高い報酬も、道徳的に正しいと言えるわけではなく、リバタリアニズムのように市場原理に任せた正義論には道徳的恣意性が存在する。

昔の封建制度ないしカースト制度は、生まれに基づく固定的な階級制度だから、このような分配の仕方は道徳的に恣意的であり、ロールズの第一原理、すなわち平等な基本的自由の原理に反している。リバタリアニズムは、機会の形式的平等はあって第一原理は満たしているが、自由市場に任せるので、「社会的・経済的優位を分配の基準にしている」という点で道徳的に恣意的である。これに対して、能力主義的理論（meritocratic theory）は、教育の機会均等などのように「公平な機会均等」の原理（第二原理の二番目）が確保される点ではリバタリアニズムと異なっているが、それでも、自然の才能や能力による道徳的恣意性が存在することになる。だから、ロールズは、格差原理（第二原理の一番目）に基づいた、平等主義の正義論が正しいとするのである。

無視できない道徳性

ロールズが言うには、才能は道徳的に恣意的なのだから、市場における報酬はその人の人格や行為の道徳的な価値には直接的な対応関係はない。つまり、その人は報酬に道徳的に値するわけではない。このことを「報酬は道徳的な適価（moral desert）ではない」というように表現する。

そこでロールズは、道徳的適価に報いることは分配の正義ではない、とする。ここで重要なのは、ロールズが分配の正義において「道徳的適価」という考え方を基礎にすることを否定している点である。マイケル・ジョーダンの例が示しているように、才能や努力も道徳的に恣意的なところがあり、その人の道徳的価値を示すとは言えないから、市場原理による報酬は道徳的適価に基づいた報酬とは言えないのである。

そこで、ロールズは、努力に対して報酬を得ることについて「正当な期待に対する〈権利〉資格［entitlements to legitimate expectations］」としている。道徳的適価の観念とこの考え方を区別しているのである。

実は、この点がリベラリズムのリベラリズムたる所以である。逆にサンデルは、善や美徳といった道徳的観念を重視しているから、〝道徳的適価という考え方も軽視すべきではない〟と考えているのであろう。私には、この考え方によって、政治経済の議論にも道徳性が入っていくことができると思われるのである。

サンデルはロールズのリベラルな論理には反対なのだが、福祉政策自体に反対しているわけではない。「ネオ・リベラリズム＝リバタリアニズム」に反対して、福祉〈のための課税〉を擁護する点ではリベラリズムに共通する部分がある。それでも、その擁護のための論理はリベラリズムのそれとは異なる。このため、ここから導かれる福祉政策の中身も、異なる場合がありうる。道徳的適価という観念は、これらの問題とも密接に関連しており、第二講で紹介するように、サンデルのロールズ批判における重要な点の一つなのである。

大学入学資格について考える

アメリカの大学入試などでは、アファーマティブ・アクション（積極的差別是正措置）が採用されている場合がある。これは、黒人系やヒスパニック系などの差別されてきた人たちを入学試験で有利に扱うもので、「偏りの是正、過去の過ちの補償、多様性の促進」といったことが根拠として挙げられる。

『正義』では、白人（シェリル・ホップウッド）の側からの「アファーマティブ・アクションがあったために合格できなかったが、これは不公正ではないか」という訴訟の例が挙げられている。まず、ドゥオーキンという、ロールズに並ぶリベラリズムの代表的な法哲学者の考え方が紹介されている。彼の考えは、〝権利は侵害されていない。大学の使命や選考基準は大学が定義すればよい〟というものである。

サンデルはこの考えに対して、例えば「一九二〇年代と三〇年代における反ユダヤ的な定員制限を行う事例」「白人のためのアファーマティブ・アクションを行う事例」などを示して、ドゥオーキンのような考え方では、これらも肯定することになってしまうことを暗に指摘している。つまり、大学が入学の選考基準を自由に定めていいならば、これらを批判することは難しくなる。アファーマティブ・アクションは、普通は差別された側の優遇措置として考えるが、逆の場合もありうるわけである。このような場合を考えてみると、大学の意思だけで入学の選考基準を自由に決めるという考え方には問題があるのではないだろうか。サンデルはそう問いかけるのである。

アファーマティブ・アクション擁護論の中心にあるのは、「入学許可は学生の能力や美徳に報いるための名誉ではない」という主張である。この考え方は、所得分配の正義に関するロールズの見解とも一致している。しかし実際には、分配の正義は名誉や報酬にふさわしい資質と関わることが多く、この場合は、入学の名誉やそれにふさわしい資質も考える必要があるし、大学をはじめとする組織の使命はその組織が奨励している善（この場合は学業の推進）に制約される。だから、大学がその使命や入学者選抜基準を恣意的に決めることには問題がある。彼はそう指摘している。

不合格通知や合格通知の文章を考えることによって、このことが例証されている。例えば、「あなたが合格した（あるいは不合格になった）のは、この大学が社会的目的に即して定めた特質を持っていた（あるいは持っていなかった）ことが理由であり、あなたの努力や性格といった道徳的価値とは関係ありません」というような趣旨の手紙をもらったら、受験者は奇妙に感じるだろう、というのである。

また、入学許可を大学が自由に決めることができるのであれば、親が裕福で大きな寄付を大学に行う可能性のある出願者を、テストの点が合格点に達していなくても合格させていいのだろうか。入学許可をいわば売ることは許されるのだろうか。それは大学の品位の問題として許されないのではないか。なぜなら、学術的成果や公民的善の追求という大学の目的から見て、それは不正義だからである。このように、サンデルは、〝大学入学をめぐる正義は、名誉と美徳、そして善という主題と関わっているのではないか〟と問うているのである。

リベラリズムへの問題提起

以上のようなアファーマティブ・アクションの議論を通じて、サンデルは、ロールズ的なリベラリズムの考え方の問題点を指摘している。それは、「道徳的な適価」とは無関係に再配分を考えている、という問題である。これは不条理な結果をもたらすのではないか。大学入試であれば、合格あるいは不合格は、やはり大学という機関の「目的」に即して考えるべきではないか。リベラリズムが主張するように大学が自由に恣意的に決めても構わないというものではないだろう。このような問題を提起しているのである。

それでは何をもって「道徳的適価」を定めればよいのか。この点についてサンデル自身に近い考え方を論じていくのが、アリストテレスの思想を紹介しながら「目的論」の議論を展開していくところであり、『正義』の第8章以降（第10回以降）である。

ここで一つだけ付言しておこう。それは、『正義』のロールズ批判は、サンデルのロールズ批判の一番有名なポイントを抜いたものになっているという点である。『リベラリズムと正義の限界』の解説（第二講）でふれるように、サンデルの（初期）ロールズ批判においては、「無知のベール」のもとの自己が抽象的で形式的であるという自己観（負荷なき自己）への批判が有名である。しかし、「白熱教室」や『正義』でロールズを論じる箇所では、この議論は出てこないし、この後でもあまり目立たない形で言及されているのみである。その深い理由については、最終講でふれることにしよう。この講義では、分配の正義を主題として、義務・権利論から目的論へと議論を展開するために、あえて自己観の問題にはふれずに、アファーマティブ・アクションを論じている。自己観批判の方だけを知っている人も少なくないと思われるので、この講義で重点が置かれている道徳的適価の問題に注目することは非常に重要であろう。ただ、自己観の批判という点も、サンデルの（初期）ロールズ批判において重要であるということを、サンデルの全体像を理解するためには知っておく必要がある。

第8章（第9・10回）正義論の古典的源泉、アリストテレス——「誰が何に値するか？」

サンデルの目指しているところ

サンデル自身の考え方は、この第8章以降から徐々に現れてくる。第8章ではアリストテレスから入り、第9章（第11回）ではコミュニティの議論となり、第10章（第12回）で同性婚の問題を取り上げながら、善を論じる必要性とその論じ方を考えるのである。

『正義』の第9章（第11回）では、いわゆるコミュニタリアニズムの議論が扱われている。サンデルはコミュニタリアニズムの代表的論者とされており、この章で彼は自分の立場を明かしている。ただ、「白熱教室」ではサンデルがコミュニタリアニズム批判のチームに加わって、あたかもコミュニタリアニズムを批判しているかのようにも見える。ここには、時代状況との関連があって、実はコミュニタリアニズムの議論が陥りやすい問題点を彼自身が指摘して、自分はさらにその先の議論を提示しようとしているのである（詳しくはDVDの第11回についての解説を参照）。

それでは「サンデルの到達点はどこか」というと、それは第10章（第12回）で述べられるような「善」の論じ方と、「善ありし正義」と言えるような美徳型正義論に他ならない。それはアリストテレスに源泉を持っており、新しい「目的論」に立脚する議論である。帰結主義から義務・権利論を経て、議論は目的論に到達していく。さまざまな制度や生き方をそれらの「目的」から考えるという発想は、善や美徳と密接に関係するのである。

アリストテレスの考え方

まず、この章の冒頭では「車椅子のチアリーダー」という例が紹介され、チアリーダーを決める際には、「機能的な目的（選手の応援）だけではなく、チアリーダーにふさわしいと思われる名誉や模範性に関わる目的（長所や美徳の賞賛）が重要な役割を果たしているのではないか」

という問題提起がなされる。

これに対応して、アリストテレスの「正義論」では、次のような二つの特徴がある。

1. 正義は目的論的（teleological）である。権利を定義するためには、当該の社会的実践のテロス（目的、目標、本質的性格）を考える必要がある。

2. 正義は名誉に関わる（honorific）。ある実践のテロスを論じることは、少なくとも部分的には、「その実践が名誉を与え、報いるべき美徳は何か」を論じることである

つまり、目的から見て、美徳とされるものを持つことが名誉であり、正義につながるのである。アリストテレスの正義論には「目的」と「名誉」という二つの要素が存在し、正義とは適性の問題であり、人々に適合する役割を与えて美徳にふさわしい名誉を与えることである。すなわち、アリストテレスにとっては、正義とは、人々それぞれにふさわしいもの、その人に値するものを与えることなのだ。これは、先ほどから述べている「道徳的適価」に相当するもの（適価物）が与えられる、ということである。

例えば、「誰がフルートを与えられるべきか」という問いに対するアリストテレス的な答えは、フルートを最も上手く吹く人である。また「誰が大学のテニス・コートを使用するに値するか」という例では、高い料金を払った者や、学長や著名な科学者ではなく、テニスの大学代

表チームということになる。「テニス・コート本来の目的は何か」という目的論的な議論から、この答えが導かれるのである。

同様に、先ほどのアファーマティブ・アクションの例でも、このように「目的」から考えると、「大学の目的は何か」ということに照らしてアファーマティブ・アクションの問題性が浮かび上がるのである。

実はアリストテレスは自然や世界全体の目的も考えているのだが、サンデルは社会制度の目的という議論に絞り、その意味において人間の行為（作為）に限定された「目的論」を展開していく。いわば、「作為限定的目的論」と言えよう。アリストテレスの発想では、政治的権力の分配を考えるためには政治（的共同体）の目的を考える必要がある。それは、善い人格の形成、市民たちの美徳を高めること、そして善き生を実現することである。そして、彼は、地位や名誉についての分配的正義を考えて、〝ペリクレスのように、公民的美徳を持ち、善の追求に最も貢献する人こそが政治的統治という役割を遂行して名誉を得るべきである〟とした。つまり、〝正義とは適合性の問題であり、美徳や卓越性を備えた者が、それにふさわしい役割を与えられなければならない〟というのである。これを「適［合］性正義論」と呼ぶこともできるだろう。

アリストテレスによれば、人間は本来、ポリス（都市国家）で生きる存在であり、言語能力を活用し、同朋市民たちと政治についても議論して、政治に関わることによってその能力を発揮することができる。そして幸福とは、功利主義の言うように苦しみに対する喜びの大きさを最大にすることではなく、美徳に基づいた魂の活動である。政治を学ぶすべての者は、魂を学ぶ必要があり、魂を形作ることは善き都市における法律の目的の一つである。そして、美徳を身につけるためには、規則や指針を知るのではなく、フルートの演奏や料理やコメディーのように、「習うより、慣れろ」というように実践することによって、個別の状況の特徴を見抜いて「実践的な智恵」による判断ができるようにならなければならない。

ただ、アリストテレスなどのギリシャの哲学者に対しては「奴隷制を擁護した」という批判がされており、自由を強調するリベラリズムの立場からは、「目的論は自由を侵すのではないか」という批判の論拠にこの点は使われる場合がある。しかしここでサンデルは、アリストテレスの適性正義論を紹介し、〝この観点から見ても奴隷制は間違えており、不正義だと言うことができる〟という論理でアリストテレスを擁護している。

すなわち、アリストテレスは〝奴隷制が正義に適うためには、社会における必要性と、奴隷にふさわしい人がいる（奴隷としての自然性）という二条件が必要だ〟としている。彼は、生まれつき奴隷にふさわしい人がいると考えていたが、〝アテネの奴隷の多くは戦争に負けて奴隷になった人々だから、生まれながら奴隷にふさわしい者ではない〟ということを認めていた。ここには、不適合が生じているので、これは不正義である。このように、アリストテレスは奴隷制を擁護していたにもかかわらず自分自身の概念で奴隷制の不正義を説明できるから、彼の目的論や適性正義論自体は原理的には間違いではない。〝目的論は、必ずしも自由を抑圧するわけではない〟とサンデルは主張するのである。

さらに、ケイシー・マーティンという脚に障害のあるゴルフ選手が、〝ゴルフ・カートを使って大会で戦いたい〟として、拒まれたので訴訟を起こした例も挙げられている。最高裁の多数派は、〝カート使用がゴルフの根本的な目的と矛盾しない〟という理由で、カート使用の権利を認めた。ここでは、第一に、「歩くことがゴルフに本質的なものかどうか」という目的論的な議論が必要である。第二に、名誉に関する議論も存在する。ここには「ゴルフがスポーツ競技なのか技術を競うゲームなのか」という論点があり、一部の一流プロゴルファーたちは、ゴルフをスポーツであって「その卓越性や美徳には名誉がある」と考えるから、彼らはカート使用に反対したのである。

振り返って考えれば、この一連の講義は、近現代において流行っている功利主義から始まり、義務・権利理論を経て、古典的な目的論に遡った。正義論としては、近代的・現代的正義論から始まって、もともとの古典的正義論に戻ったということになる。アリストテレス的な観点からすれば、ここにおいて本来の正義論が再生したということになろう。

今日の世界では、科学的世界観の発展により、目的論的世界観は衰退している。これに対して、サンデルは、アリストテレスのような自然全体の目的を正面から論じるのではなく、フルートやテニス・コートといった人間の実践や社会的制度について目的を考え、そこから正義を論じる可能性を提起している。自然全体についての目的を考えるなら、何らかの意味で形而上学的にならざるを得ないだろうが、人間の実践や社会的制度ならば、必ずしも形而上学的にはならずにそれらの目的を論じることができる。

サンデルはこのような新しい論法を示すことによって、作為限定的目的論という形で目的論的論法を甦らせ、さらに美徳の促進や道徳的適価の観点から正義を考える可能性を提起しているのである。

第9章（第11回）コミュニタリアニズムと忠誠のジレンマ――「たがいに負うものは何か？」

コミュニティの一員としての責任

ここでは、コミュニティの一員として、「新しく生まれた世代は昔の世代が行った不正に対する責任を負うべきなのか」という問題が提起される。

リベラリズムの考える「自由で独立した自己」は、従来の道徳的束縛から自由であり、意思によって自由に選択することができるし、自分のしたことだけに責任を負う。だから、この道徳的個人主義の考え方を徹底すれば、生まれる前のことについての責任を負う必要はないから、過去の世代がした不正行為について若い世代が謝罪したり、弁償したりする必要はないことになる。世代を超えた連帯責任はない、ということになるのである。

だから、ナチズムや日本の戦争責任問題、オーストラリアのアボリジニという原住民に対する問題、アメリカの奴隷制の問題や、第二次世界大戦時に日系アメリカ人を強制収容した問題などのように、過去の世代がした不正について、新しい世代が謝罪や補償をする必要はない、ということになる。

サンデルは、東大安田講堂の講義でも後半部でこの問題を取り上げ、日本の東アジアに対しての戦争責任の問題と、アメリカの広島・長崎に対する原爆投下責任の問題とについて議論を行った。道徳的個人主義に基づけば、日本の若い世代は東アジアに謝罪・補償する必要はないし、アメリカのオバマ大統領も日本に対し原爆投下の謝罪をする必要もない、ということになる。果たして、それでいいのだろうか。もし、問題が昔の世代で解決されていない場合には、次の世代においても謝罪が必要だと考えるならば、世代を超えた「コミュニティ」の存在という意識と「責務」の感覚が必要になってくるのではないだろうか。サンデルはこう問いかけているのである。

ロールズ的なリベラリズムには、「正［義］は善より優位にある」という考え方があり、「善き生の様々な考え方に対して正義は独立しており、政府はその諸観念に対して中立的であるべきである」とする。サンデルは、この章で立場を明確にして、この自由観や正義観に反対する。「無知のベール」のもとの自己は、具体的状況を欠いた抽象的で形式的な自己であり、道徳的・政治的責務を負わない。これをサンデルは、「負荷なき自己（unencumbered self）」という言葉で批判し、「正の善に対する優位性」という考え方を批判した。このような批判者たちの思想が、コミュニタリアニズムと呼ばれたのである。

現実には、実際の人間は家族やコミュニティや国家など、さまざまな具体的状況を負っている。自己とは、そういう背景や文脈を負った「負荷ありし自己（encumbered self）」である。アラスデア・マッキンタイアによれば、人間は、目的論的な物語の探求としての人生を生きる存在である。この観点から見れば、人間には、コミュニティの構成員としての責任が存在するから、普遍的な自然的義務（duty）や同意による自発的責務（obligation）の他に、構成員としての個別的な連帯の責務が存在することになる。

ここでも数多くの例が挙げられている。同時に溺れた二人の子供のうち、自分の子供を優先して助けること。第二次世界大戦中に、占領された故郷に爆撃を命じられてそれを拒んだフランスのレジスタンスのパイロット。あるいは一九八〇年代前半に、飢饉に陥ったエチオピアから、イスラエル政府がユダヤ系住民を優先して救出した話。このようなさまざまな実例を追っていくと、やはりコミュニティの構成員や、そこにおける人々への同朋意識が現実には大きな意味を持っている場合が多いことが明らかになってくる。愛国心も、このような意識と密接に関係している。

さらに、深刻なジレンマとして、このような連帯の責務と普遍的な道徳原理が衝突する場合がある。例えば、南北戦争のロバート・リー将軍の例があり、彼は南部一州の合衆国からの脱退に反対だったが、出身地域の南部の人々を裏切ることができないために、南部の司令官となった。あるいは、マフィアの一員として犯罪を行った弟の居場所を当局に聞かれても言わなかったマサチューセッツ州大学の学長ビリー・バルジャーの話や、逆に兄が凶悪な爆弾殺人犯であるユナボマーだと気がついて告発した弟の例が挙げられている。これらは、兄弟などの家族への忠誠と、普遍的な正義とが衝突した事例である。

このように、人間の責務は自由な意思や選択によるものばかりでなく、構成員としての責務も存在する。なぜなら、物語を通じて私たちは自分の人生やコミュニティを解釈しており、その物語が構成員としての責務と結びついているからである。だから、アリストテレスが言うように、物語的な善き生を考慮せずに正義を考えることは不可能である。だから、正義や権利を考える際には、道徳的・宗教的問題を取り上げることは不可避なのである。

第10章（第12回）サンデルの理想――「正義と共通善」

オバマ政権への期待

「白熱教室」は、ブッシュ政権時代に収録されたものであり、後述するように戦争状況が反映された内容となっている。それに対して『正義』の執筆時点では、すでにオバマ大統領へと政権交代が実現したので、第10章ではオバマ大統領に数多く言及されている。

まず、オバマ氏は民主党の大統領候補に指名される直前に、自らのキリスト教信仰について語り、宗教と政治的論議の関連性を肯定したことが述べられている。また、「チェンジ（変革）」という言葉ではっきり示したように、〝貧困や人種差別などの社会的問題に対処するためには道徳的な変革や、心と頭の変革が必要である〟と彼は述べたのである。

これまでのアメリカの進歩的な指導者を見てみると、ケネディ大統領はとても人気はあったが、宗教を私事として考えると述べ、明らかにリベラルな公共哲学の立場に立っていた。このようなリベラリズムは共和党と民主党の両方に影響を与えており、共和党は経済政策における政府の中立的を主張して政府の市場への介入に反対し、民主党はさまざまな社会的・文化的問題について政府の中立性を主張していた。つまり双方とも政府の中立性を主張し、道徳的な「善」については積極的に取り上げなかったのである。

この中立性の主張を強力に後押ししたのがロールズの論理である。この姿勢は、同時に道徳的ないし宗教的な議論を政治の場面から押しやってしまった。その結果、失われたモラルの回復を主張して台頭してきたのがキリスト教右派であり、レーガン政権やブッシュ政権が、それら右派の支援のもとに成立することになったのである。

このような状況が生じたのは、人々の心の中に道徳的・精神的な渇望や、より大きな意味を持つ公共の生に対する切望があったからである。これらの渇望にオバマ大統領は応えて、リベラルな中立性を超えた道徳的・精神的次元を含んだ言葉づかいを用いた。

例えば妊娠中絶問題や幹細胞問題、同性婚問題などは、いずれも正義を考える際に、善について考えざるを得ない問題である。マサチューセッツ州最高裁判所の判決からもわかるように、同性婚を認めるかどうかを決めるためには、結婚の目的（テロス）を考える必要がある。だから、この問題について正しい答えを見つけるためには、善き生についての道徳的議論を回避することはできないのである。

このように述べて、サンデルは、自分が、冒頭に示した正義についての三つの考え方の中で、三つ目の「美徳型正義論」を支持することを明らかにする。正義には美徳の涵養と共通善について論じることが含まれるのである。だから、正しい社会を作るためには、善について人々が共に論じることが必要である。アメリカの戦後においては、ロバート・ケネディがこういった方向を示しており、彼は高い道徳的目的やコミュニティ意識を訴えていた。だが暗殺されてしまい、その系統の政治はしばらく途絶えていた。しかしオバマ大統領によって、道徳や精神性を希求する政治が打ち出され、共通善に基づく新たな政治への転換という可能性が生まれたのである。

共通善の政治

では、サンデルはどのような政治を望ましいと考えているのだろうか。

まず、彼の議論は政治的な右や左を超えた論理を提起している。先にも述べたように、共和党でも民主党でも、今までのアメリカの政党は、何らかの形でリベラリズムないしリバタリアニズムの影響を大きく受けている。これでは、彼が追求する政治的理想は出てこない。だから、従来の左右の双方に欠けていた発想をサンデルは提起しているのである。

彼はその政治の理想を「共通善の政治」と呼び、『正義』の最終章の末尾で、これを略述している。そこでは、「1 公民性、犠牲、奉仕」、「2 市場の道徳的限界」、「3 不平等、連帯、公民的美徳」、「4 道徳に関与する政治」というように整理されている。

1では、公民性《シチズンシップ》の問題として〝コミュニティの強い感覚を培うために、全体への配慮や共通善への献身を人々の中に培う必要がある。人々の「心の習慣」が重要であり、善き生について私的な観念とせずに、公民的美徳を涵養する必要がある〟とされる。

2では、兵役や代理母、臓器売買など、この書物で扱われた様々な問題に見られるように、以前は市場以外の基準が用いられていた領域で市場志向の論法が広がっているので、私たちは「市場の道徳的限界」について公に論じる必要がある、という。

3では、〝不平等の拡大で、豊者と貧者がますます異なった生を生きるようになり、公共的領域が空洞化してしまうので、連帯とコミュニティ意識を育てるのが難しくなる。そこで、公民的生活基盤を再構築し、コミュニティにおける連帯を甦らせ、公民的美徳を刷新することが必要である。それによって共通善のために分配の正義を実現することが可能になるだろう〟と主張している。

そして4では、政治において道徳的・宗教的問題を回避することなく、正しい社会を実現するためには、道徳的な問題を公共的に討議して、様々な考え方について相互的に尊重しつつ、道徳に関与する政治を行うことが必要である、としている。

以上は、サンデルがこの『正義』の結論部分で提示している「共通善の政治」のビジョンである。これは彼の主張する公共哲学のエッセンスであると言うことができよう。

放映と著作との相違

「白熱教室」と『正義』の相違点についても述べておこう。前述のように、ロックについての議論が「白熱教室」にはあるが、『正義』では割愛されている。さらに、最も印象的だったのは「忠誠のジレンマ」のところで、第11回の放送では学生（A・J・クマール）の発言の中に、イラク戦争に対して、「平和こそ愛国だ」というプラカードを掲げて抗議する愛国者の事例が出てくる。これは『正義』には登場していない。

講義が収録された二〇〇五年は、ブッシュ政権時代でイラク戦争の緊張の中にあった。当時のアメリカで、戦争賛成の多数派の中で、あえて「戦争反対」を掲げるということには勇気の美徳が必要であっただろう。今から考えれば、この事態は、コミュニティの多数派が常に正しいわけではないことを端的に表している。

当時は、愛国法を思い出せばわかるように、愛国心が戦争推進の論理に使われており、政権は戦争を正義としていた。つまり、コミュニティの多数派は戦争を鼓舞し促進していた。そして、例えばコミュニタリアニズム論者と目されるマイケル・ウォルツァーは著名な正戦論者であるにもかかわらず、アフガニスタン戦争を擁護する論陣を張ったのである。最後にウォルツァーの議論が批判的に言及されるのは、決して偶然ではないように思われる。

このような風潮に対して、サンデルは批判的であり、まさにコミュニティの多数派の信奉する正義に賛成できなかったのだろう。彼は、自分の考える正義とコミュニティへの忠誠とのジレンマの中に自ら立たされていたと言えよう。

そして、第11回の最後には、一九五〇年代の南部の人種分離主義者の証言映像を見せて、「ある時、あるコミュニティの多数派が支持しているからといって、それを正義とみなすことはできないのではないか」という重要な問いかけがなされていた。ブッシュ政権下で、アメリカ人の多数派が戦争を積極的に支持したことを思えば、ここには緊迫した時代背景があることがわかる。『正義』の刊行時にはすでに政権が交代しており、このエピソードも『正義』には現れていない。

そして、「白熱教室」の第12回では、正義と善との結びつきについて、サンデルは二つの方法を提示する。第一は、権利や正義を考えるために、「ある時代のあるコミュニティの価値観や共通認識に頼り、外部の基準に依拠しない」という相対主義的な方法である。これは、正義を慣習の産物にしてしまい、前回の最後に映像を見た人種分離主義者のような価値観を批判することを不可能にしてしまうから、サンデルはこれを明確に斥ける。自分は相対主義的ないし多数派主義的なコミュニタリアンではない、と明言するのである。

第二は、「正義の原理を正当化するために特定の時代の特定の場所に広がっている価値観に頼るのではなく、正義や権利がもたらす道徳的価値や目的に内在する善から考える」という非相対主義的な方法であり、権利の承認は「それが重要な人類の善を促進するかどうか」によって決まる、とする。サンデルはこの立場を支持するのである。

それでは、その善はどうやって見つければよいのか。この問いに対してサンデルは、「白熱教室」では、本講の冒頭でも述べたような弁証法的な方法、つまり原理と実際の例との往復運動という方法を提示した。これに対して『正義』では、この部分は割愛され、代わりに共通善の政治についてのビジョンが提示されている。ここには、「ブッシュ政権に対する批判的討議で終わるのか、オバマ政権に対する期待で締めるのか」といった、時期や社会状況の違いも影響しているように思える。このように、講義と書籍には、それぞれの意味合いや特徴がある。「白熱教室」と『正義』を比べてみると、また新たな発見が得られるのではないだろうか。

「善ありし正義」という新・正義論

サンデルの政治哲学の最大の主題は「善」と「正義」との関係である。次講で述べるように、

『リベラリズムと正義の限界』という書名にも表れているように、もともとは「正義の限界」の指摘に力点があった。ここではまだ、新しい正義論を積極的に打ち出したわけではない。

これに対して、本書では「正義」が主題となっているので、「正義の限界」ではなく、「正義」そのものを探求する方法が示されている。それは、「善」との関係において「正義」を考えるという方法である。つまり、何が正しいかを考える際に、倫理的な善を考えることが必要な場合があり、正義は善との相関的な関係において考えるべきだ、ということなのである。

一般にサンデルの自己観は「負荷ありし自己」といわれるので、それに倣えば、この考え方は「善ありし正義」という表現に集約できるだろう。そこで本書ではこのような「正義」を、「善ありし正義」と呼んでいる。これは、善と関連するという意味において「倫理的な正義」である。

この正義の考え方が、『正義』では、冒頭で示された三つの考え方の内で、第三の美徳型正義として示されている。この三つの類型は「白熱教室」では明示的にはなされていないので、『正義』執筆の段階までに結晶したのであろう。この定式化によって、サンデルは、ロールズの正義論に代わって、新しい正義論を明確に提起したことになるだろう。

サンデルをはじめとする、コミュニタリアニズム論者に対しては、「コミュニティの多数派が間違った正義を信じていたらどうするか？」という批判的な問いが提起されることがある。これについて彼は、前述のように、相対主義的・多数派主義的なコミュニタリアズム支持者ではないことを明言している。サンデルにとって重要なのは、コミュニティにおける多数派の信念ではなく、あくまで「善」との関係における「正義」であり、このような「善」と「正義」は特定の時代の特定のコミュニティの多数派の考え方を超えたものである。

だから、特定のコミュニティの枠を超えて、私たちは対話によって善を探求し、それとの関係において正義を探求することが必要になる。これは新しい思想的挑戦に他ならない。対話的・弁証法的論法は、サンデルの提示する政治哲学の方法であり、それによる「善ありし正義」の探求こそ、その新しい政治哲学、本来の政治哲学の目指す道なのである。

そして、これは、まさにロールズ的な正義論に代わる新しい正義論の試みに他ならない。それは、アリストテレス的な観点からすれば本来の正義論であり、今日においては新・正義論でもある。サンデルが『正義』で行っているのは、古くて新しい、道徳的ないし目的論的正義論すなわち、「本来の正義論」を復活させようとする思想的挑戦であると言うことができよう。

第二講　ロールズの魔術を解く――『リベラリズムと正義の限界』の解読

出発点はロールズ批判

サンデルといえば、コミュニタリアニズムの代表的論者として知られているが、その出発点となったのが、これから紹介する『リベラリズムと正義の限界』である。この本を一つのきっかけとして、コミュニタリアニズムという一連の思想的な潮流が広く認識されるようになったのである。コミュニタリアニズムは、日本語で共同体主義と訳すこともできるが、日本の共同体という言葉には、伝統的・封建的共同体や、同質的・排他的共同体のイメージが強いので、日本語ではカタカナ書きの「コミュニタリアニズム」とすることが多い。

だから、サンデルを考える上では、この本の理解を欠かすことはできない。しかし、この本は哲学的な内容なので、専門家でないと理解するのは難しい。そこで、なるべくわかりやすく「解説」してみよう。

この本の主題は、ジョン・ロールズの『正義論』の批判にあり、『リベラリズムと正義の限界』という書名が表すように、サンデルは「リベラリズムの正義論」に対する批判者として頭角を現したのである。伝統的にいえば、正義という観念は、キリスト教のような超越的な観念や、善をはじめとする倫理的な観念に支えられていて、正義そのものも倫理性を帯びていた。ところが、近現代になって、そういった哲学的世界観ないし宗教的世界観が衰退して、正義という概念を基礎づけることができなくなった。さらに、自然科学の影響で、政治学も実証主義的な政治科学に変化し、そもそも政治哲学自体がなくなるように思われていた。これに対して、ロールズが新しい契約論の論理を提示して、正義の原理に合意が成立すると主張し、政治哲学を甦らせたのである。これは非常にすばらしいことではあるけれども、ここにはいわば論理的な〝魔術〟が存在した。サンデルがしたことは、人を幻惑して人々の合意による正義が成立すると信じさせたロールズの〝魔術〟を解いたことである。そこで、ロールズの正義論の説明から始めることにしよう。

ロールズの『正義論』とは

戦後の政治哲学から

政治哲学とは、「政治はどうあるべきか」「政治家はどうすべきか」といった規範的な議論を正面から展開する学問である。このような政治思想は古典古代より様々な形で存在するが、今日、学問分野として「政治哲学」という時には、現代の政治について、このような規範的議論を行う学問領域を意味する。これに対して、政治思想史ないし政治学史という分野は、過去の政治思想の歴史を扱い、西洋についてはギリシャから近現代、つまり一九世紀ないし二〇世紀頃までの政治思想の歴史を研究したり教えたりするものである。

日本では戦前から、ほとんどの大学において政治思想史ないし政治学史の講義のみが存在し、政治哲学の講義は存在しなかった。また西洋においても、キリスト教が前提になっていた時代には、その世界観に基づく政治哲学が存在していたが、自然科学の勃興によって宗教的世界観が後退すると、そのような政治哲学は困難になっていった。

それでも、社会契約論や功利主義、カント哲学などの考え方に基づく政治哲学は存在していたが、第二次世界大戦後には大きく衰退した。その理由は、経済学をはじめ社会科学に、自然科学の科学的方法が大きく入ってきて、例えばコンピュータなどでデータを分析する数理的実証的な政治科学《ポリティカル・サイエンス》が、政治を考えるための方法とされるようになったからである。選挙分析などがその典型的な例である。また政治理論では、一九六〇年代に、ロバート・ダールなどの多元主義論やデイヴィッド・イーストンなどの政治システム論が中心になっていった。そして、価値を論じるような規範的研究は、経験的な科学的研究の対象ではないとされ、政治学でも思想的研究は衰退していき、「政治哲学の死滅」の危険性すら論じられるようになったのである。

その中でも政治哲学の研究を続けていたのが、アメリカのハンナ・アーレント、レオ・シュトラウス、エリック・フェーゲリンといった人たちである。彼らはナチズムの迫害によってヨーロッパから脱出して、アメリカに逃れたユダヤ系ドイツ人で、当時のアメリカの主流派の政治科学とは大きく違う仕事をしていた。

アーレントは、ギリシャの政治そのものに憧れ、「活動《アクション》」という概念を中心に、言論による公共的な政治を甦らせようとした。シュトラウスは、ギリシャのプラトン哲学を根拠として古典的な政治哲学を復興しようとした。またフェーゲリンは、ユダヤ＝キリスト教の伝統、ギリシャの伝統等々を歴史的に追跡して、超越的な思想の意義を示した。

彼らは、ギリシャ思想、あるいはユダヤ＝キリスト教的伝統における古典的な政治やその思想を重要視して、それを手がかりに独特の政治哲学を展開した。政治科学を推進する主流の政治学からすると傍流だったが、今日の政治哲学の復権とともに、注目を集めるようになってきている。

しかし、滔々《とうとう》たる政治科学の流れの中では、こうした政治哲学は時代錯誤と思われていた。ところが、一九六〇年代後半から、ベトナム反戦運動や公民権運動が燃え盛るにつれ、アメリカのそれまでの正統的な考え方が様々な領域で疑われ始めた。政治に関しては、多元主義論をはじめとする政治科学は、アメリカの政治を基本的には進んだ民主主義的なものと考えており、他国がそれを見習うべきだとしていた。だからこそ、政治に理想や規範を掲げる政治哲学の必要性はアメリカ国内についてはあまり感じられず、現実の民主政治を経験的に分析することが政治学の役割と思われたのである。

しかし、そのアメリカがベトナム戦争を行ったり、実は黒人差別問題を内包していたことが批判されたので、それまでの政治科学、さらには社会科学全体に対する反省が生じた。そして、政治の理念や原理を根本から考え直す機運が生まれた。これが、ロールズの『正義論』の出現の背景であり、彼の提起した契約論的な論理により政治哲学が復権したのである。

「契約論」は虚構!?

社会契約論は、「個々人が集まって契約を行い、政府を設立する」というものである。これが、憲法における人権規定の発想の根源になっていて、アメリカでも日本でも、憲法はジョン・ロックなどの契約論的思想の影響を濃く受けている。一般的な思想史の理解では、この契約論が近代憲法や民主政治の基本と考えられている。

しかし一八世紀には、ヒュームの批判などからはじまる「社会契約論が主張するような契約は歴史的にはなかった。ほとんどの場合、国家が別の国家を征服したり、優れたリーダーが実力を以て統一して国家はできた。だから契約論は虚構である」という議論が優勢になる。さらに一九世紀以降、歴史学でも実証的ないし経験的な考え方が中心になり、実際には存在しなかった契約を根拠とするような社会契約論は影響力を失った。憲法やその人権の原理として社会契約論が基礎にあることは、高校の教科書にも書いてあり、多くの人々が知っているが、今日の政治哲学として社会契約論を信じている人はほとんどいなくなったのである。

これが実際の司法や政治にどう関係してくるのだろうか。例えば、人権が重要な概念で、それが現代の自由主義的国家では政治や法律の基礎となっていることは誰もが知っている。しかし、「その思想的な基礎が学問的にあるか」と言われれば、ロックのような社会契約論は、今日の政治哲学としては通用しなくなっており、「人権」はその根拠を失ってしまったのである。

これは福祉についても同じである。二〇世紀には、社会民主主義勢力などの影響もあって、多くの国である程度の福祉政策が実現し、福祉国家が現れた。しかし、この論理的根拠を問われると、社会主義ないし社会民主主義の側には一定の理論は存在するが、政治哲学一般においてはその基礎は曖昧である。社会権という概念は存在するが、自由権との関係が問題である上に、ロック以来の社会契約論に疑いが差し挟まれているから、権利の概念自体の論理的基礎が弱いのである。

契約論に代わって、一九世紀から、特に英米で大きな影響力を持ってきたのが、「最大多数の最大幸福」の言葉でよく知られる功利主義である。第一講で述べたように、現在でも、主流の経済学はこの功利主義の発想のもとで構築されている。経済学の基本理論を学べば、効用関数という概念が出てくるが、その発想の出発点は功利主義にある。

功利主義は、英米圏の哲学でも圧倒的な影響力を持っていたが、人権については、確固たる論理を提供することが難しかった。つまり、政治哲学という観点から見ると人権については論理的基礎を欠いたままで実際の政治経済が動いている、という不安定な状況だったのである。

こうした中で、ハーバード大学の哲学教授だったジョン・ロールズが、一九七一年に主著となる『正義論』を発表した。これによって、政治哲学が一挙に復興したのである。それは、今日の時代における新しい規範を提示するという意味を持った。ロールズは、この著作で契約論的な議論を提起し、政治哲学を新しい形で甦らせることになったのである。

ロールズの功利主義批判と「正義論」

ロールズが『正義論』においてまず行ったのは、功利主義に対する批判であった。第一講で述べたように、サンデルの「白熱教室」や『正義』では、衝突する路面電車や救命ボート、費用便益分析の用例など、いくつかの非常に印象的な例が出され、「結果を良くするために、人間の命を犠牲にしたり、数値化していいのか」といった重要な問いがはじめに提起された。実はあの批判の論理は、ロールズが功利主義に対して行った論理と基本的には同じである。「白熱教室」でロールズの功利主義批判に相当する議論がはじめに出てくるのは、近代の主流派思想に対する批判という点から見れば極めて自然なことなのである。

功利主義にはいろいろな問題点がある。功利主義は「喜び」ないし「快楽」を良いこと「善、good」とするが、そもそもそれは適切か。そして、功利主義では、「喜び―苦しみ」ないし「快楽―苦痛」や「幸福」を最大化しようとするが、果たして、いろいろな人の主観的な快楽や満足を一元的に評価できるのだろうか。ベンサムは「最大多数の最大幸福」と言ったが、主観的な評価を合計することができるのだろうか。ベンサムにおいては、快楽の計算が可能とされていた（量的快楽主義）。そこで、「効用」は測定可能とされ、各個人の効用を合計すれば社会の効用が計算できると考えられていた（基数的効用）。しかし、後にこれは疑問視され、経済学では、この単純な考え方を修正して、まず諸個人の効用の測定可能性が否定され、「二つの選択肢の内でどちらが好ましいか」という比較に基づく効用の考え方（序数的効用）へと改めていった。続いて、諸個人の効用の個人間での比較も疑われるに至った。他方で、J・S・ミルは「喜び」ないし「快楽」に質的相違があると認めた（質的快楽主義）。

もっとも、ロールズの功利主義批判の最大のポイントは、「功利主義によって考えると、一人ひとりの尊厳や人権が、抑圧されたり軽視される危険がある」というところにある。例えば、A、B、Cという三人がいて、ある政策①の結果として、それぞれの得る喜びが単純に合計できるとする。それが3：3：4となったら合計は10になる。これに対して、別の政策②について喜びを測ったところ、A、B、Cは、7：4：0で合計11となった。単純な功利主義の計算からすれば、合計の大きい政策②の方がいいことになる。しかしこの場合、Cは喜びが0となっており、AとBは政策①の場合よりも満足できるのに対し、Cの「幸福」は著しく無視されることになる。これでいいのだろうか？

もっと極端な例を出すと、サンデルが「白熱教室」で問題としたように、「ある人を殺しても、全体の『幸福』からすれば結果としては良くなる」ということもあり得る。「だったら一人殺した方がいいではないか」という結論になりかねない。これは、個々人の権利や尊厳が非常に軽視され、生命すら危険にさらされる可能性がある。功利主義はこの問題点を免れることができない。だから、人権という考え方は功利主義では充分に基礎づけられないのである。

いくら全体の「幸福」の観点からはよりよく見えるものであっても、個々人の尊厳や人権を無視してはいけないのではないか——これが、ロールズの功利主義批判の中心点である。彼の正義論は、個々人の人権を「正義」という概念によって考える正義論なのである。

正義の二原理

では、具体的にはどんな論理で正義を考えていくのか。

「社会契約論は現実にはなかった」ということを、今日の政治哲学は前提にしているので、社会契約論の議論はそのままでは使えない。また、日本では明治期などに主張された、自然や天に基づく「天賦人権」の論理で人権を基礎づけることも、現代にはそういった世界観がなくなっているので、難しい。実際、ロックのような社会契約論の古典にも「天」という観念はあって、最後は「天への訴え（appeal to heaven）」という主張を含んでいるのだが、そのような議論も今日では使えない。では、どうやって人権ないし個人の尊厳を基礎づけるのか。

近代の哲学者の中で、個人の尊厳を最も典型的に定式化したのがカントである。だからサンデルは「白熱教室」で、カントの実践哲学のエッセンスを話したのである。しかし、カントの哲学は、アメリカでは、なお難解な形而上的議論とみなされがちである。そこで、カント的な論理を、より平易に展開してみせたのが、ロールズなのである。

社会契約論は、その契約が実際には存在しなかったところを批判されているわけだから、ロールズはその代わりに、頭の中で、人々がそういう契約を結ぶところを仮設的に考えてみた。まず「原初状態《オリジナル・ポジション》」という状態を考え、その状態では、人々に「無知のベール」がかかっている、と仮定したのである。その状態で人々が合意する正義をロールズは「公正としての正義(justice as fairness)」と呼ぶ。

第一の原理が、「平等な基本的自由の原理」である。この原理は、今日の憲法でいう自由権、つまり言論の自由や職業選択の自由、結社の自由などに対応する。これは、「人々は基本的な自由に対する平等な権利を持っている」という、近代の自由主義の根幹にある考え方である。「無知のベール」をかぶった仮設的状況であれば、誰も「自分が抑圧されたい」とは思わないだろうから、この第一原理については合意すると考える、というものである。ロールズはこれらの自由は他の自由との衝突によってのみ制限されるとして、諸自由の中における優先順序(辞書的順序)を考えている。ここには議論がありうるのだが、自由の原理自体を批判する議論は、特に先進諸国ではほとんどない。これが、ロックの社会契約論に代わる今日の憲法体制、人権の基礎づけとなったのである。

これに対して、第二原理はいろいろな議論を生んでいる。第二原理は平等に関わる原理であるが、二つの原理に分かれていて、その一つ(六九頁に掲げた定式化では二つ目)が「公正な機会均等の原理」である。これは、「機会の平等」を確保することを意味し、格差原理よりも優先される。

昔の身分制社会などのように、自由が存在しない状況は、第一原理に反している。先進諸国では、第一原理は憲法などで認められるようになっているが、「公正な機会均等」に関してはまだ十分に確保されていない。今でも、相続や教育の問題を考えてみれば、生まれた環境によって機会が不平等になってしまうという意見も根強い。だから、これを修正して「公正な機会均等」を実現すべき、という議論もなされうる。また就職をめぐって、性別や国籍、人種による差別が存在すれば、それもこの原理によって改められるべき、ということになろう。

格差原理

もう一つが、ロールズの正義論において最も議論を呼ぶ「格差原理」である。これは、「結果の平等」に関係する。経済的・社会的不平等は、最も不遇な人が期待することができる便益を最大化するような不平等でなければならない、というものである。第二原理のこれら二つの原理がかなえられたときに、はじめて社会的・経済的不平等が許容されるという。

つまり、仮に自分がお金持ちであるとか、能力があることをわかっていたら、収入が多い可能性が高いから、福祉を手厚くするために大きく課税されるのは嫌だと思うかもしれない。しかし、「無知のベール」のもとでは具体的な自分の状況はわからないから、そのベールを取ってみたら、自分は病気だったり、才能がなかったり、運に恵まれなかったりして、最も悲惨な状態であるかもしれない。ロールズは、「自分がどういう状況かわからない」という条件のもとでは、自分が最も不遇な人間でも大丈夫なような原理に同意するのではないか、と考えたのだ。

この原理が理想とする社会は、ある程度の福祉が行われることで、格差がある程度減少するという状態である。一見すると、素朴な共産主義の理想のように、格差が完全に均《なら》された社会がいいように思えるかもしれないが、それでは仕事をする動機までなくなってしまう危険がある。経済の成長がなくなって、みんな貧しくなるよりは、発展する経済の中で福祉を行い、恵まれていない人も経済成長の恩恵にあずかれる方がいい。格差が過度に広がるのは許されないが、その不平等をある程度修正して、最も惨めな人でもその恩恵にあずかれるくらいの不平等になることが望ましい、とロールズは考えたである。

例えば共産主義や社会主義のように、結果としての報酬を基本的にすべて平等にする考え方のもとでは、社会的・経済的不平等はなくなるが、経済が停滞してしまう危険性が高い。これと反対の極は、市場経済にまかせて、どれだけ貧富の格差があってもよく、国家は福祉などしない、ということになる。しかしこれでは、ベールを取って自分が最も貧しい人だったら、非常に不幸になってしまう。そこで、ロールズはその両方を斥けて、一定の福祉と一定の格差の存在を擁護したのである。

第一原理と第二原理をまとめて簡単にいえば、第一原理は「可能な限り、自由は平等にすべての人に認める」、そして第二原理は「最も惨めな人のためを図って、ある程度の平等を実現し、極端な不平等は改める」ということになる。これによって、社会主義や社会民主主義ではない政治哲学によって、福祉国家を正当化できることになったのだ。

アメリカでは社会主義が思想的にも政治的にも非常に弱いので、貧困問題に対処する際にロールズのこの議論は非常に有力な論理を提起した。だから、政治的にリベラル派と呼ばれる陣営には、このロールズ的な発想をよしとする人が多いのである。日本の専門家の間でも、人権や福祉については、政治哲学ないし経済哲学の基礎が弱いことは共通の理解となっているので、ロールズの正義論で福祉国家を擁護しようという議論も行われている。日本国憲法についても生存権（第二十五条）という、貧困に対して生存する権利が主張されているが、第二原理は、そのような「福祉の権利」の主張の根拠となるだろう。

科学は、事物を経験的に分析することしかできないから、自然科学や政治科学の立場からは「正義」を主張することはできなかった。だからこそ、政治哲学が衰退したのだが、ロールズの『正義論』の登場によって、新しい論理を得た政治哲学が勢いを盛り返し、ロールズの議論を中心に「政治はどうあるべきか」という規範的な議論がされるようになったのである。主たる舞台はアメリカなので、「自由」について疑う議論は少なかったが、国内の福祉は大問題であり、それについてロールズ的な議論は一定の福祉政策、福祉国家を擁護したのである。

東洋の「正義」

このロールズの契約論的な議論は、政治についての規範的な議論、そして政治哲学そのものを復興させるような強烈なインパクトを与えたが、この「正義」という概念には注意が必要である。日本語で正義というとふつうは「倫理的な正義」を考える。儒教的観念で「義」が「仁・義・礼・知・信」という五つの主要な徳の一つとされているように、「正義」は、天から見た正義というような超越的・倫理的な意味を帯びている。ところが、ロールズのいう正義は、仮設的な契約という状況ですべての人が「合意できる正義」であり、みんなが理性的に考えて、正しいと思うことである。だから、ここには超越的・倫理的な意味は含まれていない。この点で、日本の「正義」の語感とは若干異なる。実際、ロールズの議論には「ジャスティス」の他に、「正（right）」「正しさ（rightness）」や「公正（fair）」という言葉もよく使われる。彼のいう正義は、「公正としての正義」であり、「正」ないし「正しさ」なのである。

西洋でも、アリストテレスやもっと遡ってプラトンなどの古典的な政治哲学からみれば、正義は、徳や善と密接な関係がある倫理的な観念だった。しかし、今日の社会では、宗教的・倫理的な考え方が衰退し、多様にもなっているので、それを根拠に正義を主張するのはかつてよりも困難になっている。そこで、ロールズは、「善」をはじめとする倫理的な観念とは独立させ、多様なその考え方からは無関係に「人間の合意」として正義を考えたのである。それはすべての人が合意できるはずの正義であり、「義務（・権利）論」と言われるように、人はその正義を守らなければならないのである。それゆえに、宗教的・倫理的な根拠なしに正義を普遍的に主張することができる。だからこそ、ロールズの議論が非常に大きなインパクトを持ったのである。

カント的リベラリズム

ロールズの『正義論』における考え方は、カント的リベラリズムと言われている。第一講「カントの考え方」で説明したように、カントは人間の尊厳を守ることを義務論として定言的に主張し、契約論も主張した。同様に、ロールズも、契約論の論理によって、自由を含む正義の原理を提起した。『正義論』では、40「公正としての正義のカント的解釈」において、ロールズは、「原初状態は、カントの自律と定言命法という観念を手続き的に解釈したものと見ることができるかもしれない」と言い、原初状態において考えることは、カントの言う知性界に存在する本体的自己（noumenal selves）からの視座と見ることができる、と言っている。

〈正義の首位性〉を批判する

正義と善［良きこと］

『正義論』の刊行から十年ほど経った一九八二年、サンデルは『リベラリズムと正義の限界』を刊行した。サンデルは一九五三年にアメリカで生まれ、ブランダイス大学を卒業後、オックスフォード大学（ベリオール・カレッジ）で、カナダのチャールズ・テイラーという優れた哲学者などに教えを受けて博士号を取得している。ヘーゲル哲学から研究をはじめたテイラーは、ヨーロッパ哲学にも非常に造詣が深く、のちにコミュニタリアニズムの代表的な哲学者の一人となった。彼の影響もあって、サンデルの見方の中には、ヨーロッパ哲学の発想も入っている。英米では、どうしても功利主義あるいは契約論的発想が中心になるのだが、ヨーロッパ的な哲学、なかでもヘーゲル哲学にはコミュニタリアン的な発想が存在するのである。

サンデルのロールズ批判の最重要点は、ロールズのようなリベラリズムの正義論を「正義の首位性（the primacy of justice）」ないし「正の善［良きこと］に対する優位性（［優先性、the priority of the right over the good］）」と特徴づけ、それを批判したことにある。善とは、「人間がどう生きるべきか。何を倫理的に善いとするか」という問いに現れる倫理的な観念である。しかしサンデルによれば、ロールズの議論では、「善［良］き生き方」については人によって多様な考え方があるから、「善」よりも「すべての人が合意できる正義」が優位にある。だから、正義が「首位」である、とするのである。

この正義の中心的な概念は「権利」である。ロールズとともにリベラリズムを代表する法哲学者ドゥオーキン（Ronald Dworkin）は、『権利論』（*Taking Rights Seriously*, Duckworth, London, 1977, 邦訳あり）において、「平等な配慮と尊重への権利」を主張し、正義によって確保される権利は、社会全体に対して、特定の善の考え方に基づく政策に反対するための「個々人によって保持される切り札としての機能」を持つ、とした。英語では、言葉においても「正しい(right)」は「権利(rights)」と密接不可分の関係にあり、リベラリズムにおいては、権利がほとんど正義と同一視されているのである。

「負荷なき自己」を批判する

ロールズは、「正義は善[良]き生に対する特定の考え方[構想 conception]に依拠しない」とする。例えば、キリスト教の世界観が絶対視されていた中世とは異なって、今日の世界では、人によって「どのような生き方を善しとするか」は違っている。個々人の価値観によって善[良きこと]についての考え方は違うとすると、正義が何かの価値観に依拠してしまったら、すべての人が合意することはできない。だから、正義は特定の善に対する考え方に依存しない。善についての考え方は多様だが、正義は一つでなければならない。仮設的な契約においてすべての人が合意するからこそ、正義になるからである。

この考えの根底には、「一人ひとりが自由で独立した人間である」という人間観がある。この人間は、ロールズのいう「無知のベール」に覆われており、「自分がどういう人間か」という具体的な属性、例えば性格などの特徴を知らない存在である。サンデルは、ロールズが設定したこの「原初状態」における人間のことを、「負荷なき自己[遊離した自己]」と呼んで批判した。

「負荷」というと日本語では悪い意味に聞こえるが、原語のencumberedという英語は「さまざまな特徴を持っている、負っている」という意味である。例えば、「ある家族の一人である」とか、「大学や企業の一員である」「日本の国民の一人である」といった具体的な属性を負っていることである。このような自己をサンデルは「負荷ありし自己」ないし「埋め込まれた自己(embedded self)」「位置づけられた自己(situated self)」などと呼ぶ。それをなくして作り上げた抽象的な人間を「負荷なき自己」と呼んだのである。

ロールズは「負荷なき自己」を考え、その人たちが合意できる原理として「正義」を考えた。しかし、サンデルはこの「負荷なき自己」という人間観に問題があると考えたのである。現実の人間は、様々な具体的な属性を持ち、あるコミュニティ、あるグループの構成員であって、そのメンバーとして道徳的ないし政治的な責務を負っている。それぞれ独特の状況の中で、状況づけられた「負荷ありし自己」が一人ひとりのあり方そのものなのである。そして、その状況の重要なものの一つがコミュニティである。だからサンデルは「負荷なき自己」というロールズの自己観、人間観を批判して、「負荷ありし自己」という自己観・人間観を提起し、その自己の置かれている状況としてコミュニティを重視した。そこから、「コミュニタリアニズム」という呼び方が現れてくることになったのである。

一般に、『リベラリズムと正義の限界』の最重要点は、この「負荷なき自己」批判であると言われている。それはその通りだが、この本におけるロールズ批判は決してそれだけにとどまらない。「白熱教室」や『正義』で出てきた、重要な哲学的骨格はすでにここに見出される。これは「コミュニタリアニズム」の初歩的な解説には出てこない重要な論点なので、その点も説明していこう。例えば、「白熱教室」で、ロールズ批判として現れた適価《デザート》(desert)の議論や、最後の方で現れた目的論は、すでに『リベラリズムと正義の限界』で重要な論点として提起されているのである。

序章　形而上学なき正義論——「リベラリズムと正義の首位性」

カントとロールズの違い

「白熱教室」では、カント哲学の紹介で「義務論」が説明されていた。第一講で説明したように、義務論とは、「結果には関わりなく、道徳的原理ないし規則に基づいてある行為を義務としてしなければならない」とする考え方である。功利主義が行為や政策・規則の結果を最良にしようとする点で帰結主義とされるのに対して、カントの「義務論」は、「結果に関わりなく、ある道徳法則を無条件で遂行しなければならないし、侵してはならない」という強い考え方である。ロールズ自身が自らの理論を義務論と呼んでいるので、サンデルは、ロールズの考えも「義務論」と位置づけて、この「義務論的リベラリズム」ないし「義務論的倫理学」を批判している。そして、このロールズの考え方に対置される考え方が、「白熱教室」や『正義』で説明された「目的論」である、とすでにこの本の中で主張しているのである。

カントは、人間は感覚的な世界（感性界）にも経験的な対象として存在するが、同時に、考えることができる世界（知性界［可知界］）にも存在しており、知性界における主体として道徳法則を人々が自ら定める、と考える。だから、第一講で説明したように、人々が自らの意思で自律的に道徳法則を定め、人間はその道徳法則を守らなくてはいけない、とするのである。これが、カントの「義務論」の骨格である。

このような法則を定める主体は、経験的には知り得ないにもかかわらず、自らの多様な知覚を統一的に捉える主体であり、経験の主体である。この主体（超越論的主体）は、経験に先立って独立して存在している。

サンデルは、このような主体観をこの本で批判する。近代の哲学では人間の主体性が大事とされており、例えば、共同体から個々人が解放されて析出されることが重要であるとよく主張されているが、この主体という考え方を、カントは、哲学的に練り上げたのである。

このカントの考え方は、例えばヘーゲルなどに比べてみれば、不可視の世界について正面から論じているような形而上学ではない。カントは、当時のドグマティックな形而上学を批判して彼自身の批判哲学を提起したのである。しかし、英米的な哲学の発想からすると、これでも形而上学的に見える。知性界とか、超越論的主体ないし本体論的主体とか、定言命法というような考え方が、経験的な人間や世界から離れた見方という点で形而上学的に見えるのであろう。

サンデルが言うには、ロールズの正義論は、カント的な発想を踏まえているけれども、カント的な哲学そのものに立脚しているのではなくて、その観念論的な形而上学を修正して、「形而上学なきリベラリズム」の展開を図った。だからこそ大きな影響力を持ったのであろう。

実際、ロールズは前述のようなカント的解釈も示唆してはいるが、その理論においてはカント的な哲学に立脚しているのではなくて、先ほど説明したように、「原初状態」や「無知のベール」といった観念を用いている。契約の状況を仮設的に想定してはいるが、その状況の中で合意する正義について、合理的な経験論の発想で考えている。だから、サンデルは、それを「修正主義者《リヴィジョニスト》の義務論」と呼んでいるのである。そして、第1章以降では、その正義論の内容の問題点を考えていくことになる。

第1章 ロールズの考えている自己とは――「正義と道徳主体」

合理的で無関心な自己

サンデルが言うには、カントと同様にロールズは「義務論的リベラル」であり、正義という観念は「社会制度の最大の美徳」であり、「価値の中の価値」であって、この観念からは「諸価値に対して優位になければならない」という強い要請が導かれる。これが、正義の「首位性」である。これは、道徳的に「しなければならない」という意味と、「他の諸価値から独立して導き出される」という意味を含んでいる。

ロールズがその「正義」を考える際、出発点となる自己は、自分が選択する目的よりも先立って存在し（自己の先行性［優位性、the priority of the self］）、具体性が剝奪されている。その自己が、原初状態で主体として正義の原理を選択する。つまりロールズは、〝自分について具体的な情報はないけれども、論理的に思考はできる〟という点で「合理的な自己」を考えている。では、「合理的な自己」は何を望むのか。まず、生きていくために必要な社会的主要財（primary social goods）である。ある特定の価値観によって評価されるような財ではなく、合理的人間が誰でも欲するような財であって、権利や自由、機会や権力、収入や富などである。そして、この主要財の一覧表の内容は、ロールズのいう「善［良きこと］の希薄理論（thin theory of the good）」によって与えられる。これは、良きことについての様々な考え方において、自由や権利のように、人々が広く「有意義である」と共通して思っていると想定される最小限の事柄を指す。それに対して、特定の価値や目的に関係する理論をロールズは「善［良きこと］の十全理論（full theory of the good）」と呼ぶ。

原初状態は、カントの道徳・政治哲学を「経験論の枠内」で再定式化したものであるが、はたしてカントの形而上学的な部分を回避して、「義務論的リベラリズム」の基礎を形成できるものかどうか？　これがサンデルの問いである。

これを考察するためには、ロールズの言う「正義の状況 the circumstances of justice」の観念に目を向ける必要がある。「正義の状況」とは、経験論者ヒュームに由来する概念で、正義が成り立つための条件であり、人間の協力を可能にし、必要にする条件である。

例えば、有り余るほどの資源があったら、格差を許容する必要はなくなり、完全に平等にして、「すべての人が取り放題取ればいい」という共産主義のような発想が生じるだろう。だから、客観的な「正義の状況」として、資源の穏やかな希少性が必要となる。

もう一つの主観的な「正義の状況」は、原初状態の人々が相互に無関心であることである。他の人のことを考えて正義の原理を考えるのではなく、あくまでも自分自身の善〔良きこと〕の考え方を推進して自分の目的を実現することを考える、と仮定している。つまり、ほかの人が貧困で可哀想だから格差原理に合意するのではなく、自分が実際には最も惨めな状況であるかもしれないと考え、自分にとって良いように合理的に考えて、格差原理に合意するのだ。

サンデルの議論をここで少し離れて私の考えを述べておこう。実際の人間は他の人にも関心があるから、普通の社会保障の議論では、「貧しい人がこのままでは可哀想だし非人道的だから、貧者を助けよう」と考える。ところがロールズの議論では、仮設的な状況の下で、「他の人に無関心で、他の人の利益は考えず、あくまでも自分の利益を合理的に考える」という人間主体を想定するのである。

普通は、自分のことだけを考える人は、「貧しい他人はどうでもいい。自分さえ豊かになればいい」と考える利己主義的《エゴイスティック》な人間だ、と思うだろう。ところが、ロールズは非常にパラドキシカルな工夫をしていて、他人に無関心で合理的な主体を考えながら、自分に「無知のベール」がかけられているために、その合理的な主体は自分が最悪な状況に置かれている場合を考えざるを得なくなって、「格差原理」に合意するのである。そのため、この原理は、現実の世界に適用された場合には、最も貧しい人のためになる内容になっている。

このような思考は、普通の状況で考えれば、「最も惨めな人の立場になって考える」ということであり、「その人の利害を自分のそれと同一視する」ということを意味している。これは、普通の人にはなかなかできないことである。それを可能にするのが、原初状態という仮設的状況なのである。カントが格率［行為の個人的・主観的な原則］に対して普遍化可能性のテストを行うのと同じように、ロールズは原初状態という仮設的状況を想定することによって、最も貧しい人の身になって考えるということを合理的な人間に可能にしたのだ。

ここはとても大事なところで、英米の政治哲学者の多くは、ロールズも含めて、「他の人ではなく、自分の合理的な利益を考える」人間像を想定する。主流派経済学でもやはり、利益の最大化をいわば公理として考えている。そのような考え方に基づく合理的選択理論（公共選択理論）も発展しており、ロールズもそのような流れを意識して自分の議論を展開している。

仮にロールズが、「可哀想な人のために福祉を行わなければならない」というような議論を提起しても、彼の『正義論』のようなインパクトは持たなかっただろう。あくまでも、他人に無関心で、合理的な主体を想定しているからこそ、「誰もがそれなら合意するだろうし、その結果が福祉擁護の議論になる」と考えられて、大きな影響を与えたのである。

多元性、所有の主体、主意主義

サンデルが言うには、この「正義の状況」は経験論的に解釈すれば、理想的な家族の場合のように、現実の人々が善意や友愛の美徳に基づいて行動していれば、「仁愛や友愛の状況」が成立するから、「正義の状況」ではなくなり、逆に善意や友愛がなくなった時に「正義の状況」が成立することになる。そうすると、これは、義務論的な考え方には適さない。なぜなら、カントの定言命法のように、義務論的な主張は偶然の状況によって左右されてはならないからである。ロールズは、カントの観念論的な形而上学を離れて経験論的にも説明できる議論を提起しようとしたのだが、ここには、義務論と経験論的な「正義の状況」という概念との間の理論的な不一致が存在している。

これに対して、義務論的な観点からは、〝原初状態はそもそも経験的な事実を表しているわけではないから、このような批判は成り立たない〟という反論があり得る。〝原理と道徳的直観とを照らし合わせて考える「反照的均衡」という方法に基づいて、原初状態の議論は成立している。だから、これはそもそも正義の原理を発見するための虚構であり、工夫だ〟というのである。

このように考えてみれば、ロールズの議論の全体に、道徳主体についての特定の考え方が暗黙のうちに存在している。それは、まず自他の関係において、個々人が多元的でそれぞれ別個である（the plurality and distinctiveness）という人間観である。人間の間の統一性よりも多元性が優先されており、自他の境界が明確に存在しているのである。

次に、自己とその目的を分けて考え、自己を「所有の主体」として見る人間観が存在する。アイデンティティを構成する「私」と「私のもの」を区別するのである。そして、自己がその意思によって、所有の対象を選択するという「主意主義」的な考え方が存在する。

ただ、相互に無関心な人間を想定しているからといって、ロールズは必ずしも現実には狭い個人主義的な人間、言い換えれば利己主義的な人間を想定しているわけではない。現実には、コミュニタリアン的な価値観の人間もいるだろう。しかし、ロールズの言う主体は、自他の境界が存在し、前もって個人化されていて所有する主体なのだから、より深い意味で、これは個人主義的である。

このような見方は、家族・コミュニティ・階級・国家などに責任や責務を持つという「間主観」的な人間観とは対立する。この人間観は、自己はそれぞれの個々人以上のものを含んでいると想定しているからである。このような自己に基づくコミュニティをサンデルは「構成的意味［本質的意味、constitutive sense］におけるコミュニティ」と表現している。

リベラル派の理論家でも、現実にコミュニティが存在することは認めるだろうが、「そのコミュニティの一人ひとりが、多元的な個人であり、独立した意思を持って選択する」という見方をする。つまり、ばらばらな個々人が先に存在して、その人間たちがコミュニティを作るのである。それに対して、「構成的な意味のコミュニティ」というのは、家族や地域コミュニティなどの一員としての自覚が自己のアイデンティティを構成している状況のことを指す。この場合、何かを選んだり考えたりする際の価値観も、すでにコミュニティとの関係においてあるわけだから、コミュニティから独立した自分が前もって存在して、その個人がその独立した意思で選ぶのではない。このように、自分自身のアイデンティティがコミュニティとの関係において構成されていることから、「構成的な意味におけるコミュニティ」と表現するのである。

サンデルは、ロールズの想定している「道徳主体」をこのようにえぐり出す。この本の結論部では「負荷なき自己」というロールズ批判がなされるが、ここはそのための理論的整理となっており、その意味で重要である。今日の哲学一般でも、自己と他者の関係に注目する議論は少なくないが、サンデルの議論はまさにこの点に注目している。ロールズの議論以来、サンデルらの批判が影響力を持つまで、思想界でリベラリズムは圧倒的に優勢であり——日本では少なくともサンデル旋風が起きるまでは——今でも同様だから、自己観をあらためて問い直すことは少ない。これに対して、リベラリズムが想定している自己観そのものを問うところが、サンデルの問題提起の重要なポイントである。

第2章　所得は道徳的価値と無関係か？――「所有・適価・分配の正義」

リベラリズムとリバタリアニズム

ロールズの『正義論』の出現後、平等を尊重して社会保障を擁護するリベラリズムが主流になっていく。その代表が、ロールズや、先ほどふれたロナルド・ドゥオーキンである。それに対して、契約論や義務論という、リベラリズムと似た論理を使いながら、正面から福祉政策を批判しているのが、リバタリアニズムであり、その代表は一九七四年に『アナーキー・国家・ユートピア』（*Anarchy, State, and Utopia*, Blackwell. 邦訳あり）を発表したロバート・ノージックである。一九七〇年代後半からコミュニタリアニズムの議論が現れるまでは、ロールズ 対 ノージック、言い換えればリベラリズム 対 リバタリアニズムという議論が最も重要であった。

前講で簡単に述べたように、リベラリズムは日本語では「自由主義」と翻訳されることがあるが、ヨーロッパの政治的自由を擁護してきた自由主義と、アメリカの政治哲学で言うリベラリズムとは内容が若干異なるので、注意が必要である。また、政治的な立場を表すリベラリズムと、政治哲学におけるリベラリズムとはまた意味が違っている。この『リベラリズムと正義の限界』で批判しているリベラリズムは、アメリカの政治哲学や法哲学の議論におけるリベラリズムである。

政治哲学は「自由」を巡って考察を展開させるところもあるので、ここで言い尽くすことはできないが、簡単に説明すると次のように言える。例えば、ヨーロッパで政治的な自由を確立した思想家の中で最も重要なロックやJ・S・ミルは、宗教的な考え方や包括的な哲学など、一定の価値観・世界観を前提にして自由を擁護した。それに対して、ロールズをはじめとするアメリカのリベラリズムは、特定の善［良きこと］ないし価値観・世界観に基づかずに、自由を擁護する。ロールズのいう正義の原理も、その中心にあるのは自由である。アメリカの政治哲学におけるリベラリズムは、「自由の擁護」という点では、ヨーロッパからの伝統的な自由主義と共通する部分があるけれども、善などの価値観や世界観と切り離されている。このアメリカ的な意味でのリベラリズムは、リバタリアニズムにも含まれている。

政治的な立場を表す用語としては、アメリカでは、保守主義が市場経済を重視して福祉などに冷淡であり、リバタリアニズムはこの点では保守主義的である。他方で、リベラリズムは進歩的な立場とされ、福祉を擁護する傾向が強く、ロールズ的なリベラリズムはこの立場である。だから、アメリカのリベラリズムにはヨーロッパの自由主義に比べて、社会民主主義に近いイメージがある。

アメリカと「契約」の親和性

契約論に関して、アメリカという国には大きな特色がある。先に、「社会契約は歴史上の事実ではない」という契約論批判について述べたが、実はことアメリカ建国に関しては、ある程度は契約に近いかたちで国家の原点ができたという歴史的事実がある。まず、一六二〇年にピューリタンたちが信仰の自由を求めてアメリカ大陸に移住する際に、メーフラワー号で「メーフラワーの誓約」を結んだ。そして、東部一三州が作られ、それがイギリスから独立して、社会契約論の論理を用いて憲法を制定した。だから、イギリスから海を渡って来た清教徒たちが契約によって国家の原型を作り、州を作り、さらに国家を作ったことになる。そのため、契約論の論理がもともと受け入れられやすいのである。

さらに、イギリスから独立した後は、王権を支持する勢力はなくなったので、貴族や身分制を擁護する保守主義が極めて弱い。ヨーロッパでは——日本もそうだが——保守主義には、王権や貴族に由来する上流階級を擁護する場合が多いが、アメリカにはそれがない。もちろん、豊かな者が上流階級を構成することにはなるが、身分制的な貴族ではない。他方、ヨーロッパではマルクス主義や社会主義が影響力を持ち、日本でも戦後同様だったが、アメリカではこれも非常に弱い。社会主義・共産主義では、どちらかというと自由より平等を重視するが、アメリカでは「自由の国・アメリカ」という考え方が強く、社会主義などは弱いのである。

つまり、アメリカでは政治的な保守主義も進歩主義も、ほとんどすべての人々が、身分制には反対で政治的自由を尊重することには同意しており、その意味で基本的には、広い意味の自由主義に同意している。しかし、広い意味の自由主義の中には、政治的自由の尊重だけではなく、様々な考え方が存在している。そして、それらが用いる自由（リバティー、フリーダム）という観念の中に、様々な意味が含まれており、わかりにくいのである。

経済的自由で分かれる立場

そこでアメリカの政治思想では、「どういう自由を擁護するか」という点に違いが現れてくる。ロールズのようなリベラリズムは福祉を擁護するから、おおまかに位置づけると、平等を重視する点で左になり、政党では民主党の方に近くなる。また平等志向であることから、「貧者を救うために社会福祉を行うべきである。そのために豊かな人や企業に対して一定の所得税や法人税を課すべきである」という福祉政策の主張とか「健全な市場経済を守るためには企業を規制しなくてはいけない」といった、企業や経済活動の自由を縛るような主張が出てくる。それに対して、リバタリアニズムは右に位置づけられて共和党に近く、前述のように市場経済を擁護し、貧富の差はやむを得ないと考えるから、豊かな人たちの中に支持層が多い。政治的自由だけではなく、「企業が市場経済の中で自由に経済活動をすることが大事である」として、経済的自由も強く主張する。例えば、企業の自由を失わせる点で課税や規制には批判的である。このように、皆が政治的自由には賛成しても、経済的自由の面では議論が分かれてくるのである。

リバタリアニズムは、経済的自由を含めて自由を特に強調するから、どちらかというと肯定的に訳すときには「自由尊重主義」とか「自由至上主義」と訳されているが、私は「自由原理主義」と訳している。ネオ・リベラリズムが「市場原理主義」と言われることもあるので、それとの政策的共通性を表すためには、この訳語が便利だからである。基本的に「原理主義」は、行き過ぎた硬直的な考えに用いられることが多い用語なので、リバタリアニズムに批判的な立場からの訳語と言うことができよう。

訳語に思想的立場が表れており、皆が一致する定訳がないので、最近はカタカナでリバタリアニズムと表記することが増えている。同様に、リベラリズムも、「自由主義」と訳してしまうと、ヨーロッパの一般的な自由主義と区別しにくいから、アメリカの政治哲学における意味であることを明確にするために、カタカナで「リベラリズム」とすることが増えている。

リバタリアニズム論者は、「リベラル派よりも自由を尊重している」と自己主張し、アメリカでは「自由」は重要だから、人々に訴えるところがある。アメリカン・ドリームを体現する思想と考えられているのである。この思想を奉じる人々が「リバタリアン」と呼ばれる。

もっと極端な考え方に、国家権力を不要とする「アナーキズム（無政府主義）」がある。この中の右派的な議論（アナルコ・キャピタリズム）では、「人間が国家の規制なしに自由に行動すれば市場は発展していくから、国家権力をなくしていこう」と主張する。逆に左派的なアナーキズムは、「国家の干渉がなければ、人々は自由に助けあって素晴らしい理想的な社会ができるから、国家をなくそう」と主張する。

しかし、ノージックのようなリバタリアンも、〝アナーキズムはさすがに極端で問題がある〟と考える。国家権力がなければ、人間はお互いを殺し合ったり、財産を奪い合ったりして紛争が生じる。この問題点をリバタリアンは認めるから、治安や市場のルールの維持のためには国家権力は必要と考える。そこで、福祉などのためではなく、これらの最小限の目的のためだけに国家は存在すべきである、とするのである。だから、ノージックは「最小限国家(minimum state)」を主張し、国家権力は最小限にして、あとは個々人が自由に行動すればいい、とするのである。

またリバタリアンも、必ずしも「個々人が利己主義的に奪い合えばいい」と主張しているわけではない。人間が自由に行動すれば、お互いに助け合ったり、自発的にNPOやNGOによる公共的活動をするかもしれない。だから、国家権力が介入してそれらを抑圧することなく、自由に活動させればいい。国家は最小限にして、なるべく人々が自由に行動するようにすれば、自発的な「ユートピア」が実現するかもしれない。それがノージックの主著『アナーキー・国家・ユートピア』の主張である。

リバタリアニズムと所有

経済政策におけるネオ・リベラリズムは、経済学者ミルトン・フリードマンの『選択の自由』(西山千明訳、日本経済新聞社、一九八〇年)などに代表され、経済の効率性を重視して、大きな政府が経済の効率性を妨げるとして民営化や規制緩和を主張する。リバタリアニズムも経済政策についてはほとんど同じ主張をするが、ネオ・リベラリズムが経済的発展という帰結からの主張であるのに対し、リバタリアニズムは、前述のように、義務・権利論の一種である。ロールズは、「他人に無関心で、合理的な主体」を想定し、その人間が多元性や独自性を持つと考えているが、ノージックも、やはり、人間は「分離した存在（separate existences）」であると考えている。人間がばらばらな個人であることを、徹底して強調しているのがリバタリアニズムなのである。これは、両者が功利主義を否定していることとも関連している。功利主義は、個々人の喜びを合計して、全体としての「社会的な良きこと（social good）」を考えるから、個々人の分離性・独自性・多元性を軽視している。これが、第一講で路面電車や救命ボートの例で扱ったように、個々人の命などの無視を招く。だから、リベラリズムやリバタリアニズムは、このような論理を否定して、逆に個々人の分離性・独自性を強調するのである。

そして、リバタリアニズムは第一講で説明したように、自己所有の観念に基づいて、自分の労働の成果である資産は、市場での交換などに不正義がない限り、正当な「自分のもの」である、とする。この理論を、主として所有について、「所有者にその正当な権利ないし資格が与えられている（それを保有している）」という意味で、entitlement theory と呼んでおり、一般に「権原理論」ないし「権限理論」と訳すが、以下ではわかりやすくするために「資格［権利］保有理論」と訳すことにしよう。『講義録』では entitlement を単純に「資格」と訳している。例えば、あるものが「正当な自分のもの」であることを、「白熱教室」では「自分にそれを持つ資格がある」と訳した。ノージックは〝自分に正当な権原がある（所有する資格がある）ものは他人が取り上げてはならず、取り上げるのは不正義だ〟と主張するのである。

リバタリアニズムは、この所有の「資格＝権利」に基づいて、福祉のために財産に課税するのは「不正義」である、とする。これは義務論的な「〜せねばならぬ」という議論だから、「課税は不正義である」という強い言葉を用いている。「どのような政策が経済的な発展をもたらすか」というように結果から考える議論ではない。「いかに巨万な富があってもそれが正当なものだったら、強制的に取るのは不正である」という議論なのである。

共通資産——ロールズの「分配」の論理

ロールズのリベラリズムとノージックのリバタリアニズムは、義務・権利論という性格においては共通性があるのだが、現実の福祉政策や経済政策に関わる政策的主張においては大きく対立をしている。このノージックとロールズとの対立関係は、とても重要である。

われわれの得る資産や所得は、現実には、才能や属性によって大きく変わってしまう。これらを課税によって取り上げることを、リバタリアンは不正義と言うが、ロールズによれば決してそうではない。彼は、分配の原理として、リバタリアニズムのような理論を「自然的自由」、（リバタリアニズムと違って）機会の均等の確保を必要だとする能力主義（meritocracy）を「リベラルな平等」、そして自分自身の格差原理を「民主的な平等」と呼び、前二者に反対する論理を明らかにしている。

ロールズの理論においては、所有の主体である「自己」は、所有物とは別のものである。「わたし」は「わたしのもの」ではない。自分の財産・資産といった所有物は「わたしのもの」だが、「自己」ではない。つまり、リバタリアニズムの自己所有の考え方とは違って、「自己」と「自己のもの（所有物）」がはっきりと分けられている。

リバタリアニズムや能力主義は、ある個人の才能や能力は「その人のもの（所有物）」であると考えて、それに基づく報酬や所得は「その人のもの」であると考える。しかし、そうだろうか？　ロールズがいうには、それは道徳的には恣意的（arbitrary）なもので、才能や能力や性格（の分配）は、自然の恵みによるものなのだから、その個人の所有物ではなく「共通資産（common asset）」である、と彼は考える。だから、〝その結果としての報酬は「その人のもの」であるべきである〟とは言えないのである。

ロールズの正義論では、むしろ、最も惨めな人にとって便益となるように、福祉のために一定の課税をすることが、正義である。だから、課税によって「自分のもの」を取り上げられることも正義となる。なぜなら、それは「もの」であって、「自分」ではないからである。ロールズの論理では、「自分」と「自分のもの」が分けられていて、自分の才能や資質といった属性は共通の資産と考えられるから、才能や資質の相違に基づく所有物を正義に基づいて分配することが可能になるのである。

その人にふさわしい「適価」とは？

ある時の市場の状況や、この社会が求めているもの、幸運・不運などによって資産や所得は変わっていくのだから、資産や所得は道徳的価値とは関係がない。つまり道徳的には恣意的である。従って、市場経済の中で、ある人がその市場の規則のもとで、正当な期待（legitimate expectation）に基づいて所得や資産を得る「資格＝権利」があるとしても、「その財産が当人の本質的な価値に基づいた財産である」という考え方は成り立たない。だから、その人の固有の価値に基づく財産という考え方を、ロールズは斥けているのである。

実はここが、ロールズとノージック、そしてサンデルの議論で大きく違う点である。ロールズの「正当な期待」という概念に対して、サンデルは「デザート（desert）」という概念を重視する。この言葉は訳しにくく、「功績」や「真価」という訳もあるが、私は「適価」ないし「適価物」と訳す。辞書に「①当然受けるべき賞［罰］、当然の報い。②（賞や罰を受けるべき）価値、功罪。③功績、美点、長所」（『ジーニアス英和大辞典』）とあるように、「その人にふさわしい価値、値するもの」のことを指すからである。つまり、その人が行ったことや、その人固有の人格的価値に値すると考えられる賞罰なり報いのことをいう。その中身は、所得や財産、名誉などさまざまなものがある。

これに対して、サンデルは巧妙にノージックのロールズ批判に言及しながら、ロールズの難点を指摘していく。公正な能力主義では、「自らの実力で、ある地位に到達した人は、その報酬に値する」と考える。それに対してロールズは、〝所得などは道徳的に恣意的で適価ではないから、課税や再配分は正当である〟とする。ロールズは、〝人々の持つ特徴は単に属性としてその人に関係しているだけの「私のもの」であって、その人を構成している「私」そのものではない〟とする。つまり、ロールズは、適価という考え方に必要な、強い構成的［本質的な］意味では、自己は何も持っていない、とするのである。だから、ロールズには、正当的期待への「資格＝権利」という考え方しかなく、「誰かが何かに値する」というような「適価」の考え方は否定する。つまり、誰も「何かに値する」ということはできなくなり、人々は何も内在的な価値（intrinsic value）を持たない、とされるのである。

実はロールズは、「悪いことをしたのだから罰せられる」といった「矯正の正義（retributive justice）」の考え方は肯定しており、そこでは「適価」に近い発想を持っているのだが、「分配の正義」ではそれを否定している。ここには、不整合が存在するのではないか。だが、分配においても、その人自身の内在的な価値に対応する分配という考え方が必要ではないか。サンデルは、そう問題提起を行っている。

ノージックは、これを批判して、〝資産に恣意性があるからといって適価の考え方は否定されない。なぜなら、適価は必ずしも「私に値するもの」ということを意味するのではなく、私が不法ではなく単に持っているということを意味するからである〟とする。そしてノージックは、「適価」よりもむしろ、自己所有に基づく「資格＝権利」保有という観念を用いて、所有物に課税してはいけない、と主張する。

ロールズは再分配を肯定するために、道徳的適価に基づく所得や資産、つまり「その人に独特的にふさわしい所得や資産」という考え方を排除してしまう。それに対してサンデルは、ノージックのこのロールズ批判の論理を援用しつつ、ノージックとは逆に、「その人は、このような報酬に値する」という考え方は大事ではないか、と示唆しているのである。

ロールズの魔術を解く

ロールズが、人間の多元性や別個性を重視しているにもかかわらず、自然の才能や能力や性質を「共有資産」とみなして再分配を正当化するのは、結局は、功利主義と同じように別個性、つまり人間の区別を軽視しているのではないか。ノージックはこのように批判する。また、〝仮にロールズが言うように、所有には道徳的な恣意性が存在するとしても、だからといって、個人の才能や性質が社会の「共有資産」になるとは言えない〟とする。ロールズ側からは、〝人間の人格（person）ではなく、その属性（attribute）を他者の福利（welfare）のための手段として用いるに過ぎない〟という反論がなされうる。しかし、このようにいうことは、人間のすべての資質は偶然のものであり、「自己」から分離できると想定していることになる。こうして、ロールズは「根本的に［具体的状況から］分離した（disembodied）主体」、経験的な特質のない主体を想定することになり、カント的な（超越論的）主体、分離した抽象的主体となってしまっている。これは、まさしくサンデルの批判する「負荷なき自己」である。

この共有資産の観念においては、自己と他者の区別が弱められていて、実際には自己は経験的な個別の人間という以上の存在、つまり所有の共通主体という可能性と結びついているのではないか。これは、要するに、「間主観的な自己の観念」である。

このようにサンデルは言って、格差原理の考え方においては、〝所有の主体が「私」ではなく「私たち」であり、構成的な意味におけるコミュニティが存在する〟という考え方も成り立つ、と指摘する。事実、ロールズは自然の才能に関して「共通の」「集合的な」「社会的な」というような用語を用いているし、「社会連合」についての説明では「共通の目的」というような目的論的な用語法すら用いている、というのである。

要するに、「共有資産」という考え方を用いてロールズは「分配の正義」を正当化しているが、よく考えてみると、「構成的な意味におけるコミュニティ」とか、そこにおける「私たち」という考え方がなくては、「分配の正義」は成り立たないのではないか。ロールズは〝才能などは共有資産だから、その成果は再分配できる〟と言うが、この考え方が成り立つには、強い意味のコミュニティの感覚が必要ではないか。個々人の区別を超えた感覚がなかったら、なぜ自分の才能や努力の結果としての所得を、課税を通じて他の人に与える必要があるのか。だから、ロールズの「共有資産」という考え方の中には、実はコミュニティの考え方に近いものがあるのではないか――サンデルはこう示唆するのである。

つまり、論理の上でロールズは「私たち」とか、強い意味の「コミュニティ」という考え方を斥けているが、その議論をよく見てみると、「共有資産」や「社会連合」という表現の中に、実際は「私たち」や「コミュニティ」という考え方が含まれている。だから実は、論理的には矛盾があるのではないか。結局、福祉を基礎づけるためには、何かの形でコミュニティの感覚がなかったら成り立たないのではないか。ロールズ自身は、〝ほかの人のことを考えずに正義の原理に合意できて、その結果、一定の福祉政策が正義となる〟と主張するけれども、それは論理的にはやはり無理だろう。よく考えると、ロールズの議論においても、実はコミュニティが暗黙裡に想定されているからこそ、福祉政策が正当化されることになっているのではないか。このような鋭い指摘をサンデルは行っているのである。

そもそも、ロールズの「無知のベール」の仮定は、「自分がもしかすると最も惨めな人間かもしれない」という想像を行わせて、そのもとで正義への合意を導いている。しかし実際には、大多数の人々は、最も惨めではないのに、最も惨めな人の立場に立って考えていることになる。「無知のベール」という仮定がなければ、これらの大多数の人々は、前述のように、最も惨めな人に共感し、その人のために考えていることを意味する。

ロールズ自身の論理においては、「無知のベール」のもとで、人々は他人に無関心で自分のために合理的な行動を取っていることになっているが、実際には「無知のベール」なしにこのような原理に合意する人々は、コミュニティの中の最も惨めな人に対して非常に愛情が深く、同胞愛に溢れた人々だろう。

私は、この点ではロールズの論理はいわば魔術のようなものだと思っている。「原初状態」や「無知のベール」という仮定を行って、他の人には無関心な合理的個人を想定し、正義の原理として福祉政策の正当性を導いているが、実際には、サンデルが指摘するように、やはりコミュニティの考え方や、その同胞のために分け与えるという考え方が入っているのではないだろうか。

これも、『正義論』刊行の時点では意味がないわけではなかった。この魔術に幻惑されたからこそ、多くの人々が政治哲学の必要性に気づき、福祉政策の正当性に納得した。ロールズの卓越した魔術がなかったら、そもそも、それを批判するサンデルらの議論が影響力を持つこともなかったかもしれない。でも、その大きな思想史的役割を果たした後では、サンデルが指摘したように、ロールズの「正義論」の魔術を見抜いて、「福祉のためにはコミュニティや『私たち』という考え方、同胞愛の発想が必要である」と率直に認めるべきではなかろうか。

第3章〈契約〉の正体は原理の発見――「契約論と正当化」

普通の人は「いかなる内容であっても、契約は自由意思によってするもので、契約すればその通りに実行しなければならない」と思っているだろう。しかしここではまず、事はそれほど単純ではないことが指摘されている。なぜなら契約には、一人ひとりが自律した個人として同意するという「自律性（autonomy）」の要素があるが、もう一方で、契約で双方が利益を得るという「互恵性（reciprocity）」の要素もあるからである。

この点は、「白熱教室」や『正義』でも、あるご婦人と悪徳な水漏れ修理工との契約や、代理母問題で有名なベビーM事件が扱われて説明されていた。これらにおいて〝いかに契約がなされていても「互恵性」がないから、正当な契約とは言えない〟と司法的に判断されたのである。この議論は、実はロールズ批判と結びついていて、『リベラリズムと正義の限界』で述べられていることとなのである。

近代の政治哲学では、ロックやカントが中心にあって契約論的な構成を取っており、ロールズがその契約論の伝統を再生させた。よって、ロールズの正義論の評価は「その契約論をどのように考えるか」に大きくかかっている。サンデルは、ロールズ自身の概念を用いて、契約に必要な条件に目を向け、「自律性」とともに「互恵性」が存在することを指摘している。ロールズの契約論は、同意という「自律性」を中心に議論をしながらも、実際は「互恵性」の方から契約を論じているのはないか。人々が同意したから「公正な正義」の原理が成立したのではなく、その原理は、人々にとって相互に便益があるから、「公正な正義」の原理と認められるべきものなのではないだろうか？　このように問いかけているのである。

サンデルが言うには、ロールズの契約論は、契約論である以上、「合理的な個々人が自由意思で選択や合意によって原理に到達する」という主意主義的な説明が存在する。しかし同時に、よく読んでみると、「一人ひとりが自分の価値観に基づいて選ぶのではなくて、人々が発見や集合的洞察によって原理に到達する」という認知論的な説明も存在しうる。そして、ロールズ自身が、はじめは選択によって「公正としての正義」の原理を決定したように書いているにもかかわらず、別の個所では、すでに存在する原理を当事者が受け入れたり認めたりするような表現をしているのである。

本当にこれは、個々人の自由意思で結んでいる契約なのだろうか？　実は、ロールズの契約論は、あたかも自由意思による主意主義的な契約であるように描きながら、合理的な人間が本来、考えるべき正義の原理を、「無知のベール」のもとで発見して知るという論理構成になっているのではないだろうか。「選択と同意の倫理学として始まったもの」が、期せずして「洞察と自己理解の倫理学」として終わっているのではないだろうか——このようにサンデルは主張するのである。

第2章で述べたように、〝ロールズのいう「他人に無関心な人の合理的な選択」には、実際はコミュニティの考え方が秘められているので再分配が正当化される〟ということを、サンデルは鮮やかに指摘した。ロールズの理論を信じ始めると、巧妙な論理構成によって、「これまで宗教などの価値観が前提となっていた規範的な正義の原理に、合理的に自由意思によって到達した」と思えるのだが、実はそうではなく、論理的魔術に幻惑されているのである。

契約についても、ロールズのいう仮設的契約は、人々があたかも自由意思によって合意するように書いていながら、その論理構成は実際には、当然あるべき「公正な正義」の原理を認知し、発見していくプロセスになっている。それにもかかわらず、人々はこの「公正な正義」の原理を、ロールズの論理的魔術によって、自由意思によって同意した原理のように思ってしまう。でも、その魔術を解いてみれば、「原初状態で進行していることは、結局は契約ではなく、間主観的存在の自己認識への到達なのである」(第3章末尾、邦訳一五一頁)。

第4章　本当の〈コミュニティ〉や〈善〉とは——「正義と善」

「正義と善」は、この本の主題であり、サンデルの中心的主題でもある。この章は、アファーマティブ・アクションの事例から始まる。これは、「白熱教室」や『正義』にも出てくる事例であり、リベラル派の代表的な論者ドゥオーキンの擁護論(選考基準は大学が決めていいとするアファーマティブ・アクション擁護)を取り上げながら、その難点を指摘する。「白熱教室」でも紹介された、受験生への大学からの仮想的な手紙(七六頁参照)も、ドゥオーキンのような考え方を反映するものとして、この著作でも登場する。ここで、サンデルは、〝もしドゥオーキンのような擁護論を行うならば、ロールズの共有資産の議論の場合のように、自分たちを、家族・コミュニティ・階級・人々・国民というような、より広い主体の一員として、共通のアイデンティティへの参加者としてみなす必要があるだろう〟という指摘をしている。自分の資産や人生の見通しを犠牲にすることが正当化できるのは、見知らぬ他者の目的のためではなく、〝アイデンティティにおいて自分のものとみなすコミュニティの目的に寄与している〟という実感を持つ時だからである。

そこで、コミュニティについて考えてみると、まず、常識的な個人主義的観点からは、主体の自己利益を想定して、私的目的を追求するために協働する「私的社会」というように、コミュニティを道具として見る考え方（コミュニティの道具的な考え方）がある。ロールズはこれとは違って、参加者が最終目的を共有するような協力の枠組み自体を良きこととしている。このロールズのコミュニティ観は、協力する枠組みに関わっている人々の感情や情感にまで及んでいるという点で、「情感的な考え方」ということができるだろう。

これに対して、コミュニティを単に（コミュニタリアニズム的なものも含めて）感情的な愛着としてだけ捉えるのではなく、「コミュニティの善が人格に深く入り込んでコミュニティが行為者のアイデンティティの一部を構成する」という自己理解の仕方が存在する。これはコミュニティの「構成的な考え方」と言うことができる。「コミュニティによって自分のアイデンティティが形成されている面があり、コミュニティは自分自身の存在に関わっている」というコミュニティ観である。サンデル自身はこのようなコミュニティ観を持っているのである。

それは、人間の欲求に対する省察（reflection）の捉え方とも対応している。ロールズの場合は、あくまでも欲求の対象を省察するだけなのに対して、この「構成的な意味のコミュニティ」という考え方を持つ理論家（テイラーなど）の場合は、〝欲求する主体である自分のあり方を省察する〟という深い評価の層が含まれる。

サンデルがいうには、同じように、ロールズのいう「選択」は、個々人の「善」に関しては、自発的といっても、行為者の既存の欲望や欲求に従うものでしかなく、これは深い意味の選択ではない。ロールズは功利主義を批判するけれども、それは主観的な喜びを合計することについての批判であって、一人ひとりの人間に対する見方においては功利主義的な発想が存在するのである。個々人を「欲求の体系」と見ていて、欲求そのものの中における、質的な価値の区別をしていない。「白熱教室」ではJ・S・ミルが〝喜び［快楽］に質の違いがある〟という問題提起をベンサムの功利主義に対してしたことが紹介されていたが、まさに類似した問題がロールズにも存在するのである。

そして、ロールズが正義を社会の「基本構造」を示すものと考えているのと同様に、「コミュニティの構成的な考え方」は、その構成員たちが他者と関わって「コミュニタリアニズム的な目的」を促進しようという欲求や気質を持つだけではなく、人々の間で、共有された自己理解を構成し、制度にも反映するというものである。功利主義が人間の区別の問題を軽視していたのに対し、ロールズの「公正としての正義」は私たちの共通性（commonality）を真剣に捉えていない。自己を、目的に先行していて固定したものと見ることによって、私たちの共通性を「善［良きこと］」の一側面に、そしてその「善」を無差別な欲求や欲望の偶然の産物に格下げしてしまっている。だから、「公正としての正義」がもたらした義務論の勝利は偽りのものである。このようにサンデルは主張するのである。

結論〈負荷ありし自己〉の友情と省察——「リベラリズムと正義の限界」

サンデルがここまでの議論を総括していうには、ロールズの議論は義務論的倫理学の宇宙であって、その中核に、独立した自己という観念がある。これは、目的論的世界観と対立している。つまり、この義務論的倫理学の宇宙は、内在的な意味を喪失していて、ここには客観的な道徳的秩序が存在せず、「テロス（目的）」が存在しない。だから、主体は目的から離れて、それに先行するものと考えられており、それゆえに、正義の原理も個々人の意味も人間が作ることになる。つまり、「正」の場合は本体的自己ないし原初状態における人々が構築し、「善［良きこと］」は現実の個々人が選択することになる。「目的のない世界の住民」として、すでに存在する価値秩序に制約されずに、自分が先にあって自由に正義の原理を構築するのである。

しかし、この義務論的ビジョンには欠陥があり、あらゆる構成的な愛情（attachment）を欠いているので、この自己は自由というよりも力を欠いている。実際、ロールズの議論においては、正義を本当には構成しておらず(第3章)、善を本当には選択していない(第4章)のである。そして、義務論的自己は、本質的に属性を欠いていてあまりに希薄(thin)なので、その人にとっての〝ふさわしさ〟という価値[適価]を考えられないのである(第2章)。

このような自己は、構成的な愛情がないので、家族や国民などの構成員としての具体的な忠誠や信念を欠くことになるし、道徳的な深みがない。実際の人間は、「自己解釈する存在(self-interpreting being)」として省察することができるのに、義務論的自己には負荷がなく、具体性を持っていないので、自己認識を持つことができず、「自分がどのような存在であるのか」というアンデンティティに関して、自己省察することもできない。

「負荷なき自己」は人格を構成するような愛情も持たず、省察することもできない。構成的な意味の強い愛情や性格は、友情において、相互の洞察を得るためにも必要である。善を追求するには、自分のアイデンティティを探求し、自分の人生史を解釈し、自分には明らかでなかったことを知る必要がある。そこで、友人とともに熟考することによって、自分では気づいていなかったことを知ることができる。ここには、より豊かに構成された自己を考えることができる。義務論的自己とは異なって、こういった性格、省察、友情といった特質によって私たちは、構成的な愛情や、自己理解の共有に基づいて、より深い共通性を持つことができるのである。

義務論は、これに対して、濃密に構成された私的自己という考え方を認めても、私的なアイデンティティと公共的なアイデンティティを区別して、〝後者が「負荷なき自己」として正義を構築する"と言うかもしれない。しかし、「私的」目的が自己を構成する以上、「公共的」目的も自己を構成しうるという可能性を否定することはできない。私たちがお互いやその目的を充分に知ることができない限り、共通善だけで政治を行うことはできない。だから、正義は必要であるが、正義が常に優位に立つとは限らないし、強い意味でのコミュニティが存在する可能性は存在する。リベラリズムは、現実の自己を政治の枠外に置くことによって、政治のパトスとその湧き立つような可能性を見失っており、〝私たちは一人では知りえない共通の善を知ることができる〟という可能性も忘れているのである。

このように、この結論部では、「白熱教室」や『正義』で強調されていた「テロス」という概念や目的論的世界観に言及している。そして、ロールズの「負荷なき自己」観を総括的に批判し、そのような浅薄な自己ではなくて、「負荷ありし自己」と言えるような濃密に構成された自己の考え方を主張する。濃密という言葉はシック（thick）の訳であり、浅薄な（thin）抽象的観念ではなくて、もっと深い独自の価値観や世界観が存在することを示している。そして、これが、道徳的な深み、忠誠、友情、自己省察、そして強い意味のコミュニティやそこにおける共通善を可能にする、というのである。これはまさしく、サンデルの思想に一貫する主調音であると言うことができよう。ここでは強い意味におけるコミュニティの考え方も強調されているから、彼がコミュニタリアニズムの代表的理論家と目されるようになったのも、理由がないわけではない。

このようなサンデルの「負荷ありし自己」という人間観、さらにはコミュニタリアニズムの人間観に対して、「自己がコミュニティの価値観をそのまま受け入れることを想定しており、自分自身の価値観の変化や修正を説明することができない」という批判を行う人もいる。けれども、これまでの自己解釈、省察、友情などの議論を見れば、これが非常に偏った批判であることがわかるだろう。これらによって、人間が価値や自己理解を修正し発展させることがあるからこそ、サンデルは、義務論的自己観を批判して、「負荷ありし自己」という考え方を提起しているのである。

コミュニタリアニズムの出発

「道徳性とリベラルの理想」政治的宣言

サンデルのこの書物が刊行される前年に、まずアリストテレスの影響を受けた著名な倫理学者アラスデア・マッキンタイアのコミュニタリアニズムの主著『美徳なき時代』(*After Virtue: A Study in Moral Theory*, University of Notre Dame Press, 1981 邦訳あり)が一九八一年に刊行された。倫理学で美徳がほとんど顧みられなくなっていた今日において、美徳を中心とした倫理学(美徳倫理学)を復興させた名著である。さらに、八三年にマイケル・ウォルツァーの『正義の諸領域』(本書ではこの邦題としたが、邦訳あり。読書案内参照。*Spheres of Justice: A Defense of*

Pluralism and Equality, Basic Books, 1983)、そしてチャールズ・テイラーの『哲学的論文集』(*Philosophical Papers vol.1, 2*, Cambridge University Press, 1985, 1989 邦訳なし）という重要な著作も八五年に出ている。

このように一九八〇年代に次々と重要な著作が刊行されて、それまでのロールズをはじめとするリベラリズムの圧倒的優位に対して、挑戦をした。これらの思想が「コミュニタリアニズム」、そしてその論者が「コミュニタリアン」と呼ばれるようになったのである。こうして、政治哲学の世界では、「リベラル－コミュニタリアン論争」と言われる大きな論争が生じた。サンデル自身も、この論争の中の主役の一人であり、これについて『リベラリズムとその批判者たち』という論文集を一九八四年に編纂している。

この時期の作品として、『リベラリズムと正義の限界』の日本語版に付論として収められている「道徳性とリベラルの理想」という一九八四年の論文も紹介しよう。これは、原書では第五講で紹介する『公共哲学』（第22章）に収録されているが、この時代のコミュニタリアニズム、それもサンデルの議論を非常に明快に表している。

「白熱教室」に出てきたアリストテレスや、ヘーゲルにも言及され、コミュニタリアニズムという言葉も使われている。そして、マッキンタイアのいう「物語としての人生」という見方にも言及されている。サンデルはリベラリズムを「権利の政治学」、コミュニタリアニズムは「共通善の政治学」と明快に整理して、「負荷ありし自己」、「位置づけられた自己」(situated self)」という自己観を提起し、説明している。

また、政治との関係も非常に明確に整理されている。リバタリアニズムは私的な経済を非常に重視し、リベラリズムは福祉国家を重視する。この二つの考え方に対抗するコミュニタリアニズムは、企業経済や官僚制国家における権力集中に反対し、中間的なコミュニティが浸食されることを懸念している。これは、個人と国家の中間にあるコミュニティであり、家族やローカル・コミュニティなどが含まれる。

そしてハンナ・アーレントなどにも言及しながら、公民的共和主義の復興が望ましいと主張する。この公民的共和主義というのが、第三講で説明する『民主政の不満』の最大の主題なのである。

このように、この一九八四年の論文は、これから紹介する著作の中身を極めて明快に特徴づけ、次の著作『民主政の不満』のテーマを暗示している。『リベラリズムと正義の限界』の訳者の菊池理夫が「コミュニタリアニズムの政治的宣言である」と説明しているが、それにふさわしい内容と言うことができよう。

〈第二講〉まとめ

この第二講の最後に、サンデルがロールズの魔術をどのように解いたか、まとめておこう。

第1章は「自己論」についてであるが、ロールズの議論は、サンデルからみれば、「負荷なき自己」、すなわち現実の具体的人間のさまざまな特徴を一切知らないと仮定しているわけだから、抽象的で、実際にはない虚構である。現実の人間はさまざまな負荷、文脈、状況がある自己なのだから、ロールズの議論は現実性を持たない。このようにロールズの自己論の魔術をまず解いている。

第2章は「福祉」についてであり、ロールズは、〝人々が他人に無関心で自分の合理的な利益を追求する〟と仮定することによって正義の原理に合意するとして、福祉を正当化した。でも、よく考えてみれば、福祉は、豊かな人がお金を徴収されて、国家権力を通して再分配するということだから、他人との関係なしにはありえない。ロールズは、他者のことを考えずに福祉は正当化できると主張したわけだが、実はよく見てみるとロールズの議論のなかにもコミュニティの発想はある。こうして、サンデルは福祉の正当化という魔術も解いてみせた。

第3章では、ロールズの論理の中心である「契約論」に関しても、契約が人々の合意によってできるというだけではなくて、そこに「正義の原理」の発見や認識という論理が含まれている。サンデルはこう指摘して、ロールズの契約論を解体して見せた。

サンデルはロールズの福祉の正当化という政策的帰結そのものを批判しているのではなくて、あくまでその論理を批判した。ロールズ的なリベラリズムとリバタリアニズムとの間では、経済や福祉をめぐって大論争をしている。これに対してサンデルは、その両方を哲学的に批判するが、福祉政策を擁護するという点ではリベラリズムにかなり近い。しかし、福祉の基礎付けにおいてもその実現の方策についても不充分なので、リベラリズムの批判を行い、ロールズとは別の論理で福祉を正当化しようとしているのである。

ロールズはあたかも間主観的な「私たち」という考え方や強い意味のコミュニティはいらないかのように正義論を構成しているけれども、実はこれらは彼の理論の中に暗に忍び込んでいるのではないか。彼は人々が契約によって正義の原理に合意するとしているけれども、実際は、人々が発見し認識すべき、あるべき正義の原理がその正義論の内容なのではないか。サンデルは、こう主張しているのである。ロールズの正義論には、強く言ってしまえば論理的な無理や不整合があるのではないか。その魔術的論理はさまざまな弊害をもたらすから、サンデルはロールズの議論を鋭く批判したのである。

サンデルのこの作品の一番の目的は、ロールズをはじめリベラル派が主張する「善なき正義」、言い換えれば、「非倫理的正義」が成り立たないということを論証することである。この段階では、彼はリベラリズムの正義論の批判をしたのであって、それに代わる正義の理論を積極的に提起したわけではない。これが、『リベラリズムと正義の限界』という書名に明確に表れている。後で説明するように、次の段階で、彼は、いわば「善ありし正義」、つまり倫理的な観念と密接な関係のある正義の考え方を提起するようになる。これを本書では「倫理的な正義論」と呼ぶ。

本講で説明した第一作の重要な議論は、その後の著作、そして「白熱教室」や『正義』に至るまで骨格は不変である。「サンデルは途中から考え方を変えた」という議論をする人もいるが、そうではまったくなくて、この著作の論理は今に至るまで一貫している。先述したアファーマティブ・アクションなどのように、実際に「白熱教室」ではこの本の中の重要な部分が使われている。

こうしてサンデルはロールズの魔術を解き、彼はコミュニタリアニズムの旗手とみなされるようになった。もちろん、リベラリズムの側も、手を拱《こまね》いていたわけではなく、「コミュニタリアニズムは保守的、前近代的ないし封建的で、自由を抑圧する」といった反論がリベラルから次々となされた。これは日本で特に強力だが、アメリカでもそういう批判はあるので、「コミュニタリアンはどういう政治的な議論を展開するのか」ということが問題となった。実はこの課題に応えたのが、第三講で紹介する『民主政の不満』である。

第三講　共和主義の再生を目指して——『民主政の不満』のアメリカ史像

アメリカ憲法と政治経済

一九九六年に刊行された『民主政の不満——アメリカにおける公共哲学を求めて』は、『リベラリズムと正義の限界』と並ぶ、サンデルの政治哲学の主著であり、サンデルの著作群においてはこの二著が双璧をなす。前作は哲学的・抽象的な議論であるのに対し、この本はアメリカの政治経済や憲法を扱っており、具体性を帯びた議論となっている。

一見すると相当雰囲気が変わっており、『リベラリズムと正義の限界』刊行からの一四年の間で「サンデルは考え方を変えたのではないか」という議論もある。サンデルはそのような批判を浴びて、コミュニタリアニズムの立場を捨て、後述するような共和主義の立場をとるようになった、というのである。しかし、これはまったく的外れと言わざるを得ない。

コミュニタリアニズムの考え方は、そもそも状況や文脈を重視し、その中での議論や政治的展開を考えていく傾向が強い。この『民主政の不満』で、「コミュニタリアニズム」の発想にふさわしく、サンデルが自分自身の議論をアメリカの文脈に即して展開したものなのである。

語り口が変わったのはそのためで、「彼が立場を変えて共和主義者になったから」ではない。後に説明するように、この本でサンデルは、コミュニタリアン的共和主義の立場から議論を展開している。

共和主義とは、簡単に言えば、公民的美徳に基づいて人々による自己統治を目指す考え方である。本書の眼目は、アメリカの公共哲学としてのリベラリズムと共和主義の角逐を、アメリカの歴史に即して描いたことにある。大きく言えば、建国当初は重要であった共和主義が、南北戦争や革新主義などの時には重要な役割を果たしたものの、徐々に衰退し、特に第二次世界大戦後はリベラリズムが制覇するに至った。そこで、サンデルは、「アメリカにおける公共哲学を求めて」という副題を付しているように、望ましい公共哲学として、共和主義の再生というビジョンを示したのである。この本は、公共哲学という新しい知的運動にとっても、記念碑的な意味を持つ重要な作品である。

第1部「手続き的共和国の憲法」は、アメリカ憲法の判例を参照しつつ、憲法解釈と政治の歴史に即して、前述の二つの公共哲学の対抗関係を描いている。憲法と政治の関係を描いているという意味で、これは日本語で言うところの「憲政論」である。「憲政」という概念は日本においても独自の展開をしている（「読書案内」参照）が、本書の第1部はまさしくこの概念にふさわしく、これはアメリカ憲政論と言えるであろう。

次に、第2部「公民性（citizenship）の政治経済」は、アメリカの政治経済における共和主義の盛衰の叙述である。政治経済においても、共和主義が次第にリベラリズムに交代していくところを描いている。第1部と対比して言えば、これはアメリカの「政治経済論」であり、その観点における二つの公共哲学の角逐の歴史を描いているのである。

ロールズの大変化——転向か？

もう一つ、サンデルは本書で、ロールズの思想的変化に対応した議論を展開していることも指摘しておきたい。実は、コミュニタリアニズムをはじめとする様々な観点からの批判を受けて、『リベラリズムと正義の限界』刊行後の一四年間でロールズは、『正義論』の思想を相当大きく変化させた。これは一九八〇年代から始まっていたが、『政治的リベラリズム』（一九九三年）の出版によって明確になった。『民主政の不満』はその三年後の刊行なので、この変化を受けて書かれている。つまり、ロールズの『正義論』に対する批判が『リベラリズムと正義の限界』であり、ロールズの『政治的リベラリズム』への批判を本格的な著作の形で展開したのが『民主政の不満』と考えられるのである。

先述のように、ロールズはもともとはカント的な抽象的・哲学的な立場から『正義論』を提示した。しかし、『政治的リベラリズム』においては、このような普遍主義的な立場を半ば放棄してしまい、〝正義を人々の重なり合う合意、つまり「重合的合意（overlapping consensus）」として考える〟という見方へと変化したのである。しかも、この合意は「民主社会の公共的文化」の中での合意と限定して考えるようになった。つまり、『正義論』における普遍主義的な義務論を放棄したように見え、一定の条件ないし状況の前提のもとにおいて正義論が成立するということをロールズ自身が認めたのである。

だから、ある意味では、『リベラリズムと正義の限界』で、『正義論』が論理的に不完全ないし不整合なところが存在することを指摘した点において、サンデルが正しかったと言うこともできよう。例えば、彼は「正義の状況」の議論において、経験的な状況の想定とカント的な義務論との間に齟齬があることを指摘していた。この論点に対し、ロールズは普遍主義的なカント的義務論を断念して、以前よりも経験的な状況を明示するようになったと言うことができるのである。

ただ、ロールズが立場を変化させたために、サンデルとしてはその新しい「政治的リベラリズム」に対しても批判を行うことが必要になった。この『民主政の不満』は、その新しい批判をも含んでいる。「政治的リベラリズム」でロールズは、先進諸国のような「民主的文化」の存在を前提に議論しているので、それに対する批判でも地域的・時代的文脈を考慮することが必要になる。もし当初の「正義論」だけに対してであれば、『リベラリズムと正義の限界』で示したような哲学的な抽象的批判だけで充分だったかもしれない。しかし、〝ロールズが「政治的リベラリズム」へと変化したので、それを批判するには、具体的な文化的・歴史的文脈との関係における議論を展開する必要があったのではないか〟と考えられるのだ。

特に、変化した後のロールズの議論との関係で重要なのは、「棚上げする（bracket）」という概念である。これは「括弧に括る」などとも訳されており、〝私的領域において「善［良きこと］」をめぐっては多元的な考え方があり同意が成立しないので、公共的な領域においては、価値や善に関わる問題は棚上げして、問題とすることを回避する〟ということである。つまり、人々の間で合意のないところ、あるいは合意が不可能なところは棚上げしてしまい、重なり合う合意のあるところによって正義を考えていく。これが、後期ロールズが主張する正義の議論であり、サンデルは『民主政の不満』で、この棚上げする論理の弱点、限界をさまざまな論点で追求していく形をとっている。

私たちの訳した『民主政の不満――公共哲学を求めるアメリカ』（上、勁草書房、二〇一〇年）の原題は *Democracy's Discontent: America in Search of a Public Philosophy* である。このタイトルは民主主義が主語のようになっていて訳しにくいので、サンデル本人に問い合わせた上で邦訳名を決めた。本書は「人々が不満な民主主義の現状と、その理由・診断」を内容とするので、The Predicament of Democracy（民主政の困難・苦境）や Democracy and its Discontent（民主政とその不満）という邦訳名も考えられるということだった。このような意味を勘案した上で、結局は直訳調の邦訳名が最善と判断したのである。

ここで、なぜ「民主主義」ではなく「民主政」という言葉に訳したのか、不思議に思う方がいるかもしれない。後述するように、「リベラリズムがアメリカを制覇したことにより、現在の民主政治は機能不全に陥ったのではないか」というのが本書の問題提起である。つまり、サンデルは民主主義の政治思想そのものに反対しているのではなく、民主政治の今のあり方についての問題点を指摘しているのである。だからデモクラシーという言葉に、「民主主義」ではなくて「民主政」という訳語を選んだ。そしてサンデルは本書で、民主主義の望ましい方向として、「共和主義の復興」を主張しているのである。

それでは、各章のポイントを見ていきながら、最後にサンデルの目指す「共和主義」について解説をしていこう。第1章「現代リベラリズムの公共哲学」と最終章「公共哲学を求めて」は、理論的な部分について述べられており、本書全体の中でも特に大事な部分である。

第1部「手続き的共和国の憲法」――共和主義的憲政史

第1章〈ロールズ 対 サンデル〉の第二ラウンド――「現代リベラリズムの公共哲学」

公共哲学とは何か

サンデルは「公共哲学」という概念の興隆に非常に大きな役割を果たした理論家である。『民主政の不満』は、まずサブタイトルにもある「公共哲学」という言葉の定義から始まる。

つまり「公共哲学という言葉で私が意味しているのは、アメリカの実践の中に伏在している政治理論、すなわち私たちの公共的生活を性格づける、公民性（citizenship）と自由についての想定である。現代アメリカ政治が、自己統治と共同体について確信をもって語れないということは、私たちが拠って立つ公共哲学と関係がある」（邦訳上、二頁）としている。

つまり、彼のいう「公共哲学」は、現実のアメリカの政治をはじめ公共世界にすでに影響を与えている考え方であり、それは、公共生活を活性化するような、公共的市民としてのあり方や自由に深く関係している。日本の公共哲学プロジェクトでは、「公共性とは何か」、そして「それはどのようなものであるべきか」ということから考えていくが、サンデルの定義はそれよりも、現実に存在し、現実を動かしている公共的な考え方から公共哲学を導きだすことを、より強調しているといえよう。

現実に存在している公共哲学を見出すという立場からは、アメリカ大統領の就任演説に見られるように、政権ごとの公共哲学という見方が可能になる。となると当然、理想的な公共哲学だけがあるのではなく、現実にはさまざまな公共哲学があることになる。『公共哲学としての功利主義』（Robert E. Goodin, *Utilitarianism as a Public Philosophy*, Cambridge University Press 1995）という本もあるし、実際に『民主政の不満』では、「リベラリズムの公共哲学」と「共和主義の公共哲学」の違いを示し、その歴史的な対抗関係が述べられている。

そして、不安な時代においては、明晰さと批判的省察の機会を公共哲学は提供する。つまり時代が不安であればあるほど、自分の判断を下す思想的基盤が求められている、とサンデルはいう。

リベラリズムと共和主義

では、リベラリズムの公共哲学とはどういうものか。

ここでまず重要なのは、サンデルがリベラリズムの中心の考え方として〝道徳的・宗教的諸見解に対して政府は中立的であるべきだ〟という点をまず挙げていることである。この中立性という点は『リベラリズムと正義の限界』では挙げられておらず、この書物ではじめて強調されている。リベラリズムの考える「自由」は、自分が目的を選択することができる、ということである。多元的で別個な個々人を自由で独立した存在と想定し、善［良きこと］は人によって多様なので、「善に対する正の優位」を考えて、個々人の「正義＝権利」を中心に考えていく。リベラリズムのいう「正義」は、権利とほぼ同義なのである。これは、法律を中心にする「ジャスティス」であり、いわば「法義」と言ってもいいほどであろう。これは、憲法や連邦最高裁の判例などに、最も明瞭に現れてくる。

そこで、特定の目的よりも、個人の「権利」を行使するための公正な手続きが重要になる。サンデルは、訴訟社会と呼ばれる現在のアメリカを「手続き共和国」と呼んでいる。本来、共和国とは共和主義に基づく国家であるはずなのに、法律をはじめとする手続きが中心になってしまって、本来の共和国ではなくなってしまっている。サンデルはこのような皮肉を込めて

「手続き的共和国」と呼んでいるのだろう。

注意しておきたいのは、この本でサンデルのいう「リベラリズム」には、リバタリアニズムも含んでいることである。善を考慮しないで正義を考えるという、ロールズ的リベラリズムとリバタリアニズムに共通する論理に注目して、それを「リベラリズム」と呼んでいるのである。

これに対して「共和主義」とはどんなものなのだろうか。

前述のように、サンデルは、公民的美徳に基づいて「自己統治」の実現を目指す考え方として共和主義を考えている。「自己統治に共に加わることによってこそ、自由がある」と考えるのである。自己統治の原語は self-government（セルフ・ガバメント）で、自治とも訳せるが、日本語の自治はどうしても地方自治という意味を帯びてしまう。サンデルはこの言葉を国家レベルや経済などの意味でも用いているので、私は「自己統治」と訳している。共和主義の理想は、善き社会について特定の考え方を持っていて、共通善を目指す「自己統治的共和国」である。

アメリカでは、建国当初は共和主義的な考えが優勢であったが、ここ数十年はリベラリズムへと変化し、原著を出版した時点ではリベラリズムが圧倒的になっている、とされている。サンデルは、これがまさに民主政の不満——さまざまな問題点や限界、人々の無力感——をもたらしていると診断し、それに対して共和主義的伝統を復興し、衰弱した公民的生活を再生させようとしているのである。

ロールズの政治的リベラリズム——サンデルの勝利の結果か？

続いて哲学的な整理が行われており、まず、『リベラリズムと正義の限界』におけるロールズ的リベラリズム批判が「カント主義的リベラリズムへの批判」として要約されている。ここでは、第二講で説明したような「リベラルな自己」の観念に対して、それを「負荷なき自己」と呼んで批判し、「白熱教室」でも用いられたロバート・E・リー将軍の例などをあげながら、集団の構成員として連帯の責務を引き受ける「負荷ありし自己」の像を対置する。

そして、サンデルは、ロールズの「政治的リベラリズム」以降の考え方を、リチャード・ローティらの考え方とともに「最小限主義的リベラリズム（minimalist liberalism）」と呼んでそれを批判する。

「政治的リベラリズム」とは何だろうか。J・S・ミルやカントなどのリベラリズムは、「包括的リベラリズム」であり、包括的な教説《ドクトリン》や世界観を提起する哲学があってそれに基づいて「自由」を擁護している。包括的教説や世界観とは、宗教・哲学・道徳などの広範な領域にわたって、人生や世界について包括的な見方を提示するものである。カント哲学は自律を中軸にしたこのような包括的哲学であり、ロールズの「正義論」もそれに影響を受けていて、もともとはこのような種類のものだった。だから、カント主義的リベラリズムと呼ぶことができたのである。

ところが、彼の考え方は「政治的リベラリズム」に変わった。今日の自由な社会、先進的な社会の中では、それぞれ「道理に適った包括的教説（reasonable comprehensive doctrine）」が多元的に存在している。これを「道理に適った多元主義［穏当な多元主義、reasonable pluralism］」という。このような意見の相違が存在する中で、正義にかなった安定した民主的な社会を維持するためにはどうすればいいか。このためには、包括的な哲学的・道徳的見解に立脚することは断念して、すべての人が支持できる「政治的な考え方（political conception）」に基づいて公共的理性を働かせるべきである。これが、「形而上学的ではなく政治的」なリベラリズムなのである。すると、道理に適った、宗教的・道徳的・哲学的な包括的な教説の間で、共通して皆が同意できる部分があり、その重なった合意を「重合的合意（overlapping consensus）」という。この重なり合った合意こそが正義である――ロールズはこのような主張に変化した。

この論理には、形而上学的・哲学的な根拠は存在せず、自己の本性についての論争とも無縁である。だから、「善［良きこと］」に対する正の優位性」も、カント的な道徳哲学や人格観念とは関係がなく、「善については合意が成り立たない」という事実に基づいているに過ぎない。だから、サンデルはこれを「最小限主義的リベラリズム」と呼ぶのである。

従って、サンデルが鋭く批判したカント的（超越論的）な道徳的主体という自己論をロールズは基本的に放棄したことになる。さらに、ロールズの正義論の中核だった「仮設的契約」の論理も大幅に重要性が低下し、後退している。原初状態における仮設的契約という論理よりも、多元的な包括的教説の中での重なり合った合意という論理を中心にしたわけだから、ロールズはサンデルの批判をある意味ではほとんど受け入れてしまい、自分の議論を大幅に変えて「正義論」を再構築した、というふうに見える。だから、これはロールズの「転向」と言えるのではないだろうか。もちろんロールズ批判にも様々なものがあって、このようなロールズの変化はコミュニタリアニズムの批判だけによるものではないし、ロールズ自身はコミュニタリアニズムの批判によるものとは認めていない。しかし、サンデルが強調して批判した論点をロールズが放棄してしまったことは事実である。

ロールズ自身やロールズ派の人々は認めないけれども、私から見ると、「ロールズ対サンデル」という図式で考えれば、『正義論』対『リベラリズムと正義の限界』という第一ラウンドにおいては、ロールズ自身の「転向」によって、サンデルの勝利という形で勝敗が決したと思える。そこで、問題は、『政治的リベラリズム』対『民主政の不満』という第二局面の帰趨である。

「普遍主義なき政治的リベラリズム」とその批判

ロールズが新たに主張した「重合的合意」は、ある程度の自由が実現した進んだ社会、つまり、公正な原理・基準を考えて守る道理性（the reasonable）や、目的を実現するための熟慮と判断をする合理性（the rational）を多くの人が共有している世界でしか成り立たない。例えば、カースト制を肯定している人が多い社会では、自由についての重合的合意は成立しない。そうすると、ロールズの言う「公正な正義」が成り立つ地域や時代は局限される。アメリカですら、奴隷制を維持していた時代には成り立たない。だから、この正義論は普遍主義的ではない。

リチャード・ローティのように、これを肯定的に評価する理論家もいる。しかし、もともとのロールズの論理の魅力は、仮設的契約という特別な論理的工夫によって普遍的な正義の原理を提起したところにあったのだから、それを評価する観点からは、この修正は大幅な後退に見える。〝ロールズの論理は普遍主義的で、「正義‖権利」は、すべての国家において、すべての人が守らなくてはいけない。だから例えば、中国であれどこの国であれ、守らなければならない〟ということだったのに、そういった議論が不可能になるからである。実際に、普遍主義的なリベラル派の中で、ロールズのこの変化に幻滅したり批判する人は少なくない。日本では、代表的なリベラル派の法哲学者・井上達夫がその典型である。

他方で、この「政治的リベラリズム」の議論は、「その正義が善〔良きこと〕の考え方に依拠していない」という点は、もともとの正義論と同じである。そしてサンデルによれば、「最小限主義的リベラリズム」は、「正義についての真なる考え方を提示しているわけではなく」、民主的社会における政治的合意の基礎としてそれが役立つとして、「哲学に対する民主主義の優位性」を主張している。そして、それは哲学からの政治の分離と、政治における道徳的・宗教的問題の棚上げ（bracket）を主張する。カント的な人格論などのような哲学的側面が消失した分、これらの点のみが重要になり、サンデルの第二ラウンドにおけるロールズ批判では、ここに焦点が当てられることになる。これを「棚上げ論」批判と呼ぼう。

そこで、サンデルは「最小限主義的リベラリズムへの批判」として、例えば「妊娠中絶を禁止すべきかどうか」という論争や、南北戦争におけるリンカーン－ダグラス論争をとりあげて、政治的な議論から善〔良きこと〕の問題を棚上げできないことを主張する。まず、リベラル派は、「女性の選択の自由を尊重する」という理由に基づいて妊娠中絶を認めるべきだと主張し、最小限主義的リベラル派は、「政府は妊娠中絶に関する道徳的問題に対して中立的であるべきだ」と考えるから、寛容と女性の平等という政治的価値から見て、この主張を支持する。しかし、カトリックのような反対論から見たら、妊娠中絶は胎児を殺す殺人行為だから、これを認めることは、殺人を認めることになる。このような政策は、妊娠中絶反対論から見れば、とても中立的という理由で擁護することはできない。だから、中絶をめぐる議論は、実質的な道徳的・宗教的論争を棚上げして回避することができないことを示している。

南北戦争時のリンカーン－ダグラス論争においては、南部側のスティーブン・ダグラスは、〝奴隷問題は道徳性について合意が成り立たないから、この問題について国家は中立的であるべきだ〟として、各々の準州の人々がその判断を下すべきだ、とした。リンカーン（一八〇九―六五）は奴隷制度を悪とみなしていたから、〝奴隷制度について実質的な道徳的判断を回避すべきではなく、この制度が準州に拡大するのを禁止すべきだ〟と論じた。リンカーンが正しかったことは今日では明らかだろう。政治的リベラリズムの棚上げ論はダグラスの議論と同じだから、大きな問題がある。

さらに、善［良きこと］に関わる問題を棚上げする政治的議論は、政治的言説を貧困にし、自己統治に必要な道徳的・公民的要素を蝕んでしまうかもしれない。例えば、今日、妊娠中絶問題のような大きな道徳的議論を回避してばかりいると、政治的空白を作り出し、狭量で不寛容な保守的道徳主義が力を持ってしまう危険性がある。手続き的共和国を基礎づけているリベラリズムが今では支配的な公共哲学となっているが、この哲学の欠陥が現実の民主政の窮状となって現れている。

サンデルは、このように述べており、現に、アメリカではキリスト教原理主義やモラル・マジョリティなどが力を持って、レーガン政権や親子のブッシュ政権が成立した。だから、彼の懸念は現実と対応しているのである。

このように、第1章は、公共哲学についての議論の他は、初期ロールズの「カント主義的リベラリズム」と後期ロールズの「最小限主義的リベラリズム」への哲学的批判を中心にしている。このことは、本書が、前著の哲学的議論を受けて展開していることをはっきり示している。

第2章　建国の頃は権利中心ではなかった──「権利と中立的国家」

共和主義的政治理論は、「①正と善［良きこと］の関係、②自由と自己統治に対する関係」において、手続き的共和国のリベラリズムとは異なっている。

まず、第二点から述べれば、共和主義においては、人々が自己統治《セルフ・ガバメント》に加わることに自由が存在するという考え方が基本にある。逆に言えば、王政のように、人々が自己統治を行えない時には自由はない。このように、共和主義の考え方では、自由と自己統治とは内在的に関連している。つまり、「自己統治ができるところに自由があり、自己統治がない所に自由はない」というのが共和主義的な自由観なのである。

この自由観に対して、アイザイア・バーリンのような自由主義者とかホッブズのような理論家は、あくまで個々人の物理的な行動の自由を強調している。政治権力に妨害されないことこそが自由である、とするのである。この場合、例えば王政のもとで政治が行われても、個々人の行動が妨害されなければ個々人は自由である、という主張になる。

逆に共和主義の考え方においては、いかに優れた国王が善政を行っても、人々が自己統治を行うことができなければ、その人々は自由ではない。だから、「自己統治」の自由に注目するか、「個々人の行動が妨害されない」という意味の自由に注目するか。これが、「共和主義の自由」と「リベラリズムの自由」との決定的な違いとなるのである。

そして自己統治のためには同朋市民《フェロー・シチズン》と共通善について熟議することが必要であり、その熟議においては公共的事柄への知識やコミュニティへの帰属意識、全体への関心、そしてコミュニティでの人々との絆が必須となる。そこで、こういったことを実現するためには、公民的《シビック》美徳《バーチュ》（civic virtue）も必要となり、そういう美徳を会得するために人格形成が必要になる。従って共和主義的政治とは、人格形成的（formative）な政治なのである。

共和主義の考え方には、「共通善」や「人格形成」が含まれているので、リベラリズムのような中立的な考え方にはならない。様々な善や理想がある中で、自己統治的共和国という善き社会を目指し、このような共和主義的な観点から権利を解釈する。だから、前述の第一点において、「正の善［良きこと］に対する優先性」や「中立性」を主張するリベラリズムとは、明らかに異なっている。

サンデルは、共和主義の源流としてアリストテレスに言及している。アリストテレスの思想は公民的美徳と政治参加という倫理面に注目する強い共和主義の典型であり、マッキャヴェッリの思想のような、制度的な工夫を強調する弱い共和主義とは区別される。サンデルは共和主義思想内部の違いについてはあまり詳しく述べていないが、実はこれは思想史的に大きな問題である。

このような観点からアメリカの連邦最高裁の判決を見てみると、「①個人的権利の優先、②中立性、③自由に選択する『負荷なき自己』」というリベラリズムの考え方、言い換えれば「手続き的共和国の公共哲学」がはっきりと浮かび上がってくる、という。

建国当時の合衆国憲法

そこで、①の「権利」について見ることにする。アメリカでは、「権利」の概念はどのように確立していったのだろうか。しばらく、サンデルの論述を追ってみよう。

実は、初期共和国においては、「個人の権利」に基づいて政府を制約することが憲法の役割とは考えられていなかった。連邦憲法は一七八七年に成立するのだが、実は、この時点では、後の合衆国憲法における「権利章典」のような権利に対する明確な規定は存在していなかったのである。

アメリカは、イギリスとの独立戦争の後、東部一三州が連邦を構成して建国したのだが、連邦憲法を作る際、邦《ステイト》［憲法成立後は「州」］と連邦《フエデラル》の関係をどうするかが大問題となった。連邦の確立を重視するフェデラリストと、邦の独立を重視するアンチ・フェデラリストとの間で、論争が生じたのである。

アンチ・フェデラリストは、フェデラリストに対して、連邦憲法に反対する論拠として権利章典の欠如を挙げて批准審議で論争を行い、多数派の専制の危険性を指摘した。しかし、この主張は、後のリベラリズムのように「個人の権利を最も重視する」という考え方に基づくものではなく、「連邦が邦の独立を脅かすという観点から、邦に過度に干渉できないように連邦政府の権力を制限すべきだ」という観点からなされていた。連邦の権限を重視するフェデラリストはもちろん、邦の権限を重視するアンチ・フェデラリストですら、個人の「権利」を中心とする立場は取らなかったのである。

連邦憲法制定に大きな役割を果たしたジェイムズ・マディソンは、権利章典の付加に同意するとともに、重要な個人の権利を州《ステイト》政府による侵害からも保護しようとする修正条項案を提案した。つまり、「個人の権利は連邦だけではなく州からも保護されるべきなのか」という問題を提起したのである。しかし、この提案は上院によって否決され、一七九一年に、連邦憲法に「権利章典」が加えられた段階でも、それは連邦政府のみを拘束するものであった。つまり、連邦政府に対する禁止事項として個人の権利の侵害が加わったが、州は拘束しなかったのである。

その後、南北戦争を経て第一四条修正によって、いかなる州も「何人からも、法のデュー・プロセス［適正手続き］によらずに、その自由、生命または財産」や「法の平等な保護」を奪ってはならないと規定され、州も拘束して、連邦にせよ州にせよ、いかなる政府の侵害からも個人の権利を守るようになった。この成立は一八六八年であり、実にマディソンの問題提起から七九年後のことであった。

「正の優位性」と中立性の出現

この憲法改正を受け、最高裁では一九世紀末から、州による産業経済の規制立法などについて、「州の法律が個人の権利（特に財産権や契約の権利）を侵害している」とする違憲判決を出すようになる。こうして「権利」という概念が州をも拘束するようになった。

特に二〇世紀初頭のロックナー・コート［ロックナー判決に代表される、この時代の最高裁を指す］の時代には、経済活動あるいは契約の自由を制限するような州の法律は、たとえ人々を保護する目的だとしても違憲と判断した。産業資本主義を擁護して、革新主義的改革を妨害したのである。この判決の根底にあるのはレッセ・フェール（自由放任主義）であり、今日のリバタリアニズムの方向に即した違憲判決とも言える。

これから後で、権利を基礎にして考える［権利基底的］判例法理が徐々に築きあげられて、権利がトランプの「切り札」（ドゥオーキン）のように用いられるようになっていった。今日のリベラリズムが主張するような「善［良きこと］」に対する正の優位性」が憲法判決に表れたのである。

当時、ホウムズ裁判官は、このロックナー・コートの主流であるレッセ・フェールの考え方に反対意見を述べ、民主的な制度を司法部は尊敬すべきであり、州の政治で決めたことに対して次々と違憲判決を出すことに反対した。これは、司法部の自己抑制を求めるものである。しかし同時にホウムズは、言論の自由という市民的自由を裁判所が保護することを擁護して、急進派がビラを撒いたりする権利を擁護した。なぜなら、彼は、〝憲法は諸目的・諸価値に対して中立でなくてはならない〟と考えていたからである。これが後に「内容中立性法理」と呼ばれるものへと展開していく。これは、「法律の内容は善や価値から中立でなければならない」

ということを意味している。

このようにリベラリズムの考え方は、まずはロックナー・コートによって権利を基礎にして考える「善に対する正の優位性」が成立し、そしてホウムズの反対意見によって「中立性」の考え方が成立していったのである。

それがさらに展開して、ストーン判事の意見を契機に、「自らのために目的を選択できる、自由な独立した主体」という人格についての考え方を基礎として、リベラル派の言うところの「正の善に対する優位性」を解釈し、市民的自由の保護を行った。この移行が鮮明に現れたのは、国旗への敬礼をエホバの証人の子供が拒否したために公立学校を退学させられた事件であり、その親は宗教的信条の侵害と主張して州を訴えた。このような強制的敬礼について一九四〇年の判決では、同じ共同体に属する国民のアイデンティティを涵養するための正当な手段として認められたが、三年後の一九四三年に違憲となった。これは、「国旗敬礼という価値や善を個々人に強制してはならない」と考えられるようになった結果である。これは考え方の変化の大きなメルクマールと言える。

つまり憲法上の「手続き的共和国」の到来は一九四三年に決定的になったのであり、アメリカの二世紀以上の歴史を考えると、ごく最近の出来事なのである。逆に言うとそれまでは、むしろ共和主義的な発想、つまり善や人格形成に関わるものとして憲法が作られ、解釈されてきたのである。

このようにサンデルは述べ、権利を巡る問題を幾つかの領域において点検していく。それが第3、4章で、そこでは「この手続き的共和国の考え方でいいのだろうか?」という問題提起がなされていく。

第3章　中立性の論理で失われたもの――「宗教的自由と言論の自由」

宗教に対する中立性

第3章では、第二次世界大戦後に顕著となる「信教の自由」と「言論の自由」の憲法論議に焦点をあてながら、リベラリズムの考え方がどのように築きあげられてきたかが論じられていく。

政府の中立性が最初に一貫して適用されたのは、宗教についてである。「政府が諸宗教に対して中立であるべき」という主張は、ジェファソン(一七四三―一八二六)が一七七九年に「宗教的自由を確立する法案」を提出して「教会」と「国家」の完全分離を求めたことに遡る。連邦最高裁は、ジェファソンの「教会と国家との分離の壁」という比喩を援用しているが、その確立には時間がかかり、「政府が宗教に対して中立的であるべきである」という原理が成立したのはここ半世紀に過ぎず、一九四七年にはじめて連邦最高裁が判示したものである。

そして、この宗教に関する中立性は、一九八〇年代には「個々人が自由に、自由意思によって選択をすることを最大限尊重する」という主意主義的な考え方によって正当化されるようになった。厳密に言えば、宗教に対する尊重からではなく、自らの信条が何であれ、自己が自由かつ自発的に選択する能力を尊敬するからこそ、宗教の自由が尊重されることになった。しかしこれは「負荷なき自己」の想定に基づく考え方であり、これでは「負荷ありし自己」が自ら拘束されている宗教的責務を果たさざるをえない場合に、その宗教的自由を充分に保証することができない。ここに問題がある。

サンデルは、「選択の自由」と「良心の自由」という二つの観点の対比を行っている。「選択の自由」とはリベラリズムの言う自由であり、それは主意主義的な自由の考え方である。ところが思想・信条による自由や宗教的自由には意思によって自由に選択できないものもあり、それをサンデルは「良心の自由」と呼んで、「負荷ありし自己」の自由はこちらに相当する、と主張している。

つまり、コミュニティの中で育ち、そこで善の考え方を身につけたような人は、その善の考え方が自分のアイデンティティそのものを構成している。だから、この善は、あたかも何もないところから、自分の自由意思で選択できるようなものではない、というのである。「選ぶ、選ばない」という問題ではなくて、自分の中の一部を構成しているものなのである。例えば、戦後日本の代表的な政治学者・丸山眞男は「被縛性」という言葉を用いて、人間がある考え方に(悪い意味ではなくて)縛られているということを説明している。これは「負荷ありし自己」という時の負荷、そして内面化されている善と非常に近い考え方だと思われる。

連邦裁判所は、この「負荷ありし自己」の「良心の自由」を保護しない方向へと変わっていった。この例として、ユダヤ教徒における安息日遵守主義やヤムルカの着用、先住アメリカ人による宗教的な儀式用のペヨーテ使用などが挙げられている。安息日遵守主義者とは宗教的理由によって土曜日以外（土曜日）に休息する人々のことであり、ヤムルカは正統派ユダヤ教徒が主に儀式で着用する小さな帽子、ペヨーテは麻薬として作用するサボテンの一種のことである。最高裁は、これらの例において、「宗教的理由に基づく行動（安息日における休み、ヤムルカの着用、ペヨーテの使用）を認めるべきである」という主張を斥けたのである。

同様の「良心の自由」に対して連邦裁判所が保護を与えた例もある。良心的兵役拒否や、安息日に働かないことによって失業してしまった安息日再臨派、子供を早くから共同体の中で働かせるために教育の問題が生じたアーミッシュ（近代的生活を否定するキリスト教の一派）などである。しかし、安息日遵守主義者やヤムルカやペヨーテなどの例には保護を与えなかったのである。

リベラル派の考え方では、「どの立場を選ぶかはみな個々人の自由意思によるのだから、こういう特別な人たちだけを保護するのは平等に反していて、不公正である」と主張される。「なぜすべての人に同じような権利を認めないのか」という議論になるから、宗教的な理由を根拠とするような特殊な扱いは認められないのである。これに対して「負荷ありし自己」の「良心の自由」という考え方では、「宗教的な問題はその人のアイデンティティに関わるものであり自由に選択できるものではないから、宗教的な理由に基づく主張にも保護を与えるべきだ」という主張になる。従って、ここでは、「リベラル派の考え方では、これらの人々に対する保護を奪うことになっているのではないか」という問いかけが行われているのである。

言論に関する中立性

この中立性の原理は、「言論の自由」にも適用されている。アメリカ最高裁は、第一修正によって、国家がその市民に対して真理や善き生についての望ましい考え方を押しつけることを禁じてきた。しかし最高裁が「言論の自由」への関心を高めたのは、一九一七年のスパイ活動および反政府活動取締法からのことにすぎない。破壊活動に対する有罪判決を最高裁が放棄して「言論の自由」を積極的に擁護し始めたのは、一九二〇年代後半から一九三〇年代初期になってからのことである。

しかし当時は、〝あらゆる言論を中立的に扱わなければならない〟としていたのではなく、二段階理論といって、高級な言論と低級な言論を分けて、「高級な言論は守るけれども、猥褻物など低級な言論は守らない」という姿勢だった。それに対して一九七〇年代以降、「政府は言論に対して中立的でなければならない」という内容中立性法理が確立されてきて、言論の内容については判断や区別をせず、「言論の自由はすべて認める」という方向に変わってきた。

この典型的な例が猥褻規制法に対する判決である。これはかつて「猥褻は不道徳である」という理由で正当化されていたのだが、連邦裁判所はこの規制法を合憲とする時にも、「内容が低級だから規制してもよい」というような論理は用いなくなった。一九七三年には、ハードコア・ポルノ映画上映に対する規制法を合憲としながら、道徳的判断を回避することが企てられた。これ以後、最高裁は、政府が不道徳を理由として性的に露骨な映画を禁止することを認めるのではなく、「猥褻物を許すと、さまざまな二次的影響から問題が発生するから、それ故にこの規制法は合憲である」という理由で猥褻規制法を正当化するようになっていった。

そして、言論の自由（第1修正）の原理が、政府の中立性に変化するとともに、言論の自由の正当化の根拠も変化した。伝統的には、それは自己統治のために正当化されていたが、一九七〇年代から一九八〇年代にかけて、個人の自己実現や自己表現のために擁護する傾向が顕著になった。

もう一つの例が、集団的名誉毀損の問題である。「エホバの証人」の信者チャプリンスキーは、市の警察署長を「ファシスト野郎」などと呼んだ侮辱的発言で有罪宣告を受け、イリノイ州で白人至上主義者のボハネスは人種に関する集団的文書誹謗事件で有罪宣告を受けた。前者が個人に対する侮辱的発言であるのに対し、後者は集団的名誉毀損の問題だが、後者も前者と同様に有罪とされたのである。連邦最高裁は一九四二年、一九五一年にこれらをそれぞれ審議し、これらの判決を是認した。ところが、その後、集団的名誉毀損は認められなくなっていく。

例えば、イリノイ州のスコーキー村には、多くのユダヤ人強制収容所からの生還者が住んでいるが、ネオ・ナチが挑発を目的としてその村を行進しようとした。そこで、生還者たちは自分たちのアイデンティティに関わる問題としてこれを権利侵害とみなして同朋市民を説得し、村政府はその行進を禁止しようとした。しかし、最高裁は、集団に対する名誉毀損を処罰することはできないとして、その禁止に対して違憲判決を下したのである。

また、インディアナポリスでは一九八四年に市条例でポルノグラフィー販売を規制しようとしたのだが、連邦地方裁判所は、〝ポルノグラフィーは集団としての女性に対する害悪（名誉棄損）である〟という主張を斥け、最高裁判所も〝政府は善［良きこと］について中立的でなければならないから、この見方を支持することはできない〟として、原判決を是認した。いずれもその自治体の人々が禁止しようと決めたことに対して、〝集団的名誉毀損による有罪は認めない〟として、最高裁が違憲であるとして覆したものである。

サンデルは、この根底にあるのがリベラリズムの議論であると指摘する。つまりリベラル派の考え方では、名誉ではなく個々人の尊厳が重要だから、侮辱だけでは（名誉は傷つけられていても）違法な侵害とはならず、具体的にどういう損害を受けたかを証明しない限りは、名誉毀損を処罰できない。また、個々人ならばともかく、集団の名誉が毀損されたからといって、それだけでは違法な侵害にならないから、集団的な名誉毀損を処罰することはできない。だから、個々人に対する損害が必ずしも明確ではないネオ・ナチの行進やポルノ販売のような集団的名誉毀損は禁止できない。

第一講で説明したように、コミュニタリアニズム的な議論では、個々人ではなく集団に注目するから集団的な名誉毀損も規制することができるし、目的論からすると名誉の問題は重要である。しかし、このような違憲判決により、それぞれのコミュニティが自己統治によって道徳的判断をして取り締まろうとしたことが斥けられた。これは「手続き的共和国」の勝利に他ならない。

これとの対比でサンデルが取り上げるのが、マーティン・ルーサー・キング牧師の例である。一九六五年に公民権運動でキング牧師が行進を先導しようとした時、当時のアラバマ州知事はそれを禁止しようとした。ところがキング牧師の提訴に対して、連邦地方裁判所は、その大義の正当性を理由に、キング牧師の行進を許可するように州に命じた。これについて、リベラル派は、スコーキーやインディアナポリスの場合のような論理があるからこそ、キング牧師の行進も可能にすることができる、とする。

でも、サンデルは、ジェノサイドと憎悪を奨励するネオ・ナチと、黒人の公民権のために運動するキング牧師の言論ないし主張の相違を考えればよく、キング牧師の場合の判決は内容中立性はなかったが、国民の道徳的想像力を刺激して、一九六五年の投票権法の成立に寄与した、と指摘する。このような判断は、今日のリベラリズム的な手続き共和国では不可能である。しかし、このような道徳的な内容の区別は可能だし、むしろ積極的に行うべきではないか。サンデルはこう問いかけてこの章を結んでいる。

リベラル派が主張するように、道徳的判断を棚上げすることによって宗教や言論の自由を保護しようとしても、結局のところ中立性が保たれるものではない。「位置づけられた自己としての人格に対する尊重」を失わせ、さらにその「自己」を守るために民主的に行動することも困難にしてしまう。この手続き的共和国は、「共同体の一員としての尊重」という善だけでなく、自己統治による共同体の善の実現をも阻むことになる。中立性の論理は一見、自由を保証するように見える。しかし、それによって失われているものが確かに存在しているのである。

第4章　性的関係や家族関係をどう考えるか——「プライバシー権と家族法」

変化するプライバシー権の論理

現代のリベラリズムでは、個人の自律性を守るという理由によってプライバシー権が構成され、これは人間についての主意主義的な考え方や中立性という理想を反映している。しかし、もともとのプライバシー権は、「私的な事柄を公的な権力から保護する」という趣旨のものだった。長い間、プライバシー権は主意主義的自己や中立的国家とは関係がなかったのである。

一九六一年、コネティカット州で避妊具の使用禁止の法律の是非が争われた時には、多数意見は提訴を却下したが、「使用を禁止するためには夫婦生活のベッドルームまで立ち入らなくてはならない。これはプライバシー権の侵害にあたる」という趣旨の反対意見が述べられた。これは、「プライバシーは権力の監視や干渉から自由であるべき」という、伝統的なプライバシー権の論理構成をとっている。この考え方は四年後には勝利し、連邦最高裁はこの州法を違憲とした。

ところが避妊具の頒布制限が争われた一九七二年の判決では、同じように規制を違憲としたが、その理由は変化している。〝避妊具の是非やその入手はあくまでも個々人が自分の意思で決定すべきことである〟という理由で、頒布制限をするという州の法律を違憲としたのである。頒布制限というのは避妊具の売買の禁止であり、使用禁止の場合のように、個々人のベッドルームに立ち入って政府が性的行為を監視する必要はない。だから、「監視からの自由」という論理ならば、頒布制限を違憲とする必要はない。個々人の自由な選択を尊重する主意主義的な観点から、違憲という判断が下されたのである。

つまり公権力の監視が論点ではなくなり、「善については個々人が決定すべきもので、国家権力は立ち入るべきではない」という中立性の法理による「新しい」プライバシー権擁護の論理に変わっていった。

同様の「新しいプライバシー」の考え方によって、一年後に連邦最高裁は妊娠中絶を制約するテキサス州法を違憲とし、プライバシー権は女性が妊娠中絶を自由に決定する権利を含むものに広がった。前述したように、妊娠中絶に関しては、最小限主義的リベラリズムは生命の始期の問題、言い換えれば「いつから人なのか」という胎児の道徳的地位の問題に関しての道徳的・宗教的争点を棚上げして、中立的な立場から判断を下そうとする。しかし、このような棚上げ自体が、その論争における暗黙の考え方［妊娠中絶容認論においては「胎児はまだ人間ではない」というもの］に基づいているのである。

この新しいプライバシー権の論理は、同性愛行為の禁止について適用すれば、個々人の自由な選択を尊重するから、同性愛行為もプライバシーとして保護することになろう。『民主政の不満』が書かれた時点では多数派はまだこのようなプライバシー権の拡張に消極的であるが、すでに判決の少数意見の中にはこの方向の意見が出てきている。

これに対してサンデルは、もし同性愛行為を容認する場合でも、主意主義的な「個々人が自由意思で決めることができるように、同性愛行為を容認する」というような論理では不充分ではないか、と問いかける。容認する場合には、同性愛についても、異性愛の場合と同様に、実質的な道徳的価値が認められるべきであり、それが、ひいては結婚にふさわしいという理由に基づくようになるべきではないか、というのである。

無責主義的家族法の問題点

もともとの離婚法は、伝統的な性別役割分担と結びついており、生涯にわたる相互責任と貞節の義務を含んでいた。だから、片方だけが離婚を望んで訴えた場合に、従来は「相手に責任があるので離婚を認める」という論理になっていた。それが一九七〇年のカリフォルニア州法を皮切りに、最近全米で、相手の責任を問わず、道徳的理由なしに、「調和しがたい人格の不一致」を訴えるだけで離婚が認められるように変化してきている。そして、扶養料のような金銭的支払いも、不義密通の有無といった道徳的考慮とは切り離し、離婚後の経済的自活を重視して、経済的必要性に基づいて決められるようになった。「無責主義的家族法」とは、このような新しい家族法の論理を指す。

この無責主義的家族法の根底には、やはりリベラリズムの考え方が存在している。「相手の責任の有無とは関係なしに離婚ができて扶養料を決められる」という考え方には、道徳的判断の棚上げが反映している。また、「自分の一方的意思で離婚できる」という考え方や終生の婚姻義務という考え方の否定には、意思による自由選択という主意主義や「負荷なき自己」観という論理が働いているのである。

しかし、有責主義的な家族法の場合、責任に応じて扶養料を支払うというような形になっていたが、無責主義的な家族法だと、離婚した女性が扶養料や養育費を充分に受け取れないという問題も生じている。子供の扶養義務の履行の強化について連邦法が制定されるなどのように、工夫によってこの問題は緩和できるかも知れないが、無責主義的家族法は、より大きな問題を孕んでいる。

それは、夫婦や親をはじめとする家族の役割の拘束力や、それに伴うような責務が減少する傾向を法律が加速するということである。これは、家庭崩壊や父親不在という社会病理とも関係している。伝統的には、結婚には、家族という構成的意味におけるコミュニティを作り、夫婦がそれぞれの役割を引き受けるという「負荷ありし自己」の考え方があった。しかし、一方の自由意思によって自由に離婚できることになると、以前のように永続する家族を前提として、女性が「結婚後には仕事よりも家庭を優先する」という生き方をすることが難しくなってしまう。なぜなら、女性が結婚によって仕事を辞めていた場合、いざ離婚後職場に復帰しようとしても、収入が減少したり、復帰が困難になってしまうからである。そこで、夫婦がそれぞれの役割を引き受けない「負荷なき自己」の生き方をせざるをえなくなってしまうのである。

主意主義の考え方とは、「個々人が自分の自由意思によって選択できる」というものであり、リベラリズムは、「それ故に多様な善の間で国家は中立的であるべきだ」と主張する。だが前述のような状況を考えると、この新しい法律は必ずしも中立的ではない。例えば、「結婚後も仕事を続ける」という善に基づくライフスタイルを、「結婚後には仕事を辞める」という別のライフスタイルよりも有利にしてしまっているからである。その結果、女性たちを、「結婚後も仕事を続ける」という善の方向に誘導することになり、「負荷なき自己」のイメージに即した結婚制度に作り替えているのである。

以上のようにプライバシー権や家族法の変化を論じたうえで、サンデルはあらためて、〝このような変化は良いことか〟と問いかけている。これは極めて重要な問題である。性的関係や家族は、人間の社会の基礎をなす。これらをめぐる法律的変化は、実際には人々の考え方や生き方に影響を及ぼす。「負荷なき自己」の自由な選択によって、性的パートナーや家族を作ったりやめたりするようになれば、家族などの性的な共同体の持続やそのもとで（育児をはじめとする）責任を負うことは困難になってしまう。法律的変化を論じることによって、ここでは「性的関係や家族関係をどう考えるか」という根本的問題が問われているのである。

「希薄な多元主義」から「高次の多元主義」へ

このように、切り札としての権利、中立的国家、そして家族などの負荷なき自己というリベラルな考え方が、最近数十年の憲法や家族法に大きな影響を及ぼしてきた。手続き的共和国の寛容は、諸行為の価値を棚上げし、人々の確信や生にふさわしい評価を涵養するものではなく、「負荷なき自己」として尊重するだけなので、社会的な共存や平和を作ることはできても、一人ひとりの「固有の善を評価し肯定するような、人格および共同体」（邦訳上、一四八頁）から醸成される高次の多元性が実現される可能性はほとんどない。

また、サンデルは、「負荷なき自己」という考え方は自己統治には適していないのではないか、という疑問も提示している。第一に、共和主義の伝統では、自己統治には、政治的コミュニティの構成員が市民としての役割や責務を引き受けることが必要だし、公民性や共通善への志向を涵養することが必要である。しかし、手続き的共和国のもたらす希薄な多元主義は、自己統治に必要なこのような公民的教育を行うことができない。

第二に、現代の福祉国家においては、自発的同意に基づかない依存と期待の広範なネットワークが存在する。福祉国家は社会的・経済的資格（保有）［権原］を含む個人の権利を伸展させる一方で、同朋市民の間における相互責任と道徳的関与の強い意識が必要になっている。しかし、それは「負荷なき自己」には不可能なのではないだろうか。ならば、構成的意味におけるコミュニティを作れない福祉国家には正当性があるのだろうか。このような問いかけで第1部は締めくくられている。

サンデルの福祉国家に対する言及は量的にはそれほど多くないので、この部分はその点でも重要である。

第一部は、憲法や法律に焦点を合わせることによって、家族と人権の根幹が問い直されているといえよう。かつてヘーゲルは、カントの道徳的法則や抽象的人権思想では不充分であるとして、家族・市民社会（市場経済など）・国家という倫理的制度［人倫］を論じた。それを想起すれば、ここではリベラリズムの権利観の伸展と性的関係・家族関係への展開や影響が論じられていることになる。そして残るのが市民社会と国家であり、これは第2部の課題に他ならない。

第2部「公民性の政治経済」――共和主義的政治経済史

第2部は政治・経済についての議論が展開される。現代の政治では、経済成長と分配の公正さが非常に重視されているが、建国当初には経済の議論は「いかなる経済の仕組みが自己統治に最も適しているか」という問題が中心であり、経済政策がもたらす公民《シビック》的帰結や、公民的美徳《バーチュ》の涵養という共和主義的な観点から考えられていた。このような政治経済の考え方を「公民性の政治経済（The political economy of citizenship）」とサンデルは呼んでいる。

しかし経済が発展するにつれて、善や美徳といった公民的・共和主義的な視点は衰退していく。思想史的にも富と美徳の両者の関係は重要なポイントであり、経済が発展して富が大きくなると徳が小さくなるという傾向についての議論はよく知られている。サンデルのこの第2部は、この主題をアメリカ史において分析しようとする試みともいえるだろう。

第5章　共和主義的産業を求めて――「初期共和国における経済と美徳」

農業と国内工業における共和主義的理想

アメリカ建国の中心的指導者の一人、ジェファソンは、農業を非常に重視した共和主義者であった。農民的生活様式が自己統治に適した有徳な市民を作り出す、と考えていたからである。大工業の発達は公民性のために必要な独立心を掘り崩してしまうとして、それには批判的であった。農民的生活の保持という考え方は広がらなかったが、自己統治に必要な性格の涵養を必要とする共和主義的な発想はジェファソンに限らず、憲法の起草者の多くが共有していた。公民的美徳の涵養や共通善を重視し、逆に私的利益による腐敗が警戒されていたのである。

また、憲法起草者の一人マディソンは、公民的美徳によって自由をもたらすのではなく、権力分立などによって競合する利害が相互に抑制しあう機構を考えたが、それでも有徳者の統治や、人格を陶冶することの重要性を認めていた。工業化を推進しようとしたアレクサンダー・ハミルトン（一七五七―一八〇四）でさえ、自己利益による政治を擁護したのではなく、このような意味での共和主義に賛成していた。つまり「建国の父祖たち（founding fathers）」は、一致して公民的理想を持っていたと言うことができる。

しかし、憲法が批准されて国としての姿が整うにつれ、次第に憲法起草者たちの間でも違いが浮き彫りになっていく。ハミルトンは財務省長官として、イギリス型の財政システムを確立しようとしたが、共和主義の観点から見ると、イギリス型は商業を重視しているから賄賂や腐敗をもたらしやすい。そこで、これが公民的美徳の喪失を招くと心配した共和主義者のジェファソンやマディソンらは民主共和党（リパブリカン党）を形成して、ハミルトンらの連邦党（フェデラリスト）と対立した。ジェファソンとマディソンは美徳の担い手である農民の生活様式を保護しようとしたのに対し、ハミルトンは商業や工業の発達により公共善を実現しようとした。ハミルトンは、共和主義を放棄したのではなく、近代的な形で共和主義の理想を実現しようとしたのである。

国内の工業化は、植民地時代には、イギリスに対抗するという点で自由や美徳のために擁護されていたが、独立後は「大規模工業になると無産階級を作り出して、公民性にとって必要な独立した判断ができない人々を生み出してしまう」という懸念が強くなった。他方で国内工業の擁護者は、「イギリスなど外国の生活必需品ではない奢侈品が多く流入すると、アメリカ人の勤勉さを蝕み、道徳的腐敗をもたらす」と心配し、「だからこそ国内工業を発展させて人々を雇って働かせる必要がある」とした。一九世紀初頭になると、ジェファソン主義者たちも、外国勢力に反対する結果、国内工業は認めるようになったが、「それは公民性の政治経済に役立つ」という共和主義的論理に基づいていた。ジェファソン本人も晩年には、禁輪措置や一八一二年の米英戦争の失敗や、「外国製品の過度な輸入がアメリカ人の美徳を腐敗させる」という懸念から、国内工業を認めるようになったのである。

だから、国内工業を認めるようになっても、公民性の政治経済は放棄されたのではなく、「どのような経済的仕組みが自己統治にとって最も望ましいか」という観点からの議論がなされていた。そこで、初期の工業家たちは、アメリカの工業はヨーロッパの工業のような悪徳を避け、公民性が必要とする美徳を涵養できることを示そうとした。マサチューセッツ州のローウェルにおける繊維工場などでは、ニュー・イングランドの女性労働者たちが道徳的・公民的腐敗に陥らず、道徳的性格を高めるような工夫が行われた。工場は郊外に設置され、交代制が採用され、女性たちは会社の寮で生活し寮母によって監督され、礼拝や説教・改善サークルや文芸誌発行などによって道徳的・宗教的な向上が図られた。町の人々からは、「これは、労働者たちが美徳を涵養できる仕組みを備えた、いわば共和主義的共同体のモデルである」と称《たた》えられた。

しかし、ここでも経済状況の変化に伴って賃金引き下げを行わざるを得なくなり、労働条件が悪化し、アイルランドからの移民の雇用が増大するようになった。こうして、アメリカの工場からは、当初のローウェルのような共和主義的理想が失われてしまった。

ジャクソン時代の二つの共和主義

ジャクソン大統領（一七六七―一八四五）の時代に、一八三〇年代から一八四〇年代にホイッグ党の論客は「国立銀行、保護関税、政府の主導する国内開発が経済成長をもたらす」と主張したのに対し、民主党のジャクソン主義者は「それは庶民を犠牲にして富者を富ませ、富の不平等な分配をもたらす」と反対した。ホイッグ党は銀行家や産業界の支持を受けていて産業発展を図る積極的政府を支持しており、民主党は農業者や機械工、労働者の支持を受けていて自由放任政策を支持していた。

この当時の議論は経済成長や分配を論じてはいたが、それは今日の議論とは異なって、自己統治との関係で議論がなされていた。ジャクソン主義者は、「経済発展に伴う富の不平等は自己統治に対して危険をもたらす」と考えていたので、自由放任とはいっても後のリバタリアニズムとは異なり、格差の増大を批判していた。そして、富者や有力者が特権や補助金などによって政府を利用することを止めさせようとした。勤勉で独立した労働者だけが自己統治に必要な美徳や独立を保持できる、と考えたのである。ジャクソンは、私的な投資家を不正に富ませる「腐敗のヒドラ」と連邦銀行を考えて、善き共和主義的生活を可能にし、人々の道徳を守るために、第二合衆国銀行の特許更新を拒否して破産に追い込んだ。

この民主党に対立していたのがホイッグ党で、連邦銀行を解体しようとしたジャクソンの政治は、専制政治だとして反対していた。これも、集中した権力が自由の敵であるとする共和主義的主張であり、連邦の結束を強化して国民的アイデンティティを涵養し、公立学校、救貧院、少年院、日曜学校、精神病院、刑務所、(ローウェルにあったような) 工場の共同体など、公共的施設などの建設によって人々の道徳を向上させようとしていた。だから、ホイッグ党も、「服従、規律、自己統御などの資質が自己統治に必要だ」としていて、自己統治の理想自体は共有しており、これらの点で共和主義的であった。ただ、ホイッグ党は「商業が美徳を養うことができる」としていたのである。

だから、民主党にせよ、ホイッグ党にせよ、人間形成への希求を共有しており、自己利益の総和よりも公共善を重要視していた点では、共和主義的な政治だったのである。

ここまでのサンデルの叙述をまとめると、「建国当初にジェファソンが考えていた農業的共和国という理想は維持できなくなって工業化が進展するが、その中でも共和主義は生き続けていた。ホイッグ党は産業発展を軸に道徳的向上を目指し、民主党は連邦銀行を攻撃し、勤勉な労働者による美徳の涵養と自己統治を主張して対立したが、双方とも共和主義的理想をある程度共有していた」ということになるだろう。農業にせよ、国内工業にせよ、共和主義的理想を実現できるような産業の発展が追求されていたのである。

第6章　共和主義的な二つの運動——「自由労働と賃労働」

自由労働の公民的観念と職人的共和主義

こうして国内工業の可否をめぐる議論に決着がつくと、次の段階では、「賃労働が自由と両立しうるかどうか」という問題が生じた。今日では賃労働の存在は自明だが、当時はそれ自体の正当性が疑われたのである。第1部と同様に、サンデルはリベラリズムの主意主義と共和主義の考え方を対立させて、賃労働に関し、「労働と自由意思」の関係や労働運動の変化について議論を展開している。

主意主義の考え方では、賃労働は自由意思に基づいて行う自由労働だから、ここに問題はない。これに対して、共和主義では「自己統治に参加する時のみに自由が存在し、そのためには人格的資質が必要だと考える」から、自由労働とは、「市民を自己統治にふさわしいものとする人格的資質を養うような条件下で行われる労働」のことを指す。そこで、ヨーロッパの無産階級のような、何とか暮らしていけるような賃労働者は、自由な市民として判断する道徳的・

政治的自立性を欠くから、この意味における自由労働とは言えない。

ジェファソンは〝ヨーマン（自由農民）だけが共和主義的な美徳と自立を備えた市民たりうる〟と思っていたが、一九世紀初頭の多くの共和主義者は「職人、熟練工、機械工のような小生産者にはそれが可能だ」と信じていた。例えば、職人は親方のもとで賃労働をするが、後に自分で独立するための一時的状態と考えられるので、原則的には自由労働と矛盾はしない。

ところが、彼らが賃金労働者として一生を過ごすことになると、「親方－職人」の関係は「雇用者－被雇用者」へと変わり、自由労働ではなくなってしまう。そこで、一八三〇年代には職工組合連合のような急進的な「職人的共和主義」が現れて抵抗した。雇用者の中にも、勤勉さ・節制・社会的調和・個人的創意などの美徳によって高利益をあげ、高い賃金によって自立を可能にするという「職人的共和国の企業家的ビジョン」を提起する人もいた。

しかし、南北戦争後の産業資本主義を擁護する流れの中で、共和主義的観念は捨てられて、同意に基づいた賃労働という主意主義的な考え方に転換する。労働運動の方も一九世紀後半までは自由労働の公民的概念を保持したが、ついに賃労働の永続性を認めて、賃金上昇、労働時間削減、労働条件改善などの要求へと転じた。これは、「公民性の政治経済から分配的正義の政治経済へ」、「共和主義的公共哲学から手続き的共和国のリベラリズムの公共哲学へ」という大変化を表す。

政治的反奴隷制と共和主義

また共和主義的な労働運動では、「賃労働は公民性に不可欠な経済的・政治的独立を与えない」という意味で「賃金奴隷」のようなものと批判した。これに対して、当時の奴隷制廃止論者の方では、主意主義的観点から、奴隷が自由意思に反して働かされていることを批判していたので、賃労働は自由労働であると考える。つまり、「本当の奴隷は賃労働の自由もなく、そこから解放されてはじめて自由に賃労働できる」ということになる。賃労働は奴隷に比べて望ましいものと考えられるのである。そこで、共和主義的な労働運動と奴隷解放運動の間では、賃労働をめぐって考え方の相違が存在したのである。

しかし、南北戦争前には、自由労働の公民的な考え方の方が優勢だった。一八四〇年代や一八五〇年代には、自由土地党や共和党のような政治的な反奴隷制運動が主導権を握り、この場合は共和主義的な自由概念に基づいていた。南部の奴隷所有者は「奴隷制権力（slave power）」であり「奴隷政体（slavocracy）」を作るという点で、自由の敵と考えられた。また、新しい領土内で奴隷制が広がると、「市民が貯金して西部に移り、自分の農場や店を始め、経済的に自立して自由労働へと移行する」ということが困難になる。この理由によっても、奴隷制の拡大は自由労働に対する脅威であった。

リンカーンが政治的な反奴隷制運動の代表的な論者で、彼は共和主義的に〝自由労働における独立の理想から見て、賃労働者には独立の可能性があるが、奴隷には独立の可能性がない〟として奴隷制に反対し、「一生、賃労働者として働くことは奴隷と同じである」という見解にも異は唱えずに自由労働という理想を抱いていた。職人的共和主義以来のこのような自由の観念が、南北戦争における北部の結集点となったのである。

労働者共和主義の盛衰

南北戦争後、産業資本主義はますます発展し、賃労働制の問題はますます大きくなった。そこで、共和主義的な自由労働を何とか実現しようとする者もあったが、その理念を放棄して主意主義的な観念に移行する者もいた。一九世紀末、金めっき時代と言われていた頃に、サンデルが「労働者共和主義」と呼ぶ運動が生まれた。ちょうど労働組合運動の始まりの頃で、この頃、労働騎士団（一八六九―九〇年代頃）という組織が誕生した。この労働騎士団は資本家の独占的権力に反対し、賃労働が自己統治に不可欠な人格的資質ないし公民的美徳を破壊することを批判して、その廃止を目的とした。そして、生産者と労働者が協同で工場、鉱山、銀行、農業や商店を組織して倫理的で協同的な共和体（cooperative commonwealth）を形成しようという主張も現れた。E・L・ゴドキン（Godkin）のような急進的共和主義ジャーナリストも現れて、彼は〝賃労働では有徳な市民を育成できない〟と批判し、協同組合を主張した。

しかし、一九世紀後半までに自由労働の主意主義的観念が強くなり、保守的な経済学者や裁判官は自由放任主義に立って、雇用契約の自由を主張するようになる。ゴドキンもこの点では主意主義的な考え方を一部で取っていて、真に自由な契約のための平等な条件を作ることを主張したが、労働運動は公民的な人格形成を可能にするために一日八時間労働を主張した。しかし、一九世紀末から二〇世紀初頭にかけて、（ロックナー・コート期の）裁判所は、労働と賃金を交換する「権利」を認めて、（州が労働者を保護する目的で作った）様々な労働立法を違憲と判断するようになる。これは、「資本家と労働者がそれぞれの自由意思によって結んだ契約は尊重すべきである」という考え方で、つまりは主意主義的な自由放任主義である。第2章で権利についてのレッセ・フェール的な変化を説明したが、その労働における現れということができよう。これに対して、真に平等な立場での契約とするために、労働立法を擁護する少数意見や評論もあったが、これも主意主義的な立場に立つものだった。

労働騎士団は、共和主義的な自己統治に適した経済への改革を企て、賃金労働制度の廃止と協同の産業システムを作ろうとした。これは、一八八〇年代には急成長したが、協同組合制度の試みは成功せず、一八九〇年頃には急速に衰退した。労働騎士団に代わって台頭したのがアメリカ労働総同盟だが、賃労働という考え方を受け入れている点で、通常の労働組合主義である。これは、大規模な資本の存在を受け入れ、基本的には主意主義的な「契約」の考え方に立って、「労働者階級」ないし「賃金生活者」の経済状況や労働条件の改善を求めるものだ。労働騎士団は「生産者階級」の立場から共和主義的な政治・経済改革を目指したが、労働組合は発想においてそれとは異なったものとなったのである。

このように、サンデルによれば、ジェファソンからリンカーン、そして労働騎士団に至るまで、共和主義的理念は継続し、政治的反奴隷制運動や初期労働運動において展開した。こうして公民的な自由観念のもとで自由労働が主張されてきたが、やがて主意主義的な自由労働への考え方の変化が生じ、公民性の政治経済は衰えて、「共和主義の公共哲学からリベラリズムの公共哲学へ」という決定的変化が生じていく。しかし、二〇世紀の初めには、それは完全に展開してはいなかったのである。

第7章　二つの革新主義——「コミュニティ、自己統治、革新主義的改革」

革新主義から消費者主義へ

サンデルは、今日の「民主政の不満」、つまり手続き的共和国への失望や人々の無力感の淵源を探るために、一九世紀末や二〇世紀初頭のアメリカに目を向ける。この時代には、巨大な組織が現れ、巨大企業に権力が集中する一方で、伝統的なコミュニティが衰退し、自己統治の理念が危機を迎えた。他方で、マス・コミュニケーションは進展するが、経済生活の規模と集団的アイデンティティとの間には隔たりが生じた。そこで、公共哲学の出発点にあたるデューイなどが公共的領域の衰退を危惧し、彼は大社会（great society）を大コミュニティ（great community)へと変化させることを主張した。

政治的には、このような問題に対処するためにウッドロウ・ウィルソン大統領(一八五六―一九二四)やセオドア・ルーズベルト大統領(一八五八―一九一九)が登場し、革新主義運動を進めていく。この革新主義の中には、一方で職業的管理者・行政官・専門家に意思決定を移行させるという手続き的なアプローチがある。他方で、例えば遊び場運動や歴史的野外劇、都市計画運動などのように、それを通じて道徳的・公民的な人格形成を可能にするような共和主義的発想を見ることができる。

ウィルソンにも影響を与えたルイス・ブランダイスは、弁護士から裁判官になった人物だが、思想的に重要な提言を行っている。すなわち、〝巨大企業への権力集中が民主政に脅威をもたらし労働者の道徳的・公民的性格にも有害である〟と考えて、反トラスト法などによって分権主義による地域の民主的統制を実現し、労働者が経営に参加できる産業民主主義も主張した。それによって公民的な人格形成を可能にすることを目指し、共和主義的政治経済の伝統に則して、自己統治を行うことのできる「労働者‐市民」を形成しようとした。ウィルソンは、これを参考にして独占を攻撃し、民主政や自己統治に必要な美徳を回復しようとした。

他方で、ウィルソンと対立していたセオドア・ルーズベルトも、中央政府の権限を強化して巨大企業を規制する「新しいナショナリズム」を提唱した。これは、権力分散を断念するという点では共和主義的思想から訣別するものだったが、共和主義の人格形成的側面は堅持していた。彼は国民規模で自己統治に必要な人格的資質を涵養しようとし、贅沢がもたらす腐敗を避けて、共和主義的な公民的意識を実現しようとした。ハーバート・クローリーなども人格形成的な公民教育を主張した。

ウィルソンとルーズベルトは意見は対立していたものの、ジェファソンと同じように、自己統治に必要な道徳的資質という観点から政治経済を議論していた。その点で、これらは、新しい大きな問題を共和主義的観点から克服しようとした公民性の政治経済の試みだったのである。

この革新主義運動の中から現れ、その後で進展していくのが消費者主義であった。これは、共和主義のように公民性を重視するのではなく、消費者の利益ないし経済的満足を実現しようとする考え方で、経済的豊かさとその公正な分配を目指すものである。これは「公民性の政治経済から消費者福利（consumer welfare）を目的とする政治経済へ」という変化を意味し、成長や分配的正義を重視する今日の政治経済への出発点となっていく。

当時、（地域コミュニティに寄与してきた）独立の自営業者や店舗を脅かす存在となったチェーンストアを規制するため、反チェーンストア立法がなされた。これは、独立という共和主義的理想を実現するための立法であったが、これに対して、消費者福利という観点から反対論が出て、結果的に一九三〇年代までに反チェーンストア運動は終わった。

また、反チェーンストア立法と同様に大規模な独占を規制するものとして、反トラスト運動があり、こちらは反チェーンストア立法よりも持続した。反トラスト運動も、当初は、革新主義時代のブランダイスに典型的に見られるように、分権化して小さな独立した生産者の（自己統治に必要な）独立や道徳的・公民的性格を守るためのものであった。

ニューディール期にサーマン・アーノルドが司法省の反トラスト局長になり、かつてなく活発な反トラスト訴追を行った。しかしアーノルドは消費者価格を引き下げるために経済を規制しようとしたのであり、これは公民的観点からのものではなく消費者福利のためのものだった。つまり、「公民性の政治経済から消費者福利の政治経済へ」という移行に対応することができたために、反チェーンストア運動が終焉した後も反トラストは持続したのである。その後も、公民的な立場から反トラストを主張する人もいたが、現在では反トラストは消費者福利の最大化のためのものと考えられるようになっており、保守的な人だけではなくラルフ・ネーダーのようなリベラルな改革者ですら「市民－消費者」のために反トラストを主張しているのである。

この章でサンデルが描き出している二つの革新主義の類型は、後にニュー・ディール期にも現れるように、今日でも共和主義的政治経済改革の重要な範型をなしている。共和主義的政治経済学は、自己統治の理念に基づいて市場経済の根本的な制度改革を企てるのである。

第8章 〈善なき経済学〉の勝利――「リベラリズムとケインズ革命」

政治論争を回避したケインジアンたち

当初のニューディールには、革新主義時代のブランダイスらとセオドア・ルーズベルトらのそれぞれに対応する形で、二種類の発想があった。一つはブランダイスのような共和主義的な観点から分権化を目指す考え方（反トラスト派）であり、もう一つは、「新しいナショナリズム」が国家権限を強化しようとしたように、大恐慌の後、計画経済を通じてアメリカ経済を合理化して再建しようという考え方（経済計画派）である。

ニューディール初期には経済計画派の考え方が強く出ており、一九三三年にAAA（農業調整局 Agricultural Adjustment Administration）やNRA（全国復興庁 National Recovery Administration）などが作られたが、結果は芳しいものではなかった。そこで中期には、NRAの消滅に伴って、ブランダイスの弟子だったフェリックス・フランクフルターなどの反トラスト派が影響力を持った。そして、フランクリン・ルーズベルト大統領は一九三五年頃から大企業への権力と富の集中を民主政への脅威として批判し、一九三八年にアーノルドを司法省反トラスト局長に任命して反トラスト政策を強化した。だが、このような分権化政策も、経済回復のためには大きな成果はあげなかった。だから、ニューディールでは以上の二つの路線とも成功せず、結局、後期になってケインズ的な財政政策に頼るようになったのである。

当初、フランクリン・ルーズベルト大統領は、均衡財政の考え方を持っていたのでこれには消極的であったが、経済構造を改革する方策が成功しなかったので、最終的には、一九三八年から支出増大によって有効需要を喚起する手法をとった。これが、共和主義の消滅と現代リベラリズムの興隆が決定的となった瞬間である。そして、〝「公民性の政治経済」から「経済成長と再分配（分配的正義）の政治経済」へ〟という変化が生じた、まさにその瞬間でもあった。

そして、戦争に突入し、戦後にはケインズ的経済政策が当然のものとなった。ケインズ的な政策においては、消費者の需要を喚起することが一番重要になってくる。それまでは例えば、「計画経済を行うか、それとも自己統治と公民的な美徳の観点から分権化を行うか」といったような政治的な論争が行われていたが、経済成長のための、財政政策による有効需要の喚起や完全雇用という目標には双方が合意することができ、経済構造改革をめぐる政治的な論争を回避することが可能になった。こういう考え方は一九六〇年代のケネディ時代に確立した。ケネディ大統領は、一九六二年に、〝この新しい経済学により、道徳的ないし政治的信念を棚上げすることによって、経済的問題は解決できる〟と主張した。こうなると、経済成長が目標として合意され、善き生という論争的な観念は回避されたのである。

ケインズ主義的な新しい経済学は、経済成長を目標にしていて、「計画経済か分権化か」といった競合する公共政策の間で中立であると同時に、人々の利害関心、欲求や欲望、目標などの間でも中立的であり、市民は他者の自由と両立する限り、どのようなものでも追求できる。だから、これはリベラリズムと整合的なのである。この新しい公共哲学は、「①共和主義が〝市民の性格が仕事によって形成される〟と考えて生産の方に注目していたのに対し、「消費性向」という言葉のように消費に焦点を合わせている。②人格形成の企図を放棄している。③政府が消費者の選択を規制することなしに総需要を調整する方法を提唱することによって、〝自由で独立した個人の選択を尊重する〟という主意主義的な観念を受け入れている」という点で、「手続き的共和国」にふさわしいのである。

サンデルのこのような議論は非常に新鮮で啓発的である。これによれば、つまり、ケインズ経済学はリベラリズムに対応する経済学であり、「善き生」の考え方とは切り離されたリベラルな経済学である。だから、「善なき正義」になぞらえて言えば、「善なき経済学」ということができるだろう。

通常、革新主義とニューディールは改革の重要な進展として考えられているが、サンデルの考え方は異なっている。サンデルによれば、革新主義には共和主義的要素があるのだが、ニューディールの後期からケインズ主義的になったところで、共和主義の流れが断ち切られてリベラリズムが勝利したのである。第1部では、一九四三年の国旗敬礼判決でリベラリズムが決定的に勝利した、とされていた。政治経済の分野も初期からだんだん変化をしていき、国旗敬礼判決とほぼ同時期に、ケインズ主義の確立によってリベラリズムの勝利が決定的になったのである。

第9章 〈不満〉の克服への試行錯誤——「手続き的共和国の勝利と苦悩」

リベラリズムに基づく福祉国家と保守主義

戦後のアメリカは、世界的に優位に立ち、手続き的共和国は隆盛期を迎えた。リベラリズムは、主意主義的な自由の考え方に基づいて福祉国家を提唱した。フランクリン・ルーズベルトは一九四四年の最後の一般教書演説で、「経済の権利章典」と呼んで社会的・経済的権利に言及して福祉国家への展望を語り、トルーマン大統領の「フェアディール」、そしてジョンソン大統領の「偉大な社会」まで、基本的にはこの線上で展開した。ルーズベルトが「国民共同体(national community)」という言葉を使っているように、この時期に、公民的な問題に言及されたこともないではないが、基本的にはリベラリズムの考え方に基づいて福祉国家が形成されていったのである。

保守的な共和党員バリー・ゴールドウォーターや経済学者ミルトン・フリードマンなどは、福祉国家に反対して政策的にはリバタリアニズムに近い考え方を主張した。しかし、私的所有権を含む個人の権利を主張している点で、彼らの考え方も主意主義的な自由の観念に立脚していたのである。

リベラリズムは「福祉の権利」を主張し、裁判所にも影響を与えている。さらに、従来の福祉の代わりにすべての国民への所得保証［保障、guaranteed income］を行おうという主張も現れた。現金給付をすれば、貧困層は価値や目的を自ら選べるし受給の資格要件をめぐる道徳的判断を回避できるので、現金給付により権利として最低所得保証をすることを主張している。

そしてこのようなリベラリズムの「福祉の権利」や福祉国家の主張と対応して、見事な哲学的議論を展開したのがロールズである。手続き的共和国の基礎にあるリベラル派の「負荷なき自己」という自己イメージは、一九七〇年代の大衆向け心理学やハウツーものの中にも見出せる。

このサンデルの叙述は、彼の福祉政策に対する見方が伺えるという点で重要である。最低所得保証の中には、現在注目されている「ベーシック・インカム」が含まれている。「福祉の権利」やベーシック・インカムはリベラリズムの論理に即しているから、サンデルはこれらには必ずしも好意的ではないのではないだろうか。サンデルは、ロールズ的リベラリズムと同じように福祉政策を一定程度擁護するが、論理に相違があるので、支持する福祉政策の内容はリベラリズムとは異なってくると思われる。

不満に対する応答――抗議、公民的希望と共同的レトリック

サンデルによると、リベラリズムは「自由で独立した自己」という解放的ビジョンに立脚しているにもかかわらず、権利と資格（保有）［権原］が拡張し、経済成長と再分配が進展した一方で、現実には、自己統治の喪失とコミュニティの衰退が生じた。そこで人々は「支配力を失

い自分たちの生を制御できない」という無力感や幻滅感を募らせており、「民主政への不満」が高まった。

このような状況下で、一九六八年にベトナム戦争の失敗が明らかになり、マーティン・ルーサー・キング牧師が暗殺され、大学などのキャンパスでの抗議行動や反戦運動が生じた。そして、ニクソン大統領のウォーターゲート事件や一九七〇年代のオイル・ショックなどの様々な出来事が起こり、政府に対する信頼は低下した。

この不満の雰囲気を汲み取って、右派のポピュリストであるジョージ・ウォレスが一九六八年の大統領選では第三党からの立候補者として善戦した。他方で、サンデルが最も力強い展望を提起したと考えているのは、ロバート・F・ケネディ(一九二五―六八)である。彼は、ブランダイスと同様に近代経済と官僚制国家の双方における権力の集中を批判し、政治権力の分権化を主張した。そして、主意主義的な自由の観念を離れ、自己統治を可能にする公民的側面に注目して、最低所得保証による福祉を不充分だとして、人々が仕事を得ることによってコミュニティや家族、国に対する参画の感覚を作り出そうとした。そこで、コミュニティ開発事業法人の創設を提案して、経済的目的とともに、自己統治という公民的目的を実現しようとしたのである。当時活躍した政治家の中では、ロバート・ケネディだけが、アメリカの公共生活を悩ませた無力感を、公民的実践と理念の衰退の結果であると診断し、共和主義的な政治を提示しようとしたのであった。

他方で、民主党のカーター大統領は、清廉と言われて、道徳主義と管理主義という二つの解決策を提示したが、彼も実質的な道徳的・政治的目的を棚上げにしている点では、共和主義的ではなかった。実質的な統治目標のないまま大統領になったので、結果的にはアメリカ人の無力感を一層深めることになった。

それに対して、共和党のレーガン大統領は、手続き的共和国の拘束から解放されて、自己統治とコミュニティの理想を思わせるレトリックを用いた。サンデルは、〝レーガンは、リバタリアニズム的・自由放任主義的な保守主義と、文化的保守主義や宗教的右派が支持するような共同的保守主義（communal conservative）という相対立する潮流をまとめて使った〟と見ている。レーガンは、家族・近隣・宗教・愛郷心といった共同的な価値に訴え、巨大な権力の集中を批判して、連邦から州や地域に権力を移す「新しい連邦主義」を主張した。

これに対して、民主党の側は、自己統治の衰退に対して適切な対応を取れず、人々の「民主政の不満」に対して適切な解決策を提示することができなかった。レーガンのレトリックに含まれる公民的・共同的側面は、不満の漂う雰囲気に応えることによって彼を成功に導いたが、実際の政策においては、彼は結局は、市場重視の保守主義的政策を行っただけであり、不満を生む状況を変えることはできなかったのである。

以上のサンデルの議論をまとめれば、結局のところ〝「手続き的共和国」の勝利は、人々に「民主政の不満」を呼び、それに対して抗議（ウォレス）や公民的希望（R・F・ケネディ）が現れたが、問題は深化している。レーガン政権は公民的・共同的レトリックを用いることによって選挙には勝利したが、実際にはリバタリアニズム的政策をとったので、問題を解決することはできなかった〟ということになろう。これらは「民主政の不満」を克服するための試行錯誤と言うことができよう。レーガンの「共同的保守主義」は、いわば偽りの希望だった。これに代わる本当の克服の道は何だろうか?

結論　新しい共和主義のビジョン――「公共哲学を求めて」

多元的かつ道徳的な共和主義を目指して

サンデルが言うには、共和主義を現代に復興させようとすると、二つの大きな疑問が投げかけられる。一つは、果たして共和主義的理想は再興できるのかどうか。もう一つは、そもそも果たして共和主義的理念を再生させることは本当に望ましいことなのか。これらの問いに、サンデルはどう答えるのだろうか。

サンデルが力を入れて答えているのは後者の疑問についてである。伝統的な共和主義には「①排他的、②強制的」という二つの懸念があるが、今日に問題となるのは②の方である。

政治はもともと「政治術［(国) 政術、statecraft]」と言われているが、サンデルは、それは「魂の術［技術］(soulcraft)」という側面を持っている、とする。私の考えでは、これは非常にギリシャ的な考え方であり、プラトンは魂のための技術を「政治術《ポリティケー》」と呼んでいる（『ゴルギアス』）。この考え方は今日では衰退しているが、その復興を目指すのが共和主義的な考え方なのである。

しかしここで、共和主義的な「魂の術」は、「共通の公民性を涵養するために、人々にその考え方を強制するのではないか」という懸念が浮かんでくる。例えば、フランス革命に影響を与えたルソーの社会契約論は、共和主義的観点が強いが、「一般意思」という考え方を提起しているから、「公民教育という名目のもとで、その統一的な「意思」を強制的に国民全体に押し付ける危険がある」と懸念されるのである。

共通善が統一的であって議論の余地がないと考えているからこそ、このような強制の懸念が生まれてくる。ところが、サンデルが考えているのは、ルソー的な統一的な共和主義とは違うものなのである。フランスの共和主義では中間集団を排除し、「国民と国家」という二項対立の枠組みのもとで、国民の人権を国家から守ることが眼目になっている半面で、主権の統一性を強調する傾向を持っている。これに対してアメリカの共和主義は違う特色を持っており、例えば『アメリカの民主政治』（一八四〇年）を著したトクヴィルは、アメリカの多元的で民主主義的な共和主義を観察して描いている。

そこでは、それぞれのコミュニティでの政治参加が重要だとみなされている。そういう意味で、地方の分散的な権力と、人格形成を含む多元的な公民的形成を重視するのがアメリカの共和主義なのである。確かに、共和主義的政治には懸念されるような危険性もあるが、このようなアメリカの共和主義は、必ずしも強制的で排他的ではない。こうサンデルは主張している。

もしリベラリズムが言うように、自由や権利を特定の「善き生」の考え方と切り離して定めることができれば、共和主義的政治の危険はなくなるだろう。しかし、私たちは「負荷ありし自己」として集団の忠誠や連帯に基づく責務を負っており、正義や権利の議論を、「善き生」の考え方と無関係に進めることはできない。また、道徳や宗教を棚上げするリベラルな政治が、不満を招いており、その「裸の公共空間（naked public sphere）」に不寛容な道徳主義や宗教的原理主義が入り込んできている。

このサンデルの議論は、レーガン政権のような保守的政権の成立を説明することができる。つまり道徳的な真空が逆に、「公民的保守主義（civic conservative）」の台頭による保守的政権を招いてしまうという危険性を指摘しているのである。彼は、これに対して、クリントン元大統領の試みにふれている。クリントンは権利と同様に責任も重視する「新しい民主党派（new democrat）」として大統領に選出され、「価値の喪失、仕事の消滅、家族とコミュニティの崩壊」などの問題をあげて、リベラル派が回避してきた道徳的・精神的領域に踏み込んだ。しかし、政権の他のメンバーは、あいかわらずリベラリズム特有の道徳的な判断の回避を続けた。

一九九〇年代には民主党員の中に、公共生活において道徳的・宗教的議論を復活させたり市民社会における人格育成機関を修復しようという考えも現れ、「公民性の政治経済」を復興させようという議論も現れた。ロールズのような公正さ（ないし分配的正義）の観点から不平等を批判するのではなく、不平等は「富者・貧者双方の人格を堕落させ、コミュニティの自己統治に必要な共同性を危険に陥れてしまう」という公民的な批判が現れたのである。富裕な人々は会員制のクラブなどの「同質の飛び地」や民間企業による（警備員などの）サービスを利用して、公立学校、図書館、公園、コミュニティ・センター、公共交通機関、国民兵役などの公共的領域が縮小し、公民的な教育の可能性も減少してしまう。

このような事態に対する共和主義的な試みとして、サンデルは、コミュニティ開発団体、巨大スーパーマーケットの進出に対する（小売店やコミュニティを守ろうとする）反対運動、新しいアーバニズム〔公共空間を重視し公民生活に適したコミュニティを創設する運動〕やコミュニティの組織化〔教会などを中心とする、コミュニティを基盤にする草の根組織〕などの試みをあげている。つまり彼はこの最終部分では、具体的な試みの例を通じて、共和主義的な政治を復興させる可能性を示している。ここも共和主義再生の具体的方策を挙げている箇所として、注目されている叙述である。

国家を超えて、主権とアイデンティティの分散へ

さらに、サンデルは、共和主義的政治の復興への難題として、グローバル経済を統御できる政治制度の構築と、そのために不可欠な公民的アイデンティティや道徳の育成という課題を挙

げている。「白熱教室」や『正義』では触れられていないが、この結論部では、こういった国民国家を超える問題が明確に提示されている。

現在の世界は、経済的なグローバリズムが進んでいる。しかし、政治や文化の方はこういったグローバリゼーションが進んでいない。ここにギャップが生まれている。そこで、サンデルは、「地球的政治と特定のアイデンティティ」という見出しのもとで、グローバル経済における自己統治の問題を取り上げ、これが二〇世紀初頭の革新主義時代の課題と類似している点に注意を向ける。当時のアメリカでは、経済は進展していたが、国民的な連帯感は存在しなかった。だから革新主義の時代に、セオドア・ルーズベルトらが、市場経済に対抗するために連邦政府の権限強化と、政治的コミュニティの国家化を目指した（新しいナショナリズム）ことを彼は指摘している。

サンデルが言うには、グローバリズムの問題の解決のために、一部の理論家たちはコスモポリタニズム（世界公民主義）と、それに基づくグローバルな公民性の育成を主張している。同様に、啓蒙主義の哲学者モンテスキューは、より大きな忠誠心が常にローカルな忠誠心に優先するとしたが、「普遍的な責務が特定のコミュニティに対する責務よりも優先する」と主張する点では誤っている。私たちは、多様なコミュニティから時には対立する責務を求められるが、前もってどれが優先するかを決めることはできない。それは、道徳的内容・重要性・各人の人生の物語における役割などについての道徳的省察と政治的熟慮によって、個々に判断すべきことである。

だから、主権と公民性を単に上方に拡大することを主張する点で、コスモポリタニズムは間違っている。そのような「主権の再配置（relocating sovereignty）」ではなく、「主権の分散（disperse）」に自己統治を再生させるための希望がある。単一の世界コミュニティにするのではなく、コミュニティと政治体を多元化させるのである。国民国家も消滅させる必要はなく、一方では上方、すなわち国民国家よりも大きな単位［EUなどの超国家的組織を含む］に分散させ、他方では主権を国民国家よりも小さな単位［文化的・民族的コミュニティを含む］に分散させる。そして、この多元化したそれぞれについて、人々は人生やアイデンティティの異なった側面で関わっていく。

このためには、ジェファソンやトクヴィルが主張したように、人々の公民的な美徳と活動の場として特定のコミュニティを活性化させることが必要である。公民権運動は、平等な権利を獲得する運動という以上に、参加者の道徳的な変革を呼び起こす公民的な運動であったのであり、そのような運動の再生が必要なのである。

サンデルは以上のように述べて、最後に、このような新しい時代のビジョンを「主権国家と至高権［主権］的自己を超えて」という見出しのもとで、「多元的に位置づけられた自己（multiply-situated self）」とか「多元的に負荷ありし自己（multiply-encumbered self）」と表現している。このような自己は、多元的なコミュニティや「分割された主権（divided sovereignty）」

の緊張関係の中で調整して生きていくことが必要になるから、原理主義に陥る危険と、無定型で移ろいやすく物語のない自己に陥る危険が存在するが、私たちはこれらを回避して公民的生活を回復する必要がある。

サンデルはこう指摘して、本書を閉じている。この「主権の分散」のビジョンは、最近注目を集めている「補完性の原理」〔決定や自治などをなるべく小さい単位で行い、できないことを、より大きな単位で補完していくという原理〕とも共通する部分があると思われる。

「民主政の不満」の意味

要するに、この著作は、共和主義の盛衰を、憲政、すなわち憲法政治と、政治経済に即して描いたものである。建国初期のジェファソンやマディソンのように、初期には共和主義は非常に重要だった。そして、ジャクソンの時代、南北戦争のリンカーン、ウッドロウ・ウィルソンとセオドア・ルーズベルトの革新主義というように、共和主義は徐々に衰退しつつも、引き続き重要な役割を果たした。しかし、憲法解釈においては一九四三年の判例において、政治経済においてはニューディール（一九三〇年代）後期のケインズ的政策によって、この伝統は第二次大戦直前に終焉を迎えた。そして戦後はリベラリズムの制覇する手続き的共和国となった。

戦後も公民権運動（一九五〇年代から一九六〇年代）、ロバート・F・ケネディなどにおいては共和主義の伝統が輝いたが、大勢としては、リベラリズムの制覇により、今日では民主政は機能不全に陥っており、自己統治という支配力の喪失とコミュニティの弱体化により、人々の中に民主政治に対する不満がたまっている。これが、タイトルの『民主政の不満』の意味である。これに対して、サンデルは共和主義的伝統の復興を主張しているのである。

共和主義はいかに生まれ変わるか

政治思想史から見る

サンデルの共和主義を考える上で、政治思想史における共和主義研究との関係について述べておこう。従来の政治思想史では、「ギリシャやローマなどの古典古代の思想は、近代には衰退し、近代憲法の基礎となる政治思想はロックなどの近代社会契約論である」とされていた。これに対して、近年では古典古代からの共和主義思想の流れを重視するケンブリッジ学派が登場した。

例えば代表的な論者であるJ・G・A・ポーコックは、その著作『マキァヴェリアン・モーメント――フィレンツェの政治思想と大西洋圏の共和主義の伝統』（The *Machiavellian Moment: Florentine Political Thought and the Atlantic Republican Tradition*, Princeton University Press, 1975, 2nd ed., 2003. 邦訳あり）の中で、この伝統を「公民的人文主義（civic humanism）」と呼んで、新しい思想史のパラダイムとして大きな構図を提起した。ギリシャやローマに端を発した共和主義はその後、ルネッサンス期のフィレンツェにおいてマキャヴェッリらによって変容されつつ再興し、この共和主義的思想は、ハリントンなどのピューリタン革命期の思想にも影響を与え、さらにはフランス革命や、アメリカ独立にも影響を及ぼした、というのである。

この新しい思想史の見方は大きな影響を与え、アメリカにおいては、アメリカ思想史における大論争を引き起こした。アメリカにとって、共和国の原点を問うことになったからである。そして、このような見方を背景にアメリカの憲法政治や政治経済を見直し、今日の政治哲学として共和主義の再生を唱えたのが、『民主政の不満』なのである。

一口に共和主義と言っても、二種類の共和主義の捉え方が存在する。一つは公民的美徳(civic virtue)のような倫理的要素を強調する見方で、ギリシャに淵源を辿《たど》ることが多い。もう一つは、君主制や専制に反対して自己統治を可能にするための制度的な工夫に注目するもので、古典古代では混合政体論(君主政・貴族政・民主政などの混合)がその代表であり、これはローマ的とされている。ポーコックは、前者の倫理的側面にも注目していたが、ケンブリッジ学派の代表者の一人であるクエンティン・スキナーは、それに対して後者の制度的側面を重視しており、彼は『自由主義に先立つ自由』(*Liberty before Liberalism*, Cambridge University Press, 1998. 邦訳あり)このような共和主義を「新ローマ的理論」と呼ぶようになった。

近代以降は、共和主義というと倫理的要素より制度的要素が強調される傾向がある。アメリカが共和国であると言う時には、君主の不在というこの制度面に注目して言われている。サンデルが再生させようとしている共和主義は、ポーコック的な捉え方における共和主義であり、倫理面を含んだ自己統治の思想である。だから、彼がアメリカを「手続き的共和国」と呼ぶ際には、「今日のアメリカの共和国には共和主義本来の倫理性が失われている」という批判的なニュアンスが込められていると考えられよう。

つまり、簡単に言えば、政治思想史においてポーコックが提起したような共和主義の伝統を、新しく今日の政治哲学として復興しようとしているのがサンデルである。これは、制度面のみならず倫理面も重視するので、ギリシャ的な共和主義と言うことができる。これに対して、思想史においてスキナーが提示したような共和主義を、政治哲学で復興しようとしているのがオーストラリアのフィリップ・ペティットである。これは、倫理面はさほど重視せず、制度面を重視するような共和主義の流れなので、ローマ的な共和主義と言うことができる。

サンデルは本書で共和主義の再興という政治的ビジョンを提示したので、『リベラリズムと正義の限界』で示したコミュニタリアニズムの立場と合わせると、彼の立場は「コミュニタリアニズム的共和主義」と言うことができよう。

これによって、サンデルの主張するようなコミュニタリアニズムが決して保守的だったり前近代的ではないことが明らかになった。『民主政の不満』では、共和主義はアメリカ建国に影響を与え、リンカーンの南北戦争や二〇世紀の革新主義にも影響を与えたということが明らかにされている。これらはアメリカの民主主義にとって極めて重要な歴史的進歩だから、このような思想を前近代的とか封建的とするような単純な批判は正しくないだろう。

しかしこの先では、より高度なレベルで論争が生じる。サンデルが示した「アメリカはもともとはコミュニタリアニズム的共和主義の要素が強かった」という視点は、「アメリカをどう考えるか」という自己規定にかかわる大きな問題だからである。これは、日本で言えば国体論争のような大論争になるのである。アメリカが共和国であることは自明だから、もしサンデルが示しているように共和主義がコミュニタリアニズム的な思想であれば、コミュニタリアニズムは元来のアメリカ共和国に親和的な思想だったことになる。そして、「民主政の不満」は、そのアメリカ本来の姿が失われて、リベラリズムの隆盛によって「手続き的共和国」になってしまったから生じたことになるのである。

これに対して、ブルース・アッカーマンのようなリベラル派は、「アメリカの共和主義はリベラリズム的な共和主義である」と主張している。リベラル派も、アメリカが共和国であることは否定できない。だから、彼らは「リベラリズムと共和主義は矛盾なく両立できるものだ」と主張するのである。この論争は、古典古代以来の思想史的展開や、アメリカ建国から今に至る政治史など、さまざまな論点が対象となる議論であり、「これからアメリカはどうなるべきか」という展望も含め、大きな論争が繰り広げられている。

アメリカにおける「富と美徳」

思想史的にみて、共和主義と経済の関係は非常に重要である。サンデルの言う「公民性の政治経済」、換言すると「共和主義的政治経済」とはどのようなものだろうか。説明してきたように、この一つの眼目は自己統治であり、もう一つは善や美徳であって、「自己統治を可能にするための公民的美徳をどのように涵養するか」が重要になる。

ところが、前述した「富と美徳」という主題においては、「富、すなわち経済が発展するにつれて美徳が衰退する」という大きな歴史的潮流がある。サンデルはアメリカについてこの流れを整理したとも言えよう。要約的に言えば、ジェファソンは、農業を中心にして共和主義的な考えを実現しようとしたが、実際には工業が発展してきたので、どうするかという問題が発生した。初期の小規模な工業のうちはまだ共和主義とも両立したが、工業が大規模に発展するにつれ、共和主義との両立は難しくなっていった。ジャクソンは、第二合衆国銀行の特許状更新を拒否することにより共和主義の実現を目指した。また労働組合も、今のような賃金闘争を中心にする労働組合ではなく、労働騎士団のように共和主義的な自由労働を実現しようとし、協同的な経済制度を作ろうと目指したが、成功しなかった。また二〇世紀初頭の革新主義では、ウィルソンは反トラスト運動によって大企業の独占を制限して共和主義的な政治経済の実現を目指したし、セオドア・ルーズベルトは、新しいナショナリズムという旗印のもとに国民的意識を共和主義的に涵養しようとした。しかし、大恐慌後のニューディール後期においてケインズ的政策が勝利し、戦後はロールズ的なリベラリズムが制覇をしていった、ということになる。

さらに言えば、スタグフレーション（一九六〇年代後半から一九七〇年代）後は、リバタリアニズムが力を持ち、レーガン政権やブッシュ親子の保守主義的政権が成立した、ということになるだろう。サンデルはこういった大きな動向に対して、共和主義を再び復興させることを提案している。これは歴史の潮流を逆転させるような大きな問題提起であり、課題であると言うことができよう。

「共和主義的政治経済」復興の現代的意義

果たして、この課題は達成可能だろうか？　二〇〇八年のリーマン・ショックにより、リバタリアニズム的政策の失敗が明らかになり、『民主政の不満』で提起された問題はアメリカでも日本でも、より明確に多くの人々に理解されるようになってきたように感じられる。そこで、この本を手がかりにして、新しい「公民的政治経済＝共和主義的政治経済」の可能性について、改めて考えてみたらどうだろうか。

まず、共和主義が衰退した原因として、「歴史的な共和主義思想は、自己統治を経済面でも考えており、それは経済的独立や経営参与を意味しているので大規模な経済に適合しなくなった」という点が挙げられる。経済の大規模化に伴って自己統治の理想が実現困難となってしまったのである。

しかし、まず自己統治の理念を政治に限って考えれば、この問題は克服可能である。大規模な企業体における自己統治は必須ではないとすれば、例えば国政や地方自治における政治的・公民的参加は、経済的発展にもかかわらず目指すことができる。これは、今日の日本でも、官僚制批判、市民参加、地方主権といったような形で主張され、現実の政治でも大きな変化が見られつつある。

ただし、余暇や経済的な余裕、そして雇用の安定などの一定の経済的条件がなければ、政治的・公共的活動は困難になり、自己統治の理念は達成できない。だから、この場合でも、自己統治が可能になるような制度的工夫や改革が必要となる。また、自己統治を実現するためには、倫理的な公民的美徳が必要である。これらは教育や意識改革の問題なので、今日の大規模経済でも実現可能だし、ぜひ実現しなければならない。

『リベラリズムと正義の限界』と合わせて考えると、サンデルの言う「公民的政治経済」は、福祉に対しても新しいビジョンを提示している。サンデルは、ロールズと同じように福祉には基本的に賛成であるが、その正当化の論理は異なっている。それは、「福祉をどうやって発展させていくか」という方策や政策の相違に関わっている。共和主義的な観点から格差に反対する理由は、自己統治のためにはコミュニティとしての共同性を維持する必要があるということであり、このためには公共的なものを再興させる必要がある。

そこで、一定の福祉が必要になる。ただ、この福祉も、リベラリズムのように単に権利に基づくものではなく、コミュニティの連帯意識や責務に支えられてこそ、同胞愛や共通善に基づいて福祉を実現することが可能になるだろう。また、リベラリズムのように単に最低収入の保証や現金給付に限定する方法ではなく、人々の倫理的・道徳的側面にも目を向けた方法を考えることが必要になる。

また、再分配をはじめ経済問題を考える際には、「道徳的適価《デザート》」という概念は有意義だろうと思われる。ロールズの再分配正当化論とは異なって、収入や課税を考える際には、経済的な報酬や価格における道徳的な価値（適価ないし真価）との対応を考えるべきではないだろうか。共通善に寄与する活動や商品は、その価値を評価されるべきだろう。例えば、環境保全に対して有意義な商品に対して、税や補助金などにおいて優遇する政策は、このような観点から正当化される。

経済的な領域における自己統治や美徳という考え方も、今日でも充分に活かすことができると思われる。サンデルが挙げたアメリカでの議論を日本にあてはめて考えてみよう。例えば労働騎士団が目指した協同の経済組織は、賀川豊彦らが開始した協同組合運動に類似性を見出せる。また、ローウェルに見られたような初期の共和主義的な工場の発想は、人格形成を目標にするという点で、企業内外における精神的・倫理的教育という課題として考えることができる。日本でも、近江商人以来、道徳教育や精神的教育を重視する経営は必ずしも少なくはない。倫理的配慮や公共善への貢献という点では、今日話題になっている社会的企業や企業倫理、企業の社会的責任（CSR、Corporate Social Responsibility）、倫理的投資などにも共通性がある。

さらに、リーマン・ショック以来、企業規制や市場規制・投機規制が世界的な課題となっているが、ブランダイスをはじめとする共和主義的な流れはこれを強調していた。ジャクソンの連邦銀行攻撃などは、今日の銀行規制や投機規制などの主張を想起させる。共和主義的政治経済は、自己統治とそのための公民的美徳を可能にするために、経済制度の改革を主張するが、今日、改めてそのような制度的改革を市場について考えるべき時が来ているのではないだろうか。

ワーキング・プアなどの社会問題が浮上して、労働者派遣法の改正などの労働立法も政治課題となっているが、公民的な意味の自由労働を考えてみると、いつでもすぐに解雇されうる状況では、自己統治に必要な最低限の独立性が存在していないと言わざるを得ない。『民主政の不満』で述べられているように、かつてのアメリカではそもそも「賃労働自体が自由労働ではない」という批判があったのだが、今日の日本ではリバタリアニズム的政策のせいで状況はさらに深刻になっており、賃労働を前提にしても、そのもとで雇用の継続性が脅かされており、経済的独立性がほとんどなくなってしまっていると言うことができよう。だから、自己統治のための経済的独立という理想を、せめて雇用の一定の継続性という点で少しでも実現する制度的な改革を追求すべきではないだろうか。

このように見ると、『民主政の不満』の後半は、アメリカの歴史の中で後退していった共和主義的政治経済の歴史であるが、逆に、今日新しい形で復興すべき共和主義的政治経済の試行錯誤の歴史として読むこともできるのではないだろうか。サンデルは最終章でアメリカの共和主義的な試みの例をあげているが、今日ではさらに大きな可能性が浮上しており、それを追求していくべきだろう。この意味で、この本はアメリカの民主政の現状を診断するのみならず、日本も含めて今後の政治経済の指針となるべき理念を指し示していると思われるのである。

主権分散的・多元的共和主義のビジョン

さらに、サンデルはこの本の終章では、新しい「公共哲学」として、従来のアメリカの共和主義の伝統を踏まえながら、それを超えた大きなビジョンを示している。国内政治については、統一的共和主義ではなく、トクヴィル的な多元的共和主義であり、道徳的・精神的な次元を含めて公共領域を再生させるようなコミュニタリアニズム的共和主義である。

また、国際的な視座においては、主権国家を超えて、主権を上方と下方の双方に分散させて、人々がその中で「多元的に負荷ありし自己」として生きることを示唆している。これは、主権分散的な共和主義であり、多元的なコミュニタリアニズムと言うことができよう。これらをまとめて言えば、「主権分散的・多元的なコミュニタリアニズム的共和主義」、簡単に言えば「主権分散的・多元的共和主義」ということになろう。

前述のように、第1部では人権と性的・家族関係を扱っていたのに対し、第2部では、ヘーゲルの『法の哲学』の体系で言えば、「市民社会」と「国家」を扱っていることになる。ヘーゲルの「市民社会」においては市場経済が中心的な位置を占めているように、第2部ではまさに「経済」が重視されて政治との関係が扱われている。そして、政治そのものについては、「主権国家」を超えて、分散的共和主義のビジョンを示しているのである。第1部の「憲政」と第2部の「政治経済」の双方を合わせて考えれば、この書物はまさしくヘーゲル的な『法の哲学』の総体を思わせるような重厚な内容を持っている。

この『民主政の不満』は、アメリカという一つの国家の歴史を共和主義的な観点から描きながら、共和主義の再生のために、目指すべき「公共哲学」として新しい共和主義のビジョンを示していると言えよう。これは、あくまでもアメリカの文脈に即したビジョンでありながら、その他の国々にも有益な示唆を含んでいるという点においては、アメリカを超えた世界的な意義を持つビジョンでもある。その意味で、この著作は、共和主義思想史の先に、将来の共和主義の可能性を展望するという点で新たな一頁を加えるような意味を持っているのである。

第四講 「遺伝子工学による人間改造」反対論――『完成に反対する理由』の生命倫理

『民主政の不満』が政治哲学の主題を最も具体的に展開しているのに対し、*The Case against Perfection: Ethics in the Age of Genetic Engineering* は、サンデルの著作の中で、文化的な論点を最も本格的に展開している本である。ここでは、生命倫理に関わる重要な問題提起がされており、しかも彼の倫理的なスタンスが明確に現れているという点でも重要である。

The Case against Perfection というタイトルは『(人工的人間) 完成に反対する理由』とし、サブタイトルの *Ethics in the Age of Genetic Engineering* は「遺伝子工学の時代における倫理」と訳した。この Perfection は、遺伝子工学 (genetic engineering) を用いて人間を改良ないし改造するという意味の「完成」であり、against という言葉は、この意味の「完成」に反対するという明確な立場を表明している。この本は、まさに「遺伝子工学による人間完成＝改造」に対する反対論なのである。

だから、ここでいう「完成」は、倫理学・哲学で完成主義ないし卓越主義と訳される perfectionism とは全く別の概念である。倫理学における完成主義ないし卓越主義は、人間が倫理的に向上していくこと、完成していくことを理想とする考え方で、サンデル自身の目的論的な考え方も perfectionism に分類することができるし、サンデル自身も、後述するようにその表現に言及したことがある（三三一頁）。

この本は、『完全な人間を目指さなくてもよい理由――遺伝子操作とエンハンスメントの倫理』（林芳紀・伊吹友秀訳、ナカニシヤ出版、二〇一〇年）という題名のもとに邦訳が刊行された。翻訳自体は読みやすく問題はあまりないと思われるものの、残念ながら、この題名は極めてミスリーディングな訳であり、誤訳と言っても過言ではない。なぜならば、この邦訳題名は、「人間が倫理的に完全な人間を目指さなくてもよい」とサンデルが考えているという印象を与えかねないからである。リベラル派やリバタリアニズム論者ならば、実際にそのような題名の本を著してもおかしくはない。彼らは、倫理学上の完成主義論者を批判しているからである。サンデルは、まさに完成主義に分類される議論をしているのだから、そのような本を書くはずがない。しかるに、この題名を見た読者は、サンデルの思想を正反対の立場と誤解しかねないのである。

原著のタイトルを見ても、その内容を見ても、どこにも「目指さなくてもよい」という意味はないのである。「目指す」という言葉を見れば、普通の人は技術的・人工的改造ではなく、倫理的努力・精神的努力を表すと思うだろう。だから、この言葉自体も適切ではない。仮に「目指す」という言葉を使うのだとしても、「目指すべきではない理由」としなければならない。

この邦訳名には、副題まで含めて、against に相当する「反対」という意味が全く表されていないのである。だから、題名を見ただけでは、サンデルが遺伝子工学による人間改造に賛成なのか、反対なのか、その立場は全くわからないだろう。

また、この書物の「訳者解題」では、「本書の中でサンデルは、基本的にはエンハンスメントに対して批判的な議論を展開している。しかし、だからといって、必ずしもすべてのエンハンスメントが否定されるべきだとは考えていない」として、この著作は『エンハンスメントの道徳的多様性』とも言うべき主張が含意されているように思われる」とされている（一七三―一七五頁)。これを見ると、訳者の理解も、反対の趣旨を表さない邦訳題名に影響しているのかもしれない。

ここでいうエンハンスメント（enhancement）とは、「能力増強」とか「増進的介入」とか訳されるが、以下では「増強」と訳す。バイオテクノロジーによって、正常な人間の身体や精神に介入し、単に健康という以上に、その能力を改善・増強・向上させるという意味である。その最たるものが、人工人間・人造人間である。以下で説明するように、この書物は、明確に遺伝子工学によるエンハンスメントに反対する目的をもって執筆されたものであり、サンデル自身がこの書名における against Perfection は「エンハンスメントに対する反対」という意味であると明言された。

「白熱教室」においては、学生たちに自ら思考してもらうために、サンデルは敢えて自分の思想的立場を前面に出さずに、様々な思想をなるべく公平に取り上げて議論を進めている。ところが、この本は、遺伝子工学の悪用を心配し、それに反対する趣旨で執筆されている。だからこそ題名に「反対」という趣旨を明示しているのである。その意味で、「白熱教室」の方法とは全く異なっているのである。

著作の背景とサンデルの天賦生命観

では、サンデルのこの著作の目的と意義、そしてその思想的立場を説明していこう。

サンデルは、ブッシュ大統領時代の二〇〇二年から二〇〇五年にかけて「大統領生命倫理評議会」の委員を務めた。そして、科学者、哲学者、神学者、医者、法学者、公共政策専門家などによってなされた幹細胞研究、クローン、遺伝子工学などの論争に触発された。そして、そこで彼が二〇〇二年に書いた議論用の小論《ディスカッション・ペーパー》「増強は何が悪いのか（"What's wrong with enhancement"）」を発展させて雑誌『アトランティック・マンスリー』に二〇〇四年春に掲載し、その際の題名 *"The Case Against Perfection* : What's wrong with designer children, bionic athletes, and genetic engineering" の本タイトルを使って二〇〇七年に刊行したのが本書である。この原著の題名を提案したのは、この雑誌の編集者である。

この評議会の議長を務めたレオン・R・カスの著作『生命操作は人を幸せにするのか——蝕まれる人間の未来』（*Life, Liberty and the Defense of Dignity: The Challenge for Bioethics*, Encounter

Books, 2002）も、この評議会の報告書『治療を超えて――バイオテクノロジーと幸福の追求 大統領生命倫理評議会報告書』（*Beyond Therapy: Biotechnology and the Pursuit of Happiness: A Report of The President's Council on Bioethics*, New York, Dana Press,2003）もすでに邦訳されている。サンデルの立場はカスと同一ではないが、これらを見れば、サンデルがこのような反対論を展開した文脈がよくわかるだろう。

この報告書は、今日の増強《エンハンスメント》に対する論争において、反対派の議論を集約して提起したという点で大きな意味を持っている。サンデルの小論「増強《エンハンスメント》は何が悪いのか」はここでも援用され、影響を与えている（『治療を超えて』邦訳、三四九頁、三七六頁注⑥）。

この著作の大きな意義は、サンデルが遺伝子工学の誤用に反対したこと、その「理由」として、自らの生命観を明かしたことである。彼の生命観とは、生命は「贈り物として与えられるもの（giftedness）」、言い換えれば「天賦のもの」という見方であり、これは「天賦生命観」と言うことができよう。

生命は天賦のものだからこそ、それを強引に遺伝子工学によって改造ないし増強するようなことはすべきではない。様々な個性や才能がある子供が生まれてくるが、私たちはその子供たちを天与のものとして受け取り、無条件で愛すべきである。そこで、私たちは、「謙虚」と「責任」、そして「連帯」といった倫理を重視する必要がある――これが、本書で明らかにしたサンデルの思想的立場である。

「白熱教室」でも彼は人間の生命に関わる問題をよく取り上げているが、この生命観は彼の目的論との関係でも重要な意味を持つ。第一講で説明したように、目的論というときに、サンデルはアリストテレスから説明を始めるが、アリストテレスの場合は、人間の生命も含めた自然全体の目的と秩序に則した「善」を考えている。その究極に、神の存在を考えているわけである。だが、「白熱教室」のサンデルの目的論では、そこまで立ち入らずに、社会的な制度あるいは物などの目的を考えていた。身近なところから、目的論の意味を解き明かしたわけである。目的論の復活のためには、このような作為限定的目的論はとても説得的で巧みな議論だと思うのだが、それが成功すれば、「生命や世界や自然の目的はどうなのか」という問題が浮上してくる。この著作でもその問題を正面から取り扱っているわけではないが、生命について贈り物として与えられるものであるとし、聖性という感覚が述べられているので、従来よりも一歩踏み出した議論をしているといえよう。だから、この著作は、サンデルの目的論を考えるうえでも、あるいは彼の「善」の観念を考えるうえでも、重要な意味を持つことだろう。

第1章「増強《エンハンスメント》の倫理」――肯定論に対する挑戦

何がよくて、何がいけないのか

では、その内容を順番に見ていこう。実例については、この本にも「白熱教室」と同じように非常に印象的なものがちりばめられていて、次の例からはじまる。

耳の聞こえないことを誇りにしている人々の中には、その方が豊かな生が送れると考えられている人がいる。その中のあるレズビアンのカップルが、耳が聞こえないことを素晴らしい文化的アイデンティティであると考えて、五代にもわたって耳が聞こえない家系の人の精子を得て、人工的に、耳の聞こえない二人の子供を誕生させた。ところが、これがワシントン・ポスト紙で報道され、多くの非難を浴びた。

これは、倫理的に間違っているだろうか。常識的には耳が聞こえる方がよいわけだから、親が人工的な技術による「設計（design）」で耳の聞こえない子供を誕生させてよいのかどうか。そもそも、耳が聞こえない子供だからいけないのか、それとも設計自体がいけないのか。

他方で、この事件の少し前にザ・ハーバード・クリムゾンなどの大学新聞に、不妊カップルが、一般的に理想的と考えられる姿形や能力などの条件の揃っている女性の卵子を募るという広告が出たが、こちらは問題にならなかった。

実際にネコやイヌといった動物のクローンを作る会社も現れている。これはすでに現実化しているのである。その先にはクローン人間を作り出すことも論理的にありうるわけで、こうしたことをどのように考えたらよいのだろうか。

これらが、この本の冒頭にある重要な問題提起である。遺伝子工学の発達によって、疾病の治療や予防が可能になっているが、同時に、肉体的・精神的に「健康以上」に人間を改善ないし増強することが可能になった。もともとは治療や予防という医学的目的のために開発された技術が、性質や能力を通常以上にまで改善・改良すること、つまり「増強《エンハンスメント》」のために使われる可能性が生じている。そこでこの本は、遺伝子工学によって人工的に人間を設計すること、人間の性質を操作するという「増強《エンハンスメント》の倫理」について、その道徳的な可否を問うているのである。

一番典型的な論点として「クローン人間はなぜ悪いのか」という議論がある。一九九六年(発表は一九九七年)に、ドリーというクローン羊が生まれ、長生きはできなかったが、哺乳類の体の細胞を使ってクローンを誕生させることにはじめて成功した。ここからクローン人間という可能性が現実味を帯びてきたわけである。

「クローン人間には問題がある」と直感的に思う人は多いが、「なぜ悪いのか」をわれわれは改めて倫理的に問わなければならない。親が決めた特徴を遺伝子工学によって設計され、生まれてきた子供のことを「設計された子供」[デザイナー・チルドレン(designer children)]という。リベラリズムの観点からは、このような子供は、「自分自身でその遺伝子組成を選んで生まれてくる訳ではないから、子供の自律の権利を侵害する」という反対意見がある。つまり、「設計された子供」は、自律的に人生を選択することができず、十全な意味で自由ではない、というのである。

しかし、この説明は充分ではない。なぜなら、遺伝子組成は巡り合わせによって決まるのだから、誰も遺伝子的な特徴を自律的には選んでいないわけだし、「自分自身についてならば、肉体的な機能や健康の増進を遺伝子的に実現していいのか」という問題もあるからである。だから、リベラリズムの観点からの議論では不充分であり、「自然の道徳的地位や、所与の世界に対する人類の適切な姿勢についての問題」(邦訳では一二頁、以下原文から訳出)を考える必要があるのである。

人間 対 改造人間

クローンの人間を作ることは、まだ技術的にできていないし、問題を感じる人も多い。しかし、「筋肉」「記憶」「身長」の増強・増進や「性選択」といった問題に関しては、もともとは治療や予防のために開発された技術が、現実に商業的に用いられる可能性が現れているのである。

筋肉に関しては、筋ジストロフィーの治療や加齢による筋力低下を防ぐための遺伝子治療が開発されつつあるが、これは健康な人に用いると筋力増加が可能になるから、例えばスポーツ選手はそれを用いたいという気持ちになるかもしれない。今でもステロイド剤などを使ってよりよい成果を上げようとする選手がいる。IOCなどはそれを規制しているので、検査に引っかかって、賞を剝奪される事件も起こっている。ステロイド剤の場合には有害な副作用も禁止の根拠にあげられているが、仮に「遺伝子工学の方法による増強には有害な副作用がない」と仮定すると、それを禁止すべきかどうか。筋肉などを損傷した場合に、治療をするためにその技術を使うことには問題がないが、「健康な人間をより強くする」という増強は禁止するという抑制の理由は成り立つだろうか。

記憶についても遺伝子技術による増強は可能である。すでにアルツハイマー症や認知症などのように記憶が失われる病に対する増強薬が開発されている。それを加齢による記憶力の衰えを防いだり、健常な人間がより優れた記憶を保つために用いることは許されるべきだろうか。もしこれを許すと、「記憶力の衰える人と、薬により衰えない人」という二つの階級が生まれてくる危険性も指摘されている。

人間の身長についても同じことがいえる。ホルモン欠乏症の子供に対してヒト成長ホルモンを投与して治療することは認められているが、健常な子供に投与して身長を高くすることは許されるべきだろうか。アメリカではすでに、病気ではなく身長の低い子供への投与が許可されており、この問題はすでに始まっている。

このようにサンデルは、筋肉・記憶・身長において通常人よりも優れた人間が作られる可能性を問題にしている。すでにSFやアニメでは、様々な物語の中でこの問題が問いかけられてきた。『スター・ウォーズ』ではクローン兵士が登場するし、アニメ『機動戦士ガンダム』では通常の人間《ナチュラル》と増強によって優れた能力を持つ人間《コーディネーター》たちが対立して宇宙的な戦争が起きる。こういった「人間　対　改造人間」という問題について、道徳的・倫理的な問いに私たちは直面しているのである。

性選択と人間改造

もう一つ重要な問題として、「性選択」がある。実際には、例えばインドでは、出生前診断により生まれる前に性別がわかると、望ましくない性別の胎児（男児を望む人が多い地域では女児）を中絶してしまうことが頻発しているという。

しかし、新しく起こっている問題は、それよりも先に進んでいる。体外受精によってできた初期胚の性別を検査し、望ましい性別の胚を子宮内へと移植し、望ましくない性別の胚は捨てられる。この場合は、中絶論争で反対派がよく使う論理によって、「胚はすでに人格を持っており、だから胚を廃棄することは胎児の中絶と同じである」という議論がありうる。しかし、最近は受精前に精子を調べて、染色体を調べ、男性となる染色体（Y染色体）ないし女性になる染色体（X染色体）を持つ精子を選別して、人工的に受精させることができるという。このような精子選別の方法だと、胚を捨てる必要はなくなるから、「胚に人命がある」という理由で反対する理由はなくなる。しかし、そうだとしても、このような性別選択は、倫理的に許されるのだろうか？　こういった技術がどんどん進展してしまうと、社会的に男性ないし女性の比率が人為的に多くなることが考えられるので、それが問題となる。しかし、サンデルは、「仮に配慮や工夫により全体の性別の比率が変わらないようになっても、なお問題があるのではなかろうか？」と問題を提起している。

性選択の問題だけではなく、生まれてくる子供の身長、眼や皮膚の色、性的志向やさまざまな能力についても、同じような選別が可能になることはありうる。こうした技術がどんどん進んでいくと、人間の尊厳を脅かすことになるのではないか。この問いを道徳的に深く追求する必要がある。もちろん、現在の遺伝子工学は完全ではなくて、そういったことを行うとさまざまな障害が出てきたり、成功度が低かったりするという問題があるのだが、仮に技術的な問題が克服できても、倫理的に問題があるのではなかろうか。

本章は、本書全体の問題を設定した導入部である。サンデルの以上のような問いかけは、日本の読者の多くにとっては自明のように思われるかもしれないが、アメリカなどでは、こういった「増強」肯定論も非常に強力なのである。増強された人間を「より良い人間（better humans）」と呼んでその実現を擁護する人々もおり、サンデルはそれに反対する保守派の一人として名前を挙げられることもある。

さらに一部の増強肯定論者は、「超人主義（trans-humanism）」という名称を用いて、人間はバイオテクノロジーを用いて技術と合体し、通常の人間よりも、より優れた能力を持つ「超人」となることを目指すべきである、と主張している。「世界超人主義協会（World Transhumanist Association）」が結成されて、活発に活動を展開している。

その代表者の一人ラメズ・ナムは、『人間以上——生物学的増強の期待を抱いて』で、報告書『治療を超えて』やその代表的な論者カスやフランシス・フクヤマなどに度々言及しつつ、それに対して、人間性の変化を歓迎すべきであり、「体を選ぶこと」（第1章）や「心を選ぶこと」（第2章）が拓く可能性を肯定している。ナムは、肯定論の理由の一つとして、増強は個々人の自由な自己決定に基づくから、民主主義社会では「自分自身の精神や肉体を変革する」という人間の自由が認められるべき、と主張する。フクヤマなどの「バイオ保守主義者」たちの主張は、「政治家・行政官・職業的倫理学者などのエリート集団が国家の権力を用いてそれを禁止する」ということだが、そうべきではない、と言うのである（「はじめに 治療と能力増強」）。ここでは、リベラリズムの自己決定の論理が増強肯定論の論拠となっていることがわかる。

だから、サンデルの問題提起は、こういった増強肯定論やその風潮に対する問いかけであり、思想的挑戦であるということができよう。そして、増強の倫理には、ナムが主張するようなリベラリズムの論理が大きな役割を果たしているので、それを思想的に正面から批判することはリベラリズム批判者にこそ可能なのである。これが、次章以下でサンデルが取り組んでいる課題であると言えよう。

第2章 「生体工学的《サイボーグ》運動選手」——目的論的な増強批判

天賦の体と人工の体

この章の題名は「Bionic athletes」であり、これは生体工学的ないしサイボーグ的な運動選手という意味である。遺伝子技術による増強は、技術的な結果なので、達成した成果に至る努力への賞賛は薄れてしまう。運動競技では、努力によって優れた演技をしたり、記録を出したりすることが理想としてある半面、持って生まれた才能も無視することはできない。サンデルはここで、両方の要素をしっかりと見ていく必要があるといっている。

例えば遺伝子工学的に筋肉を増強することは、努力を台無しにして人間主体の力（human agency）を浸食するとよく指摘されるが、サンデルは、それよりも深刻なのは、過度な人間主体の力を生み出す危険性である、と言っている。これは「人間の性質（human nature）を含む自然（nature）を作りなおす」というプロメテウス的な願望である。

プロメテウスというのは、ギリシャ神話で天上から火を盗んで人間に与えた神のことである。ここには、人間が身体や自然などを支配しようとする衝動がある。人間の能力や達成の根底には、天賦の「贈与された」性格（gifted character）が存在するわけだが、この性格が破壊されていく恐れがある。「生命が天賦のものである」という性格を観照すれば、謙虚さが生まれる。それは、部分的には宗教的感性だが、それを超えた響きもある、とサンデルは述べている。

民主的な社会では、「スポーツ選手がいかに努力して優れた成果を現したか」という点にスポットライトが当たりやすい。それは民主的社会に、「努力による成果が報酬に結びつく」という能力主義的な考え方があるからである。だが、実際には天賦の才能、与えられた才能の重要性も無視できない。遺伝子工学による増強は、努力や意思の論理の究極の表現であって、与

[redacted]

えられた天賦の才能という考え方と対立する、とサンデルは指摘している。

『治療を超えて』で直接援用されているのは、この部分である。「懸念の本質的源泉」として、「傲慢か謙虚か――『与えられること』の尊重」という項目があり、「過度な人間主体」やプロメテウス的誘惑や「贈りもの」について言及されている（第六章三A）。サンデルの議論はこの点で報告書においても重要な思想的役割を果たしているのである。

スポーツの本質的な目的は？

科学技術の発展は、遺伝子工学や薬物によって人間の身体の能力を増強させるだけではなく、スポーツにおいては、その装備などに技術的成果が取り入れられることによって、ゲームの性質を変化させる場合がある。

例えばマラソン選手の場合、技術革新による優れた運動靴を履くことで、記録が伸びることがある。だが、用具の革新による増強は、どこまで許されるのだろうか。それは、「その装備の革新が競技の本質的な部分を阻害しないかどうか」という点に関わってくる。つまり、競技の本質的なものを変えてしまうような技術的革新は問題なのである。逆に言えば、「競技の本質が保たれるのならば、装備の革新は許されるべきである」ということになろう。

ここには、サンデルが非常に重視している目的論的な考え方が表れている。「白熱教室」では、脚に障害のあるプロゴルファーの例をあげながら、「カートの使用はゴルフの本質から見て許されるべきかどうか」という議論が紹介されていた。同じように、タイガー・ウッズが視力改善のために眼の手術をして、トーナメントで五回優勝するという飛躍的に良い結果をあげたが、果たしてこれは認められるのか。あるいは、ナイキというスポーツ用品の会社が、マラソン選手向けに「高地ハウス」という施設を作って、そこで四、五年生活させることによって赤血球の生産能力を高めて持久力を高めることができるようにしたが、それは許されることなのか。

こういった例をあげながら、「これらがどこまでも許されるとなると、スポーツと言うよりも見世物（spectacle）になってしまうのではないか。したがって、あるものは許され、あるものは許されない」とするが、その基準はゲームの「本質」や「目的」、すなわち「テロス」と、それにふさわしい「美徳」から考えていく必要があろう。そうサンデルは述べる。

古典的な例だが、一九二〇年代のイングランドを舞台とする映画『炎のランナー』では、ケンブリッジ大学当局は、スター選手がマラソンでコーチを雇ったことについて、譴責を行った。それはその時、「コーチ雇用はマラソン競技の本質に反している」と思われたからである。スポーツの装備だけではなく、クラシック音楽の演奏の前に、ベストコンディションになって良い音楽演奏ができるようにするために、ミュージシャンが（もともとは心臓障害の治療薬として開発された）鎮静剤を摂るのは良いのかどうか。さらには、薬物ではなく機械による増強として、コンサートホールやオペラハウスに音響増幅システムを設置することは、認められるべきか、否か。

ゴルフ・カートの使用問題についてスカリア判事が述べた〝ゴルフには目的などない〟という反目的論的な少数意見にふれながら、サンデルは、〝「目的」からこれらの問題を考えていくことが必要であり、そのような「目的」とそれに伴う美徳なしには、ルールは恣意的なものとなって、スポーツや音楽が本来の目的から変質してしまう〟という議論を展開している。目的論に基づく批判という点で、この章の議論は「白熱教室」や『正義』と直接につながっている。また、謙虚さも重要な美徳であり、美徳型正義論という観点から見れば、「傲慢に陥った増強は正義に反する」ということになるだろう。

第3章 「設計される子供と、設計する親」——愛と〈教育の増強〉

科学技術は愛に代われるか?

この章が扱っているのは、「親が子供を設計することはよいのかどうか」という問題である。従来は、「子供は、親（人間）の意思や野心によってデザインされたり、選択されたりするものではなくて、贈られるもの、天賦のもの（gift）として受け入れる」という倫理観があった。これが遺伝子工学の進展による増強《エンハンスメント》によって、脅かされている。そういう設計をする親には、誕生の神秘を支配したり、統制しようとする傲慢（hubris）があるのではないか。これに対して、サンデルは謙虚さ、人間的共感の重要性を指摘している。

「目的」という点から考えると、病気の医学的な治療は、自然への介入ではあるが、それは健康のためになされるものであり、際限なく支配や統御を目指す試みではない。なぜなら、それは「健康を構成する、自然な人間の機能の回復や維持」という「目的」があって、それによって統御されているからである。ところが、増強のためとなると、「目的」の制御はなくなってしまう。

「親には病気の子供を治すとともに健康な子供を増強する責務がある」という主張もあるが、これは功利主義的な考えを前提にしている。つまり、より健康であり、より優れているほど、人間の幸福が大きくなるから、幸福を最大化するためには増強を目指すべきである、ということになる。健康についてのこのような考え方においては、治療と増強との間の区別がなくなってしまう。しかし、健康は、何か他の良きことを最大化するための道具や手段ではないし、最大化することとの可能な良きことでもない。それは、人間の活躍の本質的な構成要素である。だから、健康は、どんどん科学技術によって増強されるべきものではなく、上限のある「善」なのである。〝歯列矯正術など、治療と増強の境界線上にあるものの線引きは難しいが、線引き自体は重要である〟とサンデルは指摘する。

またここでサンデルは「愛」についての考察に言及する。すなわち、伝統的に、親の子に対する「無条件の愛（unconditional love）」という規範があった。ところが、「どういう子供が生まれてくるかコントロールしよう」という考え方のもとでは、これが損なわれてしまう。つまり、無条件の愛ではなく、愛に条件を作ってしまうことになるのである。

サンデルが神学者メイ（William F. May）の言葉を引いて言うには、愛には、「受容する愛（accepting love）」、つまりいかなる子供が生まれてきても受け入れるという愛と、子供をより良くしようとする「変容させる愛（transforming love）」がある。前者は、子供の存在を肯定する愛であり、後者は子供の福利（well-being）の増進を求める愛である。だから、「変容させる愛」の表れとして、子供の教育や能力ないし天賦の才の開花を支援する責務が親にはあるのだが、野心的な親が子供に「完成」を求めて成功させようとだけするのは、「受容する愛」なき「変容させる愛」であり、均衡を欠いている。つまり、サンデルはここで愛の両側面の均衡の大切さを説いているのである

〃そもそも教育や訓練は「変容させる愛」の現れだから、遺伝子工学による増強も同じで構わないではないか〃という議論もある。他方で、「このような増強は、優生学と似ている」と批判する人もいる。遺伝子工学による増強は、教育や訓練に近いのだろうか。それとも優生学に近いのだろうか。

サンデルがこう問いかけて言うには、教育や訓練と遺伝子工学による増強との間に類似性があるからといって、後者の増強を正当化することにはならない。近年は、過度の育児（hyper-parenting）という問題が生じている。実際に、テニスのウィリアムズ姉妹やタイガー・ウッズ

のように、幼少期から親が子供にスポーツ教育をすることによって、優れたスポーツ選手になる例もあるが、行きすぎも招いている。大学への受験、あるいは大学生活や教育そのものでも、親が前面に出てくることが増え、大学も困惑をしている。受験などの場合は、専属のカウンセラーやコンサルタントに依頼する親も現れて、受験プランの販売も現れ、商売として成立している。また、「もともとは注意欠陥・多動性障害の緩和薬である興奮剤のリタリンが、健常であるが注意力散漫な子供や通常の青少年にも投与される」という現象が増加している。

だから、最先端のハイテクの遺伝子技術だけでなく、このようなローテクによる過度の育児も、問題視されるべきではなかろうか。〝このような教育の現象があるからといって、それに類似する「遺伝子工学による人間増強」を良いとすることはできない〞とサンデルは主張しているのである。こうした親の過干渉は、贈られる物としての生命という感覚を見失い、人間による支配力（mastery）と支配権（dominion）という方向へと過度に進んでしまっていることを表している。だから、遺伝子工学による増強は、望ましい教育よりも、危険な優生学の方に近いのではないか。そうサンデルは問いかけているのである。

「愛」は美徳の中でも最重要なものの一つである。サンデルが「愛」について直接述べている箇所は他には少ないから、この章は「愛」についての彼の考え方を知るためにも貴重である。治療や本来の教育は「愛」の現れである。しかし、増強はどうだろうか？　それは子供を工学的に設計し操作するものだから、「無条件の愛」に反している。〝現在の育児や教育に増強と似ているところがあるとすれば、そのような過度の育児や教育自体が本来の「愛」に反しているから、反省しなければならない〟とサンデルは言う。私たちは、「増強」の問題を考えることによって、改めて愛について省察することが必要になった。前章が目的論からの考察を中心にしているのに対し、本章は愛という美徳からの考察を軸にしている。

第4章「新旧の優生学」——リベラル優生学批判

自由市場の優生学

優生学（eugenics）とは、人類の遺伝的組成の改善を目指して、劣悪な遺伝形質の淘汰と優良な遺伝形質の保存・増加について研究する学問として、一八八三年にイギリスの遺伝学者F・ゴールトンが提唱した。この言葉は、今日、悪い意味の言葉になっている。ナチズムが、優生学的な方法を用いて、優れたアーリア人種、ゲルマン人を作ろうとした反面で、劣等人種としてのユダヤ人の虐殺を行ったからである。

サンデルが言うには、ゴールトンは、進化論で知られるダーウィンの従弟《いとこ》であり、彼に始まる優生学は、戦前はナチだけでなく、優生学運動としてヨーロッパはもとより、生物学者チャールズ・B・ダヴェンポート（Charles B. Davenport）の手を通じてアメリカにも非常に広く浸透した。セオドア・ルーズベルトをはじめ当時の進歩的改革者たちも、この大義をこぞって支持していたのである。「適者家族（fitter family）」コンテストのような奨励的・勧告的な活動もあったが、この運動は、望ましくない遺伝子の人々が生殖できなくする法律を作るようにも働きかけた。その結果、一九〇七年にはじめてインディアナ州で精神病者や囚人や貧民を手術により強制的に生殖できなくする断種法が作られ、断種法は最終的には二九州に広がり、遺伝的に「欠陥」があるとされた人が六万人も断種された。連邦最高裁も、一九二七年に断種法の合憲性を認めたのである。

ヒトラーは一九三三年に政権を掌握すると優生断種法を制定し、アメリカの優生学者たちは喝采した。彼がそれを徹底的に推し進めて大量殺人や大虐殺を行ったために、アメリカの優生学運動も退潮したが、戦後もすぐになくなったわけではない。一九四〇年代や五〇年代には強制的な断種は減ったものの、七〇年代までそれが持続した州もあった。今日では、それに対して州知事による謝罪が行われている、という。

そこで、戦前のような優生学運動は今日ではなくなっているが、「遺伝子工学による増強は、優生学を新しい形で再生しているといえるのではなかろうか」という疑問が生じる。批判者から見れば、クローン、増強、設計される子供たちなどは、「民営化された」優生学、「自由市場」の優生学なのではないだろうか、という。今日では、戦前のように強制的に不妊手術を行うわけではないが、自由市場を介してお金によって遺伝子操作を行う。だからこれは、強制的断種をさせた「古い優生学」に対して、自由市場において自発的に行われる「新しい優生学」

と言えるのではないだろうか。優生学という言葉には悪いイメージがつきまとっているが、それは強制的なものだったからかもしれない。自発的に行われるのなら、そもそも優生学は悪いのかどうか。そうサンデルは問題を提起する。

例えばシンガポールでは一九八〇年代に、高学歴で能力の高い女性に結婚や出産を奨励する政策を取る一方で、高校も卒業していない低収入女性に対しては、なるべく子供を産まなくさせようとして不妊化政策が行われた。不妊手術を条件に、安価なアパートに入居する際の頭金四〇〇〇シンガポールドルを付与したのである。これは、強制的ではなく、お金によって断種を促進するものなので、「新しい優生学」の例である。

遺伝子の二重らせん構造の発見者の一人、ジェームズ・ワトソン博士は、〝強制ではなく自由な選択に基づく限り、遺伝子工学や増強には何の問題もない〟と考えており、優生学的な発想を示している。そして、現実に、「ノーベル賞受賞者からの精子提供を募る」というような優生学的な目的を掲げた精子バンクの試みも存在した（一九九九年に閉鎖）。また、商業目的で、身体的・能力的に優れた精子を提供する精子バンク（カリフォルニア・クライオバンク社）も存在する。

こうした「新しい優生学」を擁護する政治哲学者たちも存在し、彼らは、子供の自律を侵害しない非強制的な遺伝子増強を新しい「リベラル優生学」として、それを擁護している。政府の中立性のもとで、政府は親にどのような種類の子供を設計するか指示することは許されず、子供たちの人生計画の選択に偏りを生じさせることがないように能力を改良するような性質のものに限り、親が子供に操作することが許される、というのである。このような生命倫理学者たちによると、遺伝子改良の便益と負担が公正に分配される限り、優生学的方法には反対することができず、むしろそれは道徳的に要請すらされる、という。

優生学というと、普通は強制的な断種手術を考えるわけだが、ここで大きなテーマになっているのは、市場化された優生学的発想と、それを肯定するリベラリズムやリバタリアニズムである。ことにリバタリアニズムは市場経済を重視するので、〝自由意思に基づいているならば、「新しい優生学」に関する市場取引にも問題はない〟と主張している。サンデルは、これに対して、〝本来市場化すべきでないことを市場化しているのではないか〟と問いかけているわけである。

優生学を哲学的に考えると

サンデルによれば、リベラル派は、このような「リベラルな優生学」に基本的に賛成している。例えば、ロールズと並ぶリベラルの代表的な法哲学者ドゥオーキンは、ストレートにこのような考えを擁護しているし、リバタリアニズムの創始者ノージックは、〝社会に単一の設計を押しつけるのではなく、親が設計することによって子供を注文できる〟という「遺伝子のスーパーマーケット」という提案すらしている。そして、ロールズも『正義論』で、リベラル優生学を支持している。しかも、増強された能力が「すべての目的」のための手段であって、特定の人生計画に子供を誘導しない限り、遺伝子改変は子供の自律の権利を侵害せず、道徳的に許されるだけではなく、責務ですらある、というのである。

超人主義者のナムの議論について前述したように、リベラリズムは「個々人の選択の自由」という観点から、リベラル優生学を擁護し、逆に国家による「増強の禁止」に反対する。リバタリアニズムは、さらに、自己所有に基づいて優生学的な市場売買を擁護するのである。しかも、子供の自律や「開かれた未来への権利」を侵害しない限り、「子供の福利を促進する責務がある」と主張する場合すらあるのである。

それに対して、リベラル派に思想的には近いにもかかわらず、ドイツの代表的哲学者ユルゲン・ハーバーマスは反対している。ハーバーマスによると、こういった考え方は自律と（複数の世代にわたる）平等というリベラルな原則を侵害するからである。でも、ハーバーマスに対しては、「自律の侵害というけれども、そもそも生まれる子供には自律はないのだから、この反論は有効ではない」、「世代間の対等な関係の侵害というが、親が子供を教育すること自体が一種の制御を行っていることなのだから、そもそも親と子の関係は非対称的である」といった点で反論がなされる。しかし、ハーバーマスの反対論は、究極的には、リベラルな考え方に基づくものではない。彼によれば、神とか自然とかいうような、その性質上、私たちや他の人格には自由にできない何物かが存在し、それとの関係で自分たちの自由を体験する。それは、「誕生とは自然的な事実であり、私たちが統御できない始まりを構成する」という要請に応えるものである。だからこそ、〝その要請に反するようなリベラルな優生学は認められない〟ということになるのである。

ハーバーマスは、戦前のナチズムの行った問題に対して、非常に厳しい反省の眼を持っており、優生学を思わせる考え方には反対するのである。生命倫理（bioethics）一般において、アメリカではリベラル派が全体的に容認に積極的なのに対して、ヨーロッパでは消極的ないし慎重な意見が多い。例えばカント的な考え方に基づいて、生命の尊厳という観点から遺伝子工学による増強には慎重な意見が多いが、ここではハーバーマスの意見がその代表的なものの一つとして取り上げられている。

誕生については、ハーバーマス自身も挙げているように、政治哲学では、ハンナ・アーレントが生誕性（natality）を「人間の条件」の一つとして挙げている。アーレントは、ナチズムの迫害を逃れて、アメリカで独自の政治哲学を展開し、今日の公共哲学に大きな示唆を与えている哲学者である。

そして、〝ハーバーマスのいう「生誕」は、再び「贈与されること［被贈与性 giftedness］」という概念に私たちを連れ戻す〟とサンデルは指摘する。彼は、〝遺伝子工学を承認する今日の「新しい優生学」においては、支配力と支配権という姿勢が非常に強力になっているが、人間の能力と達成における「天賦の性格」という点が充分に理解されておらず、「所与のものとの関係における自由」についての認識が欠如している。だから、優生学的な子育てには反対すべきではないだろうか〃と問いかけている。

サンデルは、思想的にリベラリズムやリバタリアニズムに反対しているから、「リベラル優生学」には正面から反対する。しかし、この章では、まずリベラリズムに比較的近いハーバーマスの議論を紹介することによって、自らの議論への導入を図っている。今日のリベラリズムはロックやJ・S・ミルの自由主義と違うように、リベラル優生学の主張はハーバーマスとも違う。これを指摘することによって、サンデルはリベラル優生学の主張を相対化するとともに、自らの主張と共通する思惟の哲学的な広がりを印象付けようとしているのであろう。次章で、そのサンデル自身の考え方が明確に提示されるのである。

第5章 「支配力と贈り物」——天賦生命観を支える美徳

優生学と遺伝子工学の問題は、「贈り物」という生命観に対して、意思の勝利を表しているというところにある。これらは、「崇敬(reverence)に対する支配権の勝利」とも、「注視すること(beholding)に対する、型に入れて作ること(molding)の勝利」とも見ることができる。

サンデルはこのように述べてから、贈り物という性格を見失うようになると、次の三つの鍵となる観念も変化させてしまうことになる、と言う。それは、「謙虚」と「責任」、そして「連帯」である。

親は自ら望むような子供を選択することはできず、与えられたものを受け入れることが大事である。だから、親であること（parenting）は、「謙虚」を学ぶ学校のようなものである。

「責任」については、遺伝子工学による増強が自明のものになると、「その技術を使うか否か」という選択に常にさらされるようになり、その責任を負う必要が生じる。サンデルはそれを「責任の激増」と呼び、懸念している。例えば、これまでは子供は偶然の巡り合わせで生まれると考えられていたが、今日では、ダウン症なども生まれる前の診断でわかるようになった。そのため、「そのような子供を産むべきか否か」という選択が親に課されることになる。これは非常に重い責任である。

このような「責任」が急増するにつれて、より不運な人々に対する「連帯感」は減少することになる。「どういう子供が生まれるか」ということは、従来は巡り合わせだったから、仮に健康に問題がある子が生まれても、「それは自分自身にも起こる可能性があった不運である」と考えて、そういった人のことを考えた制度を作るという「連帯」の側面があった。しかし、「どのような子供が生まれるか」ということを操作できるようになると、このような連帯観は、減少してしまうだろう。才能が贈り物だからこそ、「リスクや資源などや運命を共有し、分かち合って扶助する」という相互の責務が生まれてくるからである。

この議論は、最も恵まれない人のことも考えて再分配を行うという、ロールズの議論を想起させる。第二講で述べたように、サンデルはロールズの論理を否定しながら、その結論を肯定しており、むしろ〝コミュニティや連帯をストレートに打ち出して、福祉などの主張を行うべきではないか〟と考えている。その観点から、例えば福祉の基礎を成す連帯感についても、〝遺伝子工学による増強が日常的なことになってしまえば、連帯性が失われてしまうのではないか〟と懸念しているのである。

以上がサンデルの中心的な主張である。「善き生」についての道徳的議論が不可避であるという主張がサンデルの政治哲学の核心であるが、本書では「善き生」を支える生命観は「贈り物」としての生命という考え方であることが明らかにされた。私たち人間は、「天賦の生命を善く生きる」ことを「目的」とする存在である、ということになるだろう。そして、その生命観を支えるのが、謙虚・責任・連帯という美徳ないし倫理なのである。

サンデルへの反論と、それへの回答

こうしたサンデルの考え方に対して、二つの反対論がこの本では挙げられている。一つは「宗教的すぎるのではないか」ということである。サンデルは、遺伝子工学への反対の一番のポイントを、「生命は贈り物」としているので、「贈り主」の存在を前提にしているのではないか、というのである。

これに対しては、確かにキリスト教的な考え方では「神こそが生命という贈り物の源泉である」ということになるが、この生命観は必ずしも宗教的な観点に限定されるのではなくて、世俗的な観点からも同じように「贈り物」と見ることもできる、とサンデルは述べる。スポーツ選手や音楽家に「天賦の才」というような表現を用いる時、その才能が神に由来しているというような宗教的な意味は必ずしも含まれていないからである。同様に、生命とか自然の「聖性(sanctity)」について語る時にも、必ずしも強い形而上学的な意味を持たずに語っていることも多い、というのである。

私は、gifted の訳を「天賦」ないし「贈られた（被贈与）」とした。「天賦」という言葉には「天」の文字が入っているので、宗教的な意味を含めて使うことができる一方で、「天」は強い意味で宗教的ではないので、世俗的な意味でも用いることができるだろう。それでも、宗教的ではない訳し方が適当なところは「与えられた」とか「贈られた」等とした。

もっとも、「非神学的な意味で聖性や贈り物という観念を使っているにしても、実は形而上学的な想定を伏在させているのではないか」という反論もあり得る。確かに、実際はロックもカントもハーバーマスも、私たちの制御の及ばない源泉や観点に自由は依拠しているという考え方を持っている。このように生命の聖性について宗教的な考え方を持っていなくとも、こういった見方は理解可能である。サンデルは、このように答えている。

第二の反対論は、サンデルの議論を帰結（功利）主義的なものと理解した上で、その問題点を指摘するものである。〝確かに、サンデルがいうように「連帯」が少なくなるなどの問題が社会的費用として存在するが、それよりも、遺伝子工学を応用することによって個人の得る便益の総計の方が実は大きいので、全体としては遺伝子工学を用いるべきではないか〟というのである。この反対論は功利主義的な論理に基づいている。

これに対するサンデルの反論は、〝「自律」や「権利」という権利論的な枠組みや、費用便益分析といった功利主義的な考え方では、増強をめぐる議論は充分に行えないのではないか〟というものである。彼は、この議論については、むしろ心ないし思考（mind）の習慣や存在様式について心配している、という。

例えば子育てであれば、無条件の愛という規範、そして「あまり望ましくない招かれざる特質を持った子供であっても受け入れる」という気持ちが大切である。また、運動や芸術といった分野では、天賦の才を祝福することが重要であり、さらに「謙虚さ」あるいは社会的な「連帯」の制度を通じて、幸運の成果を分かち合うという意思が必要であろう。

そして、遺伝子工学によって私たちの性格を変えるのではなく、逆に「不完全な人類」という限界を自覚して、贈り物としての生命やその限界に対して、それにふさわしいような社会的・政治的な仕組みを作っていくべきではないか。この言葉で、サンデルはこの本の結論部分を締めている。

これらの批判に対する反論には、サンデルの増強反対論の特色が明確に現れている。まず、天賦生命観は必ずしも宗教的ではないにしても、精神性・倫理性を持っている。次講で述べるように、これはコミュニタリアニズムの特色である。また、功利主義や権利論には反対して、心ないし思考の習慣や存在様式を重視する議論である。これは「善き生」という観念と密接に関連しており、サンデル独自の「コミュニタリアニズム」(以下、括弧を付して表記)の中心的な問題意識に他ならない。サンデル自身は明言していないが、このように考えれば、この生命観は〝「コミュニタリアニズム」的生命観〟と言うことができるだろう。つまり、この本は「コミュニタリアニズム」的な観点からの増強反対論に他ならない。

エピローグ　「胚の倫理」――道徳的保守派批判

近年は、未来の医療をになう技術の一つとして、再生医療の研究がなされている。この技術の大きな流れの一つに、ES細胞という、受精卵から分裂してできた胚から作る万能細胞の研究がある。エピローグのタイトルにもある「胚の倫理」という問題は、そのまま成長をさせれば人間になるであろう胚について、操作して研究することの是非を問うものである。これは、アメリカや日本だけでなく、世界的に問題になっている議論である。

ブッシュ大統領を支持する保守派は、胚性幹細胞の研究について非難しており、ブッシュ大統領は、幹細胞研究に連邦政府が資金を出すという法案に対して拒否権を行使した。大統領生命倫理評議会の議長カスは、この立場を支持している。このような立場からすれば、サンデルの「贈り物の倫理」から考えても、やはり幹細胞研究は批判されるはずだ、という。しかし、サンデル自身は研究には賛成している。糖尿病やパーキンソン病、ALS（筋萎縮性側索硬化症）、脊髄損傷といった病気を治すための胚性幹細胞研究は、「贈り物の倫理」と矛盾しないので、研究の推進を擁護したい、というのである。

幹細胞は生命なのか

すべての組織は、受精卵という一個の細胞から分化してできてくる。受精卵から細胞はどんどん分化していき、それぞれ皮膚になったり骨になったりする。ある程度分化が進んでしまうと、そこからは別のものができないような仕組みになっている。ところが、ES細胞は、初期の胚から作る細胞なので、あらゆる組織になる可能性をもっている。胚から取り出した内部細胞塊［早期胚発生において、胚盤胞の内側に形成される細胞塊］は、まだ未分化で、さまざまな組織になれるのである。この性質を再生医療に適用して、さまざまな病気の治癒に役立てようとするのが、幹細胞研究である。

ところが、保守派はこの研究に反対した。「胚は道徳的にはすでに人間の生命と同じであり、そこから細胞を取り出ことは、すでに存在する生命を破壊することであり、無罪の生命を殺す子殺しと同じである」と保守派は考えているからである。これは、「胎児は生命を持っているから、妊娠中絶は子殺しと同じである」という妊娠中絶反対論を進めて、出発点に近い胚の段階にも適用する考え方である。保守派は、そもそも受精卵の段階から生命と考えており、だから「内部細胞塊を取り出すこと自体が胚盤胞を破壊することであり、命を奪う行為である。よって、そういう研究を推進するわけにはいかない」という主張をしているのである。

幹細胞に関する哲学的考察

ES細胞を作るには、胚盤胞を使う。「胚がすなわち人間である」という説に立つなら、「病気を治すためにES細胞を作ることも、人を殺すことになるから不道徳」という議論になるはずである。ところが実際はアメリカにおいても政治的妥協が行われていて、先ほど言ったように大統領が拒否権を行使したのは、連邦政府から「お金を出すこと」についてであり、研究そのものを禁止するわけではない。

実際にES細胞の研究に使われる胚は、不妊治療を行った際の残りが使われている。ということは、「そもそも不妊治療のために、胚を必要以上に作ってしまうことも問題ではなかろうか」ということになる。だが、クローンのように新しく作るのは禁止されているが、「不妊治療で使われなかった胚からES細胞が作られ、幹細胞研究に使うことは容認しよう」という政治的な妥協が行われている。でも、論理的に考えてみれば、幹細胞研究のためにクローンを作るのがダメなら、不妊治療のための残りを使うのも、生命を殺すことに繋がってしまうからダメなはずではないか。これがサンデルからの問いかけである。

胚はヒトなのか!?

この問題を本格的に考えるには、胚の道徳的位置を考える必要がある。胚、あるいは胚盤胞は、一八〇から二〇〇個くらいの細胞の群である。この段階は、後の胎児のような段階とは明らかに違う。それにもかかわらず、胚の段階までさかのぼって「胚も人間の命である」と想定し、幹細胞研究を中止させて、病気の治療をできなくしてしまうことがよいことなのだろうか?

この反対論には二つの種類がある。一つは、そもそも幹細胞研究自体が間違いであるというものである。この前提にあるのは、「胚も生まれてくる子供も、両方とも生命である」とする立場で、これは「平等な道徳的地位」といわれている。哲学的にも重要な議論で、これが反対の中心となっている。

もう一つは、「滑りやすい傾斜」という反対論である。「胚を活用する議論を認めてしまうと、胚工場とかクローンの幼児を作って部分的に身体を利用するといったように、商業利用がどんどん進展してしまう」という懸念である。これに対しては、重要な懸念であるとサンデルも認めているが、「だからといって幹細胞研究を禁止する必要はなく、クローン人間をはじめ、さまざまな問題があるアプローチには、規制を導入していくべきだ」という趣旨の議論を彼はしている。

それでは、第一の中心的な反対論に対してサンデルはどう答えているだろうか。

最初の「平等な道徳的地位」の議論では、この見解が功利主義でない点については、サンデルも賛成している。功利主義の観点からすると、「幹細胞研究は皆の便益のためになるから、認めるべきである」という話になるが、保守派はこのような功利主義的な便益とは異なった論理で反対している。サンデルも、この点は同じなのである。

保守派は、「胚は生きており、かつ人間であるから殺してはいけない」という論理である。これに対して、胚が生きていることは、サンデルも認めている。しかし、「だからといって胚が人間だとはいえない」という立場なのである。

「すべての人間がかつて胚だったからといって、胚が人間とはいえない」というように、生まれてくる人間と、潜在的な人間とを区別する議論がある。例えば、ドングリとオーク（樫）の木のような違いがある、というのである。確かにドングリからオークの木は育つが、ドングリとオークの木は同じではない。同様に、人間も、生命は段階的に発達するものであって、初めから人間であったわけでは必ずしもない。

ではいつ人間になるのか。これに類するパラドクスに、「禿というのはどこからが禿か」というものがある。仮に毛が一本残っていても禿である。では、どこから禿かという問題である。これはなかなか難しい。しかし、「どこから禿か」という境界線を決めるのが難しいからといって、髪の毛が立派にある人と禿の人との違いがないとはいえない。

人間の場合も、同じような考え方をすることができる。人間は、「胚から胎児へ、それから新生児へ」と連続的に変化をしていく。やはり、どこから人間になったかを決めることは難しい。でも、だからといって、「胚と新生児の間に区別はなく、胚はすなわち人間である」とはいえない、ということになる。

このように考えてみると、〝胚が人間になるからといって、「胚がすなわち人間である」という議論は間違いではなかろうか〟とサンデルは主張しているのである。ブッシュ大統領は、「幹細胞研究に資金は提供しないが、禁止もしない」という政策を採っていたが、これは矛盾している。もしも、本気で胚が人間だと考えるならば、禁止すべきではないだろうか。

ここでもサンデルは面白い例を挙げている。火事で不妊治療の病院が焼けた。そのときに、五歳の女の子一人と、二〇の冷凍された胚のどちらを救うべきだろうか。こういう例である。誰が考えても五歳の女の子を救うべきであろう。しかし、「胚＝人間」という想定に立って、「白熱教室」の路面電車の例のように「人命がたくさん救われる方を選ぶべきである」と考えるならば、二〇の胚の方を救うという結論になる。もちろんこれは理不尽な結論であり、「胚＝人間」という想定が誤っていることになるのである。

だからといって、サンデルは、「胚に何でもしていい」と言っているわけではない。胚は不可侵ではないが、自由勝手に処分していい対象でもない。潜在的な人間の生命であるという点で、一定の尊敬をすべきである。これが、サンデルの考え方である。

さらに、宗教が「人間か人間でないか」と分けて考えてしまうのと同じように、カント的な発想により人間と物を二分法的に分けてしまうことがある。つまり〝「人間である」ならば、胚ですら幹細胞研究に使われてはいけない。逆に「人間ではない」となると、今度は胚に何をしてもよく、功利主義的に扱ってもよい〟という考え方にも問題がある。これに対して、〝受精卵から人間に段階的に移行していくのだから、胚を人間にいたる過渡的な存在として見るべきだ〟という考え方を主張するのである。

『完成に反対する理由』が刊行された二〇〇七年には、ES細胞研究の延長線上にiPS細胞を作ることができるようになった。京都大学の山中伸弥教授らの研究によって、胚からではなく、皮膚の細胞からでも人工的に多能性幹細胞を作ることができるようになったのである。これは胚を使わないので、倫理的な反対論がなくなって、ローマ教皇やブッシュ大統領のような保守派ですら、この研究には賛成に回った。しかし、幹細胞研究そのものの必要がなくなったわけではないので、この議論は、今でも意味があると思われる。

そして、思想的には、サンデルのこの議論は、ブッシュ大統領をはじめとする道徳的保守派との相違点を明確にし、事実上は道徳的保守派への批判となっていることに注意する必要があろう。『治療を超えて』はブッシュ大統領の生命倫理評議会の報告書なので、ここにおける増強反対論は道徳的保守派の議論とみなされることが多い。「ネオ・コンの反対論」と形容されることすらある。前述したように、サンデルがここで一定の役割をはたしているので、彼を道徳的保守主義とみなす人もいるかもしれない。しかし、これは真実とはほど遠い。確かに、本書は報告書で議論されている様々な事例や論点について哲学的に考察したものであり、増強批判という点ではそれに哲学的論理を提供するものである。しかし、科学主義的なリベラリズムやリバタリアニズムの論理を批判するからといって、サンデルが道徳的保守主義と同一の立場であるわけではない。ブッシュ大統領は経済的にはリバタリアニズム、生命倫理においては道徳的保守主義の立場に立っている。幹細胞研究の問題は、図らずも道徳的保守主義との相違を明らかにしたのである。

他の哲学的立場との関係

「白熱教室」などでは、サンデルは自分の立場を明確には言わずに、実例との関係で人々の思考を促進していく講義をしていた。だから、講義だけを見ていると、サンデル自身の思想については明確にはわからないかもしれない。これに対し、本講冒頭で触れたように、この本では、遺伝子工学による増強や幹細胞研究について、彼は思想的立場を鮮明にしてその可否を議論しているのである。それでは、それはどのような立場だろうか？

増強について功利主義やリベラル派の議論に反対をしているし、幹細胞研究では保守派の考え方との違いも明確にしている。コミュタリアニズムを唱導するエツィオーニという社会学者は、リベラリズムを批判した後で、社会的保守主義との違いも明確にする必要があるとして、コミュニタリアニズムの立場はリベラリズムと社会的保守主義の中間であると主張している。この本におけるサンデルの議論も、まさにこの双方の中間にあると言うことができよう。

まず、功利主義との相違は、様々な箇所で表れている。例えば「健康を最大化するために遺伝子工学の技術を使う」という増進の考え方を批判している。

リベラル派との議論の違いも重要である。リベラル派は「子供の自律の権利の侵害」という観点からクローン人間には反対するが、遺伝子工学による増強については、人間が意思によって「設計」「改造」することを積極的に擁護している。政府が中立的であって子供の人生計画に偏りを与えない限り、ノージックのようなリバタリアンやドゥオーキン、ロールズといった代表的なリベラル派の論者たちが「新しい優生学」を擁護しているのである。

これに対して、この選択の論理、子供の「設計」や人間の「改造」をする論理をサンデルは批判している。『リベラリズムと正義の限界』が、ロールズの主張するリベラリズムへの批判であるのと同様に、この本は、リバタリアニズム的な「自由市場の優生学」やリベラル派の「新しい優生学」、そして遺伝子工学を用いた「増強の論理」への批判なのである。リベラリズムの論理を生命倫理の領域において批判したということができよう。

サンデル自身の立場については、「白熱教室」ではアリストテレス以来の目的論を強調していたが、この本でも「ゲームの本質」という項目で目的論を取り上げていた。さらに、「贈り物としての生命」という生命観を提起し、「無条件の愛」や「受容する愛・変容させる愛」という親の愛についての考え方に言及していた。また、「謙虚」「責任」「連帯」を重視していることを、はっきりと明言したのも、おそらくはじめてのことであろう。宗教的な観点であるにせよ、そうではないにせよ、生命や自然の聖性にも触れているのも重要である。

だからこれは「コミュニタリニズム」的ないし目的論的な視点からの「遺伝子工学による増強」への反対論である。これらの議論こそ、まさに書名の「完成に反対する理由」なのである。

他方で、幹細胞研究については、サンデルはこれを擁護し、保守主義が「胚は人間である」という観点から幹細胞研究に反対していることについて、批判を加えている。そこで保守主義と彼自身の立場との差も明確になっている。これは、幹細胞研究についてブッシュ政権の政策に反対することになり、彼独自の「コミュニタリアニズム」という立場を明快にすることにも寄与するだろう。

つまり、遺伝子工学による増強に反対しているという点では、リベラル派の批判を行っている。この点では保守主義の議論と共通性があるわけだが、保守主義が幹細胞研究まで反対をする点については、保守主義の議論に対して明確に批判し、保守主義と自分の思想的立場の相違を明確にしている。この著作は、主たるテーマが遺伝子工学による増強であり、エピローグの主題は幹細胞研究である。そして、主たる議論においてはリベラル派批判が中心になっているのに対し、エピローグの議論は保守主義批判になっている。この二つの批判を合わせて考えると、総合的に彼自身の「コミュニタリアニズム」的なポジションが文化的な問題、生命倫理の問題においても明確になるだろう。それは、やはりリベラリズムと社会的保守主義との間に位置しているのである。

サンデルの精神性・宗教性

また、サンデル自身の思想的展開として重要なのは、この著作で生命観や聖性について明確に言及しているということであろう。これは、彼の目的論や「コミュニタリアニズム」を考える上で、非常に重要な議論である。

「白熱教室」などでは、冒頭の路面電車の事例からはじまって、たびたび生命の問題にふれており、人間の生命が犠牲になるという問題を扱っている。そこからもサンデルは生命の問題を重要視しているということがよくわかるが、生命の根拠として、この本ではさらに「天賦」という性質、与えられているという「被贈与性」が挙げられている。

しかも、その生命や自然が聖性を持つという感覚が述べられ、必ずしも宗教的とは限らない感覚として提示されていた。サンデルは「善」を常に強調しているが、生命や自然の聖性については さほど明示的には語ってはいなかった。その意味で、このような論述は注目に値すると言うことができよう。

「謙虚」「責任」「連帯」という倫理や、生命や自然の「聖性」という観念が出てくるのは、おそらく、サンデル自身がこういった宗教的な感覚を持っているからであろう。しかし、彼は通常はそのような考え方をストレートにはいわず、「善」という観念を中心に議論している。今日の時代において、特定の世界観を根拠に政治哲学を展開することは非常に困難だから、「善」という観念を機軸に用いているのだろう。

これは、コミュニタリアニズム論者の多くに共有されている考え方である。コミュニタリアニズムは、一方で精神性や倫理性を強調しており、サンデルはこれを「善」と表現している。コミュニタリアニズムが精神性とか倫理性・道徳性を強調する背景には、たいてい宗教的な思想があることが多い。自分自身が特定宗教の信者でないにしても、ユダヤ教やカトリックなど何らかの宗教的伝統に共感を持っている人は多い。逆にリベラルな思想家たちは、言葉の上では中立性を主張しているが、実際には世俗的で非宗教的な場合が多い。

サンデルの先生であったカナダの哲学者チャールズ・テイラーは最近、*A Secular Age* (Belknap Press of Harvard University Press, 2007) という大著を書いて、宗教性に関わる問題をストレートに取り上げてきている。サンデルは、私がハーバードで二〇〇〇年に会ったときに、「聖なるもの」について本を書きたいといっていたが、やはり宗教的な感覚を持っている。チャールズ・テイラーはカトリック的であるのに対し、サンデルの議論が宗教的なトーンを帯びている背景には、ユダヤ教的な発想があると思われる。

実際、コミュニタリアニズム論者の中にユダヤ系の人は相当多い。マイケル・ウォルツァーもその一人である。ユダヤ教は、ユダヤというコミュニティを規定しているので、ユダヤ教徒にはコミュニティの感覚が非常に強い。だからこそ、彼らはコミュニティを背景にしつつ、精神性ないし倫理性・道徳性を重視するのであろう。

ユダヤ教的神学に基づく生命倫理

実は、サンデルは次講で紹介する『公共哲学』の第27章「ユダヤ教における支配力と傲慢——神を演じることのなにが悪いのか?」でユダヤ教的議論との関連を明確に説明している。

サンデルによると、デーヴィッド・ハートマン(David Hartman)というユダヤ人の公共哲学者がいて、この人はユダヤ的伝統と今日の道徳哲学・政治哲学との豊かな邂逅を可能にしている。彼は、ハラハー的ユダヤ教［ハラハーはユダヤの慣例法規集］と現代の多元主義を和解させるような議論をしている、という。

彼の神学の中心は、自己限定する存在としての神という観念であり、シナイ山での神とユダヤ人との契約を、典型的な神の自己限定と解釈している。つまり、神は人間を自由で独立した存在として創造し、人間の自由意思に任せるので、契約以後は、律法の意味を決めるのは律法学者ないしラビに任せ、神は自己限定して人間の創意(イニシアチブ)の余地を残しておく。

だから、ユダヤ教にも様々な解釈が現れて、解釈的多元主義が生じる。また、他の信仰や世俗的道徳も認めるという倫理的多元主義も彼は擁護している。こうして、現代の多元主義と和解することができるのである。

このユダヤの公共哲学者の議論を、サンデルは「宗教的人間学」として紹介している。これによって、私たちと神、自然、宇宙との関係を理解することができ、そこには形而上学的で規範的な面を見ることができるという。遺伝子工学などのバイオテクノロジーは、人間性も含め自然を作り直すことになるから、「神を演じる」ことになり、人間の傲慢ないし神化ということになるかもしれない。そこで、人類と神や自然との適切な関係を考えることが必要になる。そのために宗教的人間学が有用になる、というのである。

ハートマンの先生にあたるユダヤのラビ（Joseph Solozeitchk）は、人間の自己創造を、神が自らの創造行為のパートナーとして人間に委ねたと考えている。そこで、自然に対しての人間の支配力と統治力を肯定的に考えていて、その意味で彼の神学はプロメテウス的精神を持っている。他方で、神に向かっては、世界からの神の引きこもりを真似て、犠牲と服従の態度が必要である、とする。

ところが、ハートマンはその考え方を斥けて、〝自己主張と服従という激しい対極的な振幅は人間の経験にとって必要ではなく、契約についての自分の神学がそのような対極性を和らげることができる〟と考える。そして、ラビのユダヤ教が自律的・創造的な精神を持つことを強調する一方で、シナイ山での契約は人間の創意を保証する反面で支配力や統治力への人間の衝動に対する一定の抑制も意味する、としている。だから、この考え方を遺伝子工学に対する議論に適用すれば、傲慢に対して反対し、人間の神化への風潮を矯正することになるだろう。

ハートマンの宗教的人間学においては、その抑制の源を次の三つの主題に見つけることができる。第一に、神と人間との間のなくせない差違として「人間の有限性」を認めるということである。そして第二に、ユダヤ教の「安息日」に、自然を道具として見ることを止め「汝」と語りかけるような態度を、安息日だけではなく日常的に適用し、自然に対する支配に制限を加える考え方である。睡眠についても、薬や遺伝子工学などで、眠りを限りなく短縮することも論理的には考えられるが、安息の必要性からそれには問題があるとしている。第三に、ユダヤ教では「偶像崇拝」が禁止されているが、かつての王権に代わって今の時代においては、消費主義とか娯楽、テクノロジーといったものが一つの偶像になっていて、それを崇拝する傾向が存在するので、それを止めることが必要である。バイオテクノロジーはこのような技術に他ならない。偶像崇拝は究極的な罪に他ならないので、傲慢に代わって、謙虚さと抑制が必要である。

このように、サンデルは、ユダヤ教的な神学に基づいて、遺伝子工学による増強《エンハンスメント》に対する反対論が成立することを説明している。ここで使われているプロメテウス的精神や謙虚さなどの用語は、『完成に反対する理由』でも重要な概念として用いられている。だから、『完成に反対する理由』の議論自体も、ここで紹介されているユダヤ教的な議論に影響されている可能性があると思われる。

もっとも、ユダヤ教的神学がすべて増強反対論につながるとは限らない。Solozeitchk の神学にも現れているように、ユダヤ教的伝統では人間の自然に対する支配力・支配権を、変革力や開発力と見て肯定する見方が強く、エコロジー思想ではしばしば批判されている。これに対して、その神学を批判的に発展させたハートマンの独創的な公共哲学をサンデルは取り上げて、それに立脚した増強反対論を提示しているのである。

それでも、このような神学的解釈を示すということは、サンデルが宗教的発想を意識していることを例証するだろう。彼は、宗教的議論の例としてこの文章を敢えて『公共哲学』に収録しているので、この文章で明示されているユダヤ教的議論は、サンデルの発想を理解するうえで貴重なものである。この文章はサンデルの宗教的背景を暗に示すものと言えよう。

新しい生命倫理へ――リベラリズム的生命倫理を超えて

日本の生命倫理を巡る学問的・思想的な議論にも、リベラル派の議論が大きな影響を与えている。そもそも、これに関連する研究書はリベラル派のものが圧倒的に多いから、それも当然であろう。サンデルがこの本を執筆したことにより、リベラル派の議論に代わる生命倫理の方向性が示されたことになるだろう。この著作が、コミュニタリアニズム的な立場からの生命倫理論の代表的なものとなり、生命倫理に新しい潮流を引き起こすことを今後期待したい。

また、最近の応用倫理の主題として、生命倫理の他に環境倫理も重要である。環境倫理においては、科学の進展の反面、「自然を搾取する考え方が行きつくところまで行ったのが、地球環境破壊問題ではないか」という議論が非常に強い。そのように、世界観や人間観にまで立ち入った議論を提起したのが、ディープ・エコロジー（深層的エコロジー）という思想である。それまでの環境思想は、ローマクラブ・レポートの「成長の限界」などのように、環境の持続のための方策を自然科学的な発想で考察するものが多かった。ノルウェーの哲学者アルネ・ネスらは、これを「シャロー・エコロジー（浅薄なエコロジー）」と呼んで、それに対して自分たちの考え方を「ディープ・エコロジー」と呼んだのである。

このディープ・エコロジーの問題提起は、コミュニタリアニズムに近い部分があると思われる。だから、コミュニタリアニズムの観点から、私は「エコロジカル・セルフ」というような概念を提起している。これは、サンデルの「負荷ありし自己」という考え方を環境に適用したものである。私たちは環境という具体的状況を負っている。そのような自己を「エコロジカル・セルフ」と呼び、このような自己観のもとで、「エコロジー的コミュニタリアニズム」を展開できるだろうと私自身は考えている。

しかし、生命倫理の分野では、ディープ・エコロジーに相当する議論があまりなかったので、サンデルの議論が現れることによって、この空白を埋められる可能性があるだろう。また、支配力や支配権といった考え方については、エコロジー的な議論の中では反対が非常に強いので、

「贈り物」ないし「天賦」の生命観などは、エコロジー思想でも重要な考え方になりうるだろう。

そして、「贈り物」の生命観や、自然や生命の「聖性」という観念は、サンデルの目的論を考える上でも、重要な意味を持っている。第一講で述べたように、サンデルは、古典的な目的論を復興させたが、それは社会制度や人間の実践行為に関しての作為限定的目的論であった。これに対して、古典的なアリストテレスの目的論は、自然や世界全体についての目的論である。サンデルは、このような形而上学的な主題には踏み込まずに、目的論を再生させたのである。ところが、「贈り物」の生命観や、自然や生命の「聖性」といった考え方は、自然や生命の性格、その本性に踏み込んでいるから、これらの概念によってサンデルの目的論は、人間の世界だけではなく、自然の世界にも若干及び始めたことになる。言い換えれば、彼がこれまで避けてきた形而上学的な議論に少し触れたことになるのである。

このように、この著作は分量的には小さな本であるが、生命倫理に関わる問題でサンデル自身の思想的立場を明確にし、彼が考える「善」を支える世界観に言及し、自然や生命に関する目的論ないし形而上学的な方向性を仄めかしたという点で、この本は哲学的にも非常に重要な意味を持つ著作である。

第五講　コミュニタリアニズム的共和主義の展開——『公共哲学』論集の洞察

『公共哲学《パブリック・フィロソフィ》——政治における道徳性についての小論集《エッセイ》』(*Public Philosophy: Essays on Morality in Politics*) という本は、サンデルの政治哲学だけではなく、公共哲学を知るうえで重要な作品である。序に書いたように、公共哲学プロジェクトは日本で独自の発展をしているが、サンデルの考えている公共哲学の基本的なビジョンはこの本に現れている。

副題が「政治における道徳性についての小論集《エッセイ》」となっていることからもわかるように、比較的短い三〇の文章を集めた作品である。それぞれは、アメリカの著名な政治評論誌、時評誌、学術誌などに発表されたものであり、*Atlantic Monthly, Dessent, Political Theory, Harvard Law Review* などに掲載されており、特に多いのが *New Republic* に発表されたものである。

ほかの本と重複する部分もあるが、これまでの本に取り上げられなかったさまざまな論点について、サンデルが自分の意見を簡潔に明かしているという点で、重要な作品といえるだろう。出版は二〇〇五年で、ブッシュ大統領が再選された後であり、オバマ政権誕生後に刊行された『正義』よりも前である。だから、ブッシュ政権の頃の彼の「公共哲学」に対する考え方がわかるという点でも貴重である。もちろん、ブッシュ政権を擁護する姿勢は微塵もない。日本の公共哲学プロジェクトでは、公共哲学の特色として「実践性」や「学際性」をあげているが、この本も双方の性格を持っている。第1部の「アメリカの公民的生活」は実践性が強く、現実政治に関する評論を収録している。内容的には、「公民性」の観点からの共和主義的な議論なので、これを「共和主義的政治評論」と整理することができよう。

第2部は「道徳的・政治的議論」と題され、その多くは文化的・社会的領域の問題を扱っていて、しばしば学際的な議論となっている。そして、それらの領域において現実に生じているリバタリアニズム的な市場主義やリベラリズムの考え方に対して問題点を指摘している。これを「文化的・社会的領域における『市場主義・リベラリズム』批判」と整理することができよう。

日本でも公共哲学は一枚岩の思想ではなく、多様な思想がその中に含まれているとされている。第三講でサンデルの公共哲学の定義についてふれたが、「私たちがそれによって生きている公共哲学」という表現からも明らかなように、サンデルは現実に力を持つ公共哲学を考えており、それは複数存在する。特に、リベラリズムとコミュニタリアニズムとは、対立しているものの、いずれも代表的な公共哲学と言うことができる。

第3部の「リベラリズム、多元主義、そしてコミュニティ」は、この二つの公共哲学の対抗関係を意識して、いわゆる「リベラル－コミュニタリアン論争」に言及し、ロールズの議論の変遷とそれに応じた批判、さらに自らのコミュニタリアニズム的な議論の展開を明らかにしている。だから、これは「哲学的発展――リベラル－コミュニタリアン論争の展開」と整理することができよう。

これらをまとめて考えれば、第1部では共和主義的政治評論がなされ、第2部では、リバタリアニズムやリベラリズムに批判的な文化的・社会的評論がなされ、第3部ではリベラル－コミュニタリアニズム論争の展開が整理されている。そこでこの全体は「コミュニタリアニズム的共和主義」の論理とその視角からの論評と見ることができよう。一見、この論集は雑多な文章が集められているように見えるが、ここには政治的・文化的・社会的に貴重な洞察がちりばめられているし、哲学的にも実は重要な展開がなされている。そこで、この講義ではこの論集の多領域にわたる「洞察」について説明してみよう。

以下では、この作品に収録されている順序には必ずしも従わずに、内容的な整理に基づいて、若干順序を入れ替えて述べていくことにする。

序――民主党が選挙に勝つには

「序」を見ると、サンデルの政治的なスタンスは、明らかに民主党寄りであることがわかる。彼は、民主党にとっては「魂の探求（soul-searching）」が特に重要であり、アメリカの道徳的・

精神的《スピリチュアル》な熱望に対して応えることが、民主党にとって必要なのだ、と述べている。

ブッシュ大統領がなぜ二〇〇四年に再選されたかというと、道徳的価値に基づく票が圧倒的にブッシュに行ったからである。このとき、対抗の民主党候補はジョン・ケリーだった。ケリーが道徳的価値に充分に訴えることができなかったのに対して、ブッシュは、キリスト教原理主義などの宗教的保守派に対して道徳的問題点を訴えることによって、保守的な宗教的価値観を持つ人を非常に惹き付け、再選が可能になった。

ジョンソン大統領以後、民主党で大統領になった人には、カーターとクリントンがいて、この二人は道徳的価値を訴えたのに対し、モンデール、デュカキス、アル・ゴア、ケリーといった民主党の候補は、魂の話をせずに政策とプログラムのみを訴えた。その結果、彼らは敗北した。だから、民主党が大統領選に勝つには、道徳的問題についてのアピールを考えなければいけない、というのである。

民主党にとって、宗教的・道徳的問題について述べる方法は二つある。一つは、宗教的レトリックを用い、聖書に言及するということで、ブッシュ大統領は歴代大統領のなかで最もこれをしている。レーガン大統領もそうだったが、ブッシュはレーガン以上にこの要素が強い。もう一つは経済における価値に関して述べることである。ケリーはこの価値についての議論はしたが、ブッシュには及ばなかった。

サンデルは、特に二番目の経済的正義についてのアピールを民主党は工夫し、公共的生活についての大きな意味、すなわち自己統治と共通善にかかわるような議論を民主党の候補は行っていくべきである、としている。

九・一一以後、道徳的問題は顕著になり、善き社会とか、公共性についての共有する義務についてビジョンが問われるようになったけれども、それに民主党は対応できなかった。公共的目的の欠如が民主党の弱点となっていた。

他方、ブッシュのほうも、宗教的なことはよく言うのだけれども、大きな公共的問題について問われると返答ができない。例えば、彼自身は一方ではリバタリアニズム的な減税政策などを主張しているわけだから、メディアなどに「国民にどんな犠牲を求めるのか」と聞かれても詰まってしまう。宗教的なことは言っていても、サンデルが考えるような本当の価値に関する事柄、道徳的な事柄については、本気で考えてもいないし、わかってもいないわけである。だから、その点を民主党の側が考えるべきである。このようにサンデルは述べて、アメリカの公共的生活を活気づける道徳的・公民的ジレンマについて取り上げていく。

第1部　共和主義的政治評論――「アメリカの公民的生活」

第1部「アメリカの公民的生活」では、実践的な公共哲学として、政治家に関する議論を収録している。具体的には、クリントン大統領とR・F・ケネディが扱われている。これは、「公民性」の観点からの議論だから、「共和主義的政治評論」と言うことができよう。

第三講で『民主政の不満』について説明したように、アメリカの公共哲学には、競合している二つの流れがある。一つは「リベラリズムの公共哲学」であり、もう一つが「共和主義の政治理論（公共哲学）」である。この本でも、まず、革新主義、ケインズ主義とリベラリズム、レーガンの公民的保守主義、そして今日の「地球的政治と特定的アイデンティティ」や「主権国家や至高権自己を超えて」といったように、二〇世紀以降のこの二つの公共哲学の盛衰の歴史について、エッセンスが説明されている（第1章「公共哲学に対するアメリカの探求」）。

そして実は、歴史的には、保守主義だけではなく、道徳的ないし政治的な改革をする進歩的な側が、道徳的な問題も取り上げていたのである。その改革には道徳的・宗教的・精神的源泉があり、例えば、そういう流れは独立戦争や南北戦争のとき、そして公民権運動のときにあったけれども、リベラリズムの伸長がそれを失わせてしまった。だから、そういうリベラリズムを変えて、「共通性《コモナリティ》」（commonality）を甦らせて、共和主義的な考え方と、それに基づく「公民的生活」を再生する必要がある、というのである。

政治的振り子——民主党がレーガン大統領から学ぶべきこと

そして、アメリカ史には、歴史家のアーサー・シュレジンジャー・Jr.がいうように、本来は、「改革を志向する民主党」と、「休息を志向する共和党」という政治的振り子があった。その点からいうと、一九八八年の大統領選は民主党が勝利するはずだった（第2章はこの頃に書かれた）。しかし共和党が勝利してしまったので、このサイクルが一度、解体してしまったことになる。国民の間にフラストレーションや不満が非常に高まってきたため、従来のようなサイクルが成り立たなくなった、とサンデルは考えている。

このため、「抗議の政治」というべきものが、この頃、次々と現れてきた。一九七六年のカーター、そして一九八〇年のレーガンのように、民主党、共和党ともに、ワシントンで行われる主流派の政治に対して、アウトサイダーの政治家が大統領になるという事態が起こった。これは、フラストレーションに対する抗議を象徴している。

抗議の政治の背景には、一九七〇年代からの経済的問題の深刻化と、伝統的なコミュニティの衰退がある。アメリカの民主党的リベラリズムが、選挙に勝てない現実を克服するには、逆にレーガンから学ぶべきものがある、とサンデルは述べていた。

一九八〇年代に政権にあったレーガン大統領は、減税を中心とした個人主義的なサプライサイド・エコノミーを主張した。これはリバタリアニズム的な政策である。しかし他方では、コミュナル（共同的）で伝統主義的、宗教的な道徳的多数派［キリスト教右派の支持層］に訴えた。つまり両方の要素を持った政権だったのである。

これらの間には緊張関係があるが、レーガンはどちらも切り捨てず、両方によって国民を惹きつけるという、ある意味で天才的な能力を持っていた。リバタリアニズムとコミュナルな保守主義の双方を強調することは、論理的には矛盾するが、レーガンはあたかもそれが両立するようなレトリックを使い、はっきりさせないことによって、多くの人の支持を得た。

サンデルが指摘するこういう現象は、他のリバタリアニズム的な政権にも見られる傾向だ、と私は考えている。サッチャー政権のときにも、一方でリバタリアン的な考え方があり、一方でフォークランド紛争のように国家主義的な要素があった。日本では、小泉政権も、郵政民営化のように典型的なリバタリアン的政策を取ったが、一方で靖国神社参拝をして問題になったように国家主義的な性格もあった。

論理的にはリバタリアニズムは大きな国家に反対するが、実際にはその主張は大企業の利益を擁護する場合が多く、アメリカでは軍産複合体の利益を擁護することになる。だから、論理では小さな政府を主張しながら、実際には国家主義的な大きな政府、そして軍事的強化路線と結びつくことが多い。サンデルは論理的にリバタリアニズムに反対しているので、後者のコミュナルなレトリックから学ぶべきだ、という主張をしたのである。

アメリカのリベラル派は、戦後、個人主義的な権利や資格《エンタイトルメント》（保有）によって福祉国家を擁護してきた。しかし、ニューディール以降、個人と国家との中間にあるコミュニティが衰退してしまったので、コミュナルな義務や公民的連帯が少なくなっている。家族、近隣、都市や町、宗教的・エスニック的な文化的伝統のコミュニティなどが衰退しているのである。レーガンは、衰退するコミュニティに暮らす人々の心に上手くアピールしたが、実際の政治は失敗した、とサンデルは考える。そして、民主党は、自己統治や、コミュニティに関する言葉遣いをレーガンから学ぶべきだ、と述べている。政治的な連邦主義の再生や、自己統治ができるようにするための経済的な構造改革の必要性を主張し、さらに公共的生活において、道徳的・宗教的な言説に関与し、共通善を取り上げていくべきである、というのである。

民主党は、「政府は中立的であるべきである」という考え方に固執しているので、公共的生活が非常に空虚になっており、この結果、道徳的多数派《モラル・マジョリティ》のような狭い道徳主義が力を得て、共和党の勝利を招いている。だからそれに対して、自己統治とコミュニティの公共哲学を復興させて、民主党は、道徳的・政治的進歩の党へと再生すべきだ、とサンデルは主張している（第2章「個人主義を超えて――民主党とコミュニティ」）。

クリントン大統領をどう評価するか

これまでの内容は、一九八八年に民主党の大統領候補として、デュカキスとハートが争った際に書かれた。すると、当時はアーカンソー州知事だったクリントンが「自分の演説には、サンデルの主張と似た主題があり、特に自己統治やコミュニティの言葉遣い、コミュニティの自己統治を可能にする経済的な構造改革という点が類似している」というような趣旨の手紙を送ってきたという。クリントンが大統領になってから、有識者が招かれる場にサンデルも招待されて行ったことがある、という。こういった背景もあって、この本ではクリントン大統領時代の選挙や政権の問題などについてのかなり好意的なエッセイが幾《いく》つか収録されている。

戦後、道徳的価値を取り上げた民主党の大統領にカーターとクリントンがいる。カーターはキリスト教的な清廉潔白さで人気を博したが、実際には道徳的な問題は政治において正面からは扱わずに失敗したのに対し、クリントンはコミュニティや道徳的価値を一定程度は政治で取り上げたので、大成功ではないものの、サンデルはその政治を部分的に評価しているのである。

平易な美徳による勝利

まず、一九九六年の大統領選挙期間に書かれた二つの文章が収録されている。この選挙では、クリントンが共和党のボブ・ドールを破って再選した。

クリントンは、「美徳の政治」において優位に立つことができた。彼はVチップ［テレビ受信機に取り付けて、受信を制限し、子供が大人向きの番組を見られなくしたりするもの］や門限、学校の制服を奨励し、十代の妊娠、喫煙、ずる休みなどを非難してきた。これを小さな退屈な話と嘲笑する人もいるが、これらの「平易な美徳（easy virtue）」は、レーガン大統領のときのように、アメリカの政治では大きな意味を持っている。

これまでは、レーガンやブッシュ（父）などの共和党が、政治における道徳的な言説を独占しており、一九六八年から八八年までの六回の大統領選挙で共和党が五回も勝利した。これに対し、クリントンは、政府の善に関する中立にこだわっていた従来の民主党の考え方から脱却して、権利と同様に責任も強調する「新しい民主党派《ニュー・デモクラッツ》」として、このパターンを破り、大統領になることができた（一九九三年）。この点をサンデルは評価している。

クリントンが「魂の術」としての政治という側面を強調したのに対し、対抗する共和党のボブ・ドール候補の戦略は、レーガンやブッシュのような宗教的な主張よりも、減税に重点を置くものだった。その結果、クリントンの方が「価値」について積極的に語っているという印象を与え、選挙では優位に立った。

過去の大統領たちは、同朋市民に対して、戦争や福祉のために大きな犠牲を求めた。しかし、当時のアメリカでは、コミュニティや道徳的目的は求めても、抑制や犠牲は望まない人が多かった。そこで、クリントンは、大人に道徳的抑制を求めずに、子どもにそれを課したのである。

これは、「歴史上の道徳的・公民的改善のプロジェクトに比べると、大人の公民的気質に向けて挑戦していない」と不満を持つ人もいるかもしれないが、当時のアメリカの状況においては、期待できることのすべてではないか、とサンデルは述べている（第3章「平易な美徳」の政治）。

つまり、クリントンの「美徳の政治」は、根本的な改革を求める偉大な試みではないが、価値の問題を取り上げることによって、フランクリン・ルーズベルト大統領以来はじめて、再選に成功した民主党大統領となった点において、サンデルはクリントン大統領を評価したのである。

大きなアイデアの不在

サンデルが言うには、共和党候補のボブ・ドールが、減税という道徳的に無価値なただ一つの大きなアイデアを提起したのに対し、クリントンには大きなビジョンがなかった。具体的な良い政策は列挙されていたけれども、いずれも小さなアイデアに留まる。伝統的なコミュニティが浸食され、経済的のグローバル化が進んでいて、主権国家が衰退している。クリントンは地平線に現れているこの大きな問題を扱わずに、普通の政治的中央《センター》に固着していたという点で、この一九八六年の大統領選挙は、新しい時代の始まりではなく、逆に、古い時代が終わっていくことを表現していたとみなされることになるだろう。

経済規模の拡大と政治的な単位との間の不整合という状況は、経済が国家規模に拡大したにもかかわらず政治の基本がまだ地域にあったという点で、二〇世紀初頭の革新主義の時代と類似している。当時のウィルソン大統領は、巨大化する資本に対して反トラスト運動を推進し、セオドア・ルーズベルトは新しいナショナリズムを唱えたのである。民主主義はグローバル経済に対応できるのか？　超国家的国際機構はローカルな人々の忠誠を得ることができるのか？近隣で培われる公民的美徳は地球規模の公民性に寄与できるのか？　二一世紀への架け橋は、多くの小さな答えによってではなく、このような大きな問題によって作られる、という（第4章「大きなアイデア」）。

この二つの文章は、それぞれクリントン政治の意義と限界にふれているので、合わせて読むと、サンデルのクリントンに対する総合的評価がわかるだろう。

礼節か、公民性か？

一九九六年にクリントンが再選された一方で、共和党が両院で優勢であった状況下で書かれたのが「礼節（civility）の問題」である。civility には、礼節とか文明性、公民性などのいろいろな意味があり、公共哲学という言葉をはじめて使ったアメリカの有名ジャーナリストのウォルター・リップマンは、公共哲学を「civility の哲学」としている。

クリントンの再選後、共和党と民主党の激しい選挙戦によって生じた感情的対立を収めるために双方から礼節が強調されたのに対し、〝民主主義においては根本的な問題の論議を回避してはいけない〟とサンデルは主張した。原理に基づく政治は、いつも党派的なものだから、政治的な違いを消すべきではなく、根本的な課題に取り組んでいくことが重要である、というのである。

そして、彼が言うには、「市民社会」は、civil society という言葉で表されているように、健全な市民社会には、公民的美徳や共通善に向かう姿勢という点で、トックヴィルが言ったような「心の習慣」が必要である。このような公共的精神を持つ活動的市民を育成するためには、美徳を培うような価値を帯びたコミュニティを再生させる必要がある。

例えば、貧富の差が拡大すると、金持ちが公立学校や公園、公共的交通から逃げ出して、お金を出して利用する私的な領域に逃避する傾向がある。例えば、子供を公立学校ではなく私立学校に行かせたり、誰でも入れる公園には行かずに自分たちだけの施設を利用したり、鉄道のような誰もが使える交通機関ではなくて、車や自家用ジェットなどを使うのである。これでは、公民的美徳は維持が困難になり、共通善は視界から消えてしまう。

だから、貧富の拡大にも対処し、公民的美徳を再生させ、自治を可能にするような経済的仕組みを求める公共哲学が必要である。公民的再生のプロジェクトは、政治的相違を消すためではなく、健全な民主主義が要請するから必要なのである（第5章「礼節の問題」）。

この文章は、レトリックを巧妙に使ったものである。サンデルは、公共哲学で重視する本来の civility は、政治的対立を回避するための「礼節」ではなく、「公民性」であることを指摘し、civility という言葉をレトリックとして用いて、公民的再生こそが目指すべきものであることを訴えたと言えよう。

公的問題と私的問題――モニカ・ルインスキー事件

次の内容は、一九九八年にクリントン大統領に対する両院の弾劾手続きが始まった状況下で書かれたもので、一九七四年、サンデルが二一歳の時に、ヒューストン・クロニクル紙のリポーターとして、ニクソンの弾劾を取材した話から始まっている。結果的に、彼は政治記者にはならずに政治哲学者になったが、そのときのことを思い出しながら、モニカ・ルインスキー事件でのクリントンの弾劾事件を、ニクソン弾劾と比較している。

二つの事件を比較すると、いくつかの差異がある。一つは、ニクソン弾劾に比べて、クリントン弾劾のプロセスには、議会の特別委員会や司法委員会で共和党が民主党の大統領を攻撃して弾劾するという、党派的な側面が強いことである。

二つ目は、事件の性質の違いである。ウォーターゲート事件は、民主党全国委員会本部事務所に不法侵入して盗聴器を設置しようとした事件であり、それを大統領自らが関わって隠蔽しようとし、しかもFBIやCIAなどを政治的な敵に対して使おうとした点で、政治システムの深刻な問題である。ところがモニカ・ルインスキー事件の方は、個人的な情事なので、この不行跡は嘆かわしいことながら、憲法のシステムに深刻な脅威を与えたわけではない。

三つ目に、アメリカ大統領の役割ないしイメージに違いがあった。ニクソン大統領の頃に比べて、大統領の威厳は損われており、クリントン大統領は多くの人に好かれていたが、ニクソン大統領ほど尊敬もされていなかったので、人々は激しく怒ることもなかった。ニクソン大統領の弾劾のときには、弾劾側も弾劾すること自体に、非常に心情的な感慨を持っており、下院司法委員会で第一の弾劾が可決された時に若きサンデルが取材しようとすると、大統領に敵対している民主党議員でも涙を浮かべていて発言を拒んだ。クリントン大統領のときには、そんなシーンはあり得べくもなかった。

結果的には、弾劾プロセスに入ったものの上院の弾劾裁判で有罪にはならず、大統領は任期を全うした(第6章「弾劾――かつてと今」)。

このうちの第二点は、公共哲学における公私関係という点からも重要である。ニクソンのウォーターゲート事件は公共的事件だが、クリントンの情事は私的事件だから、前者は弾劾に値する深刻な事件だが、後者はそうではないというのである。これを読んで私は鳩山前首相の「政治とカネ」問題についての拙論を思い出した(三三六頁参照)。

クリントンの嘘とカント

原著では第2部に収録されているが、関連する文章を紹介しておこう。ここではさらに一歩踏み込んで、〝クリントンが私的な不行跡について人々に対して公共的に嘘をついていても、ことによっては正当化さえされるかもしれない〟とサンデルは示唆しているのである。

サンデルはユダヤ系であり、ここでは、ユダヤ教の宗教的典範であるタルムードをとりあげて嘘について述べている。タルムードでは、嘘をついてはいけないという規範について、三つの例外が認められている。一つは、タルムードについての自分の「知識」をひけらかさないようにするための嘘。二つ目はホスピタリティの問題で、歓待の質について問われた際に悪く言わないという嘘。そして、夫婦生活の義務、つまりセックスなどの親密な事柄について聞かれたときの嘘。これらの時には嘘をついてもよいとされている。クリントンのモニカ・ルインスキー事件は、結婚生活のことではないので、三つ目の例外が直接にあてはまるわけではないが、嘘の権利は、質問の不適切さによって生じるという点をサンデルは指摘している。

これに対して、カントは、「嘘をついてはいけない」という倫理を定言命法として厳格に守るべきである、と考えている。「白熱教室」でも扱われていたように、クリントンは嘘にならない巧妙な言い回しで事件がなかったと思わせるような発言をしたが、それは、カント的な倫理の観点から見ても許容される。人々をごまかそうとする発言ではあっても、カントのいう道徳法則への敬意がうかがわれるとして、サンデルはクリントンを擁護しているのである。

そのうえここでは、タルムードを持ち出して、仮に嘘であっても許される可能性があるとしているわけだから、このスキャンダルに対しては明確にクリントンを擁護していると言っていい。聖人のラビが、寝室の下に隠れて夫婦生活の適切な方法を知ろうとした弟子に対して立ち去るように命じたという例をあげて、公共的人物の私的生活を詮索して、精査していくこと自体にも疑問を呈しているのである（第18章「クリントンの嘘とカント」）。

このようにサンデルは、クリントン大統領については、子供向けの「平易な美徳」ではあっても価値の問題を取り上げたことを評価しており、弾劾事件では彼を擁護している。しかし、時代の大きな課題に取り組んでいないとして、彼を偉大な大統領とは見ていない。では、同じく民主党の大統領、オバマについてはどうだろうか。『正義』などでは、オバマ大統領が政治においても道徳的な言説を語り、それによって改革をしようとしている点について、高い評価をしている。オバマ政権が、クリントン政権よりも、大きな時代の問題に取り組み、成果をおさめる可能性に期待しているのであろう。

ロバート・F・ケネディのビジョン

戦後の民主党の大統領とその候補者のなかで、オバマ大統領の前にサンデルが最も共感していたのが、ロバート・F・ケネディである。ジョン・F・ケネディについては、リベラリズムの流れに即した発言や政策を行ったという点で、リベラル派の側に位置づけていて、高く評価しているわけではない。しかし、弟のロバート・F・ケネディは大統領候補になりながら暗殺されてしまったが、一九六〇年代の正統的なリベラル派ではなく、すでにコミュニタリアニズム的なビジョンを提起していた。

ロバート・F・ケネディは、公民性とコミュニティのビジョンを持っており、当時の騒然とした状況の中で、公民的生活を中心にする公共哲学への問題提起を行おうとしていた、という。彼は、個人と国家の間にあるコミュニティの衰退を嘆き、コミュニティ自体の自己統治の重要性を強調した点で、サンデルの考えに近かったのである。

またロバート・F・ケネディは、犯罪の問題と無職の問題を、公民性の問題と関係させて考えていた。犯罪がしばしば起こると、近隣やコミュニティという公共的な空間に、人々が安全に出入りできなくなり、それによって公共的空間を破壊されてしまう。そして、公共的な参加への脅威となってしまうという観点から、犯罪に対しても取り組むことを主張した。

さらに職がないことは、経済的な問題であるだけではなく、公民的な共通の生活にかかわることができない、という問題も引き起こす。福祉の受給者は、受給されるという点では救われるが、それだけでは政治にかかわるという公民的能力が腐敗してしまう。そうした観点から、受給で問題を解決しようとする福祉政策を批判し、政府による収入保証ではなく、コミュニティ・家族・国家にかかわれるような、尊厳のある雇用を増やすことが大事である、とロバート・F・ケネディは主張した（第7章「ロバート・F・ケネディの約束」）。

このようにロバート・F・ケネディは、公民性にかかわる重要な問題提起をしており、当時のオーソドックスなリベラルとは違って、善にかかわる問題提起をしたから、サンデルは高く評価している。私たちは、このような公民性に関する理想主義を未だに必要としている、と彼は言うのである。

第2部　市場主義とリベラリズムへの批判──「道徳的・政治的議論」

第2部は「道徳的・政治的議論」と題されているが、まず、教育、スポーツ、競売、環境といった主題について、過度の市場主義ないし商業主義を道徳的観点から批判している。ここ十年来、サンデルは『市場の道徳的限界』という本を書こうとしているが、そこで展開されるであろう論点をここからうかがい知ることができる。市場や商業の圧力が公民的な制度を腐敗させていくことが論じられている。これは、リバタリアニズム批判に対応する議論である。

次に、激しい文化戦争を引き起こしている妊娠中絶や自殺幇助などの主題について、「白熱教室」でも重視されていた道徳的適価の問題が論じられている。これは、ロールズ的なリベラリズムへの批判における重要な論点である。

いずれも短い文章なので要約しておこう。

国営宝くじへの反対

サンデルは、「公民的腐敗（civic corruption）」という概念を提起して、国営宝くじは公民的腐敗にあたると批判する。かつては賭けごとは悪という理由で、宝くじは反対されていた。ところが、今日ではそのような反対は弱まって国家の収入・娯楽・商業的効果などの点で国営宝くじが正当化されている。リバタリアニズムの議論を徹底すれば、国営だけでなく宝くじそのものを全面的に解禁すべきである、ということになる。

しかし、国家が宝くじを販売すれば、国家が率先して宝くじの宣伝をすることになる。しかも宣伝は、貧しい人々に、より訴えることになる。その結果、貧しい人々に「宝くじを通じて豊かになれるという偽りの希望を与える」ことになってしまう。本来ならば、勤労とか、民主的生活を支えるための公共的目的に対する犠牲や道徳的責任といった美徳を、公共的に教育することが必要なのに、それとはまったく反対に偽りの希望を国家が宣伝することになる。それは、公民的領域の堕落を招くとして、サンデルは国営宝くじに反対をしている（第8章「国営宝くじへの反対」）。

コマーシャルによる教室の商業化

近年、アメリカでは、企業がお金を出して、公立学校でコマーシャルをしようとするようになってきている。例えば、企業が無料の学習教材を作って学校で配布したり、教材に自分の会社の名前や宣伝品を入れたり、学校でお金を払って広告を行おうとしたり、コマーシャルを生徒に見せることを条件にテレビを配布したりしている。便利さや財政難から学校もそれを受け入れようとする。しかし、これには問題点がある、とサンデルは主張する。

一つには、企業が作る教材には、その内容に、その企業の事業を擁護するという偏向があったり、歪みや皮相さがあったりして客観的に正しくない場合がある。例えば、チョコレート会社やマクドナルドが食品についての教材を作る際に、自分たちの販売している食品の問題を説明しようとはしない。

また、仮に、教育的には欠点はなくとも、企業名の入ったものを使うことは、子供たちや学生たちの「いろいろな物を買いたい」という欲望を増大させることにつながってしまう。教育には、消費主義や大衆文化から距離をおくことによって「市民を涵養する」という目的があるが、教室でのコマーシャルはそれを困難にしてしまう（第9章「教室でのコマーシャル」）。

公的領域のブランド化と市場化

イギリスのブレア首相は、自分の国を伝統的な古い国から先進的でダイナミックな国へとイメージ・チェンジをして、再ブランド化しようとした。このような政府の商業的アプローチはアメリカにも現れている。例えばアメリカの郵便局のスタンプに、歴史上の人物や出来事の絵柄ではなく、ワーナー・ブラザーズのアニメ作品であるバッグス・バニーという兎の絵を入れたり、カナダの騎馬警官隊がディズニーに、その警官隊員のイメージを世界的に売る権利を売る、というようなことが起こっている。

このように公的な領域が、どんどん市場的になっていくことに対して、サンデルは疑問を投げかけている。公的領域が対象とする市民と、企業の顧客とは性格に違いがある。自己統治においては、ときには、市民は自分の欲求を顧みて改めたり、共通善を実現するために自分の欲求を犠牲にする必要もある。しかし、公的領域が商業化されてしまっていては、公的領域の尊厳や権威が損なわれてしまい、そのようなことは難しくなり、民主的な市民が、市場の力や商業的な圧力を変化させることも難しくなってしまうからである（第10章「公的領域にブランド名をつける」）。

スポーツにおける公民的アイデンティティへの侵食

野球やアメリカン・フットボールなど、様々なスポーツは、公民的アイデンティティの源であると同時にビジネスでもあるが、近年は後者が前者を圧迫している。スタジアムで観戦するという点では、豊かな人も貧しい人も一緒になって見るという平等性があったし、スタジアムは、その地域の特定のコミュニティと結びついていた。それは、公民的アイデンティティを作っていくうえで意味があった。

ところが、近年は、スタジアムに高額な特別観覧席ができて、ほかの人と離れたところでよいサービスが受けられるようになり、平等性が失われてしまっている。また、チームのオーナーが、別のコミュニティから、お金や、賃貸料の免除などのような、金銭的条件を提示されて、スタジアムや根拠地を引っ越してしまうことも起きている。長年チームを応援していた市民は、取り残されてしまうのである。

こうした問題に対して、近年はコミュニティが公共的にチームを所有（community ownership）するという動きが現れてきていて、サンデルはこれを好意的に見ている（第11章「スポーツと公民的アイデンティティ」）。

競売のによる私有化と公共化

ジョン・F・ケネディやメジャーリーガーのミッキー・マントル、キング牧師、ビートルズなどの遺品や記念品などが、オークションなどで非常に高値で取り引きされた。これは記憶を商品化しようとする動きとも言えることであり、国民的なプライドや痛みにかかわる歴史的なものまでが販売されている状況である。

これには二つの点で問題があるとサンデルは指摘している。一つは、公共的であるべきものの私有化（privatize）である。私物にならなければ、図書館、博物館などで公共的に展示して、誰もが見られるはずなのに、それができなくなってしまう。これは、公共的領域が縮小してしまうという点で問題がある。

もう一つは、「遺品などが市場に出てしまう」ことによって、公にしたくない私的なものまでが公共化されてしまうという問題である。遺族が競売に反対して訴えても、裁判所がその訴えを認めない場合がある。サンデルは、このような風潮について批判をしている（第12章「競売のための歴史」）。

大学や教育の商品化

最近、アメリカの大学で有能な学生に奨学金（merit scholarship）を出すところが増えている。

超一流の大学では、そういうことをする必要は必ずしもないのだが、それ以外の大学が、有能な学生を獲得して評判を高くしようとしているのである。

しかし、そうすると本当に困っている学生の奨学金を減らす危険性があるし、この傾向自体が、教育の商品化という危険性をはらんでいる。より高い値段をつけて、有能な学生を誘導して、自分の大学のアピールをしようというのだから。サンデルは、大学や教育の商品化に疑問を投げかけているのである（第13章「有能さの市場」）。

排出量取引批判

地球温暖化問題に対して、クリントン大統領時代の一九九七年に京都議定書が締結され、国際的な排出量取引の仕組みも導入された。クリントン大統領はそれに賛成をしたのだが、これにサンデルは反対している。

第一に、「豊かな国々がCO_2の排出量を減らす」という義務を逃れる抜け穴になってしまうのではないか。第二に、仮に効果があるにしても、道徳的なCO_2排出の問題性《スティグマ》を見えなくしてしまう恐れがある。「買い取る」というのは、お金を取ってよい取引ということになるから、「謝礼を払う」のと同じような感覚になる。本当は、悪いことに「罰金を払う」はずのことが、「買い取る」になることで、倫理的に肯定されたことになってしまうのではないか。第三点として、「CO_2を減らす責任」を共有する必要が国際的にあるのに、その感覚を崩してしまう。

国際的に、犠牲を共有する精神がなくなってしまうのではないか。こういった理由から、サンデルは排出量取引について反対をしている（第14章「私たちは汚染の権利を買うべきか?」）。

彼のこの文章は、市場メカニズムの意義を強調する経済学者から多くの批判を受けた。その一方で、ある同僚の経済学者からは驚くほど好意的なコメントをもらったが、〝経済学について自分から影響を受けたとは漏らさないでほしい〟と頼まれたという。経済学者のなかで、賛成論が圧倒的に強いことがわかるエピソードである。

サンデルを千葉大学に招いて国際シンポジウムをしたとき、「日本について評価できることはあるか」という話題が出て、彼は京都議定書が評価に値すると発言した。地球温暖化問題に彼はそれほど触れていないが、この文章を見ると、環境問題にも関心を持って、それに関する市場的アプローチを批判していることがわかるだろう。

市場主義の問題と道徳的適価

以上の小論は、宝くじ、スポーツ、国家の公的領域、有名人の遺品の競売、地球温暖化問題といった多様な領域の主題について、文化や社会の領域で過度の市場化や商業化が進行していることを批判している。政治哲学としては、リバタリアニズム批判と通底する主題であり、これらにおける「市場の道徳的限界」が主張されている。『正義』では、第4章「雇われ助っ人」に相当すると言うことができよう。

これに対して、次の三つの章では道徳的適価や名誉の問題が扱われている。まずは、障害のある車椅子の女の子がチアリーダーを辞めさせられた事件を取り上げ、リベラリズムのいう「公正」と「権利」だけではなく、「名誉」と「美徳」の問題の重要性を指摘している（第15章「名誉と憤慨」）。大学のアファーマティブ・アクションの擁護論を紹介しながら、大学入学には、「学生自身が勉強や能力を認められた」という適価の感覚が必要であることも述べている（第16章「アファーマティブ・アクションを議論する」）。これらは「白熱教室」や『正義』でも取り上げられているが、次の裁判についての問題は取り上げていないので、紹介しよう。これらは、『正義』では、第7章「アファーマティブ・アクションを議論する」に対応し、道徳的適価はロールズ的なリベラリズムに対する批判における中心概念の一つである。

裁判における応報的正義

「犯罪の被害者は裁判で発言すべきか?」という問題は、日本でも議論になっているが、これに対してサンデルは慎重な意見を述べている。

まず、「被害者が裁判で発言をすることで、被害者の気持ちを癒し、治癒に役立つ」という論理があるが、この議論は間違っている。裁判は、「犯人に対して、彼にふさわしい罰を与える」ことが目的であり、「何が適切な罰か」を論じる場だからである。

他方で、「応報的な正義（retributive justice）の観点から被害者が発言することを擁護する」

という論理がある。応報的正義とは、犯罪などについて「その行為にふさわしい刑罰を課す」という正義である。「被害者が発言することによって、犯罪がいかに深刻なものであったかを、法廷にいる人が認識する」という点では、応報的な観点からの意義がありうるのである。

しかし、被害者の性格や、家族やコミュニティに対する被害者の重要性に関する証拠が裁判に影響を与えることになると、ある人の命が他の人の命より価値があるということにはならないだろうか。また、犯人の知らない特定の情報が、裁判のプロセスで明かされることによって、その分、重い罪が与えられていいのだろうか？

被害者の権利や治癒的効果に対する配慮が強まっているので、被害者の発言を肯定する風潮が強まっているが、この発想は、犯罪の体現している道徳的責任という問題、応報的倫理が問うている責任問題から逃避することにもなりかねない。罰を犯罪に適合的にすることが裁判の目的なのだから、被害者の発言は、あくまでも応報的正義という目的に限定して許されるべきであり、治癒的目的は除外すべきである。そうサンデルは主張している（第17章「被害者は裁判で発言すべきか？」）。

応報的正義という考え方は、彼が重視する「道徳的適価」の議論、すなわち「自分のしたことの価値に適合するものによって、報いられるべきだ」という議論に他ならない。善いことに適価としての報酬があって然るべきであるように、悪いことをした場合は、それに対応する適切な罰が与えられるべきである。このように考えれば、「適価」という考え方は「応報（的正義)」という観念と論理的に合致している。だから、それ以外の目的はこの問題では考慮すべきではない、というのである。

「自殺幇助の権利」批判

第2部の最後の三つの章は、妊娠中絶、同性愛の権利、自殺幇助、幹細胞研究といった、道徳的・宗教的な「文化戦争」の論点を扱っている。リベラリズムは、いずれについても、実質的な道徳的・宗教的主張に立ち入らずに権利について判決を下すことができると主張しているのだが、サンデルはその間違いを指摘するのである。第20章「胚の倫理――幹細胞研究の道徳的論理」は『完成に反対する理由』で扱われており、第21章「道徳的議論とリベラルな涵養――妊娠中絶と同性愛」の論点は『民主政の不満』で扱われていて、本書でもすでに略述した。そこで、第19章「自殺幇助の権利はあるか?」について紹介しよう。

この文章は、医師による自殺幇助を禁止する州の法律について、最高裁が判決を下す前に執筆された。サンデルがリベラル派の「ドリーム・チーム」と呼ぶ人たちが、一致して「医師による自殺幇助について憲法的な権利を認めるべきだ」という趣旨の意見書を裁判所に提出した。それは、リベラル派の典型的人物であるロールズや法哲学者ドゥオーキン、リバタリアンの代表たるノージック、さらにネーゲルやスキャンロンといったリベラル派の政治哲学者、トムソンといった錚々たる思想家たちである。

リベラル派から見れば、「自分で生きるか死ぬかを決める権利は尊重すべきである」ということになる。そして、彼らは、「自殺についての道徳的・宗教的判断に裁判所は立ち入るべきではなく、そうすることなく自殺幇助の権利を肯定することができる」というのである。しかし、この自律と選択を強調する考え方は実は中立的とは言えず、生命を自分の所有物とみなす考え方に支えられている。これに対して、サンデルは、前講で扱った『完成に反対する理由』で述べていたように、生命を贈り物とみなして、「私たちは、それについて義務を負った管理人である」という考え方を対置する。

だから、リベラル派の言う「生命をどのように用いてもいい」という自律の倫理は、全く中立的ではなく、多くの宗教的伝統からも、またロックやカントのようなリベラル派の先駆者たちからもかけ離れている。ロックもカントも、自殺の権利を否定しており、「私たちの生命を好きなようにしていい」という考え方には反対しているのである。

結局、最高裁判所もリベラル派のドリーム・チームの意見には従わず、自殺幇助の権利を認めなかった。サンデルによれば、リベラル派の自律の議論を否定することは、すべての事例において自殺幇助に反対することを必ずしも意味するわけではないが、この問題を考えるためには、生死を選択できると考えるのではなく、生命への畏敬の念が必要なのである。この問題を考える際にも、彼は贈り物としての生命観を基礎にしており、このような実質的な道徳的見解からリベラル派の中立性の議論を斥けているのである。

第3部　哲学的発展――「リベラル－コミュニタリアン論争の展開」

第3部「リベラリズム、多元主義、そしてコミュニティ」は、今日の政治哲学におけるリベラリズムとコミュニタリアニズムとの論争を扱っている。ジョン・デューイ、マイケル・ウォルツァー、ロールズなどの思想家や核戦争、生命倫理などについての文章も収録されており、本書の中では最も哲学的性格が強い。

前述のように、サンデル自身も、コミュニタリアニズムの代表者と目されているが、コミュニタリアニズムからはリベラリズムに対して二つの批判がなされている。第一に、リベラリズムは個人の選択を強調するので、コミュニティ、連帯、構成員であること（メンバーシップ）について充分な説明が行えない。第二に、多元的社会では善き生について意見が対立しているので、市民が道徳的・宗教的信念を私的領域に追いやり、政治的目的においては棚上げしている。

第22章「道徳性とリベラルな理想」は、サンデルのコミュニタリアニズムを集約的に述べた文章であり、すでに第二講で説明した。第23章「手続き的共和国と負荷なき自己」は、『リベラリズムと正義の限界』におけるロールズ批判と自己論を要約しつつ、『民主政の不満』で論じられた手続き的共和国とその現在の「不満」について説明している。この二つの章は、サンデルのリベラリズム批判を紹介するものと言うことができる。そこで、以下ではまず、デューイ、ウォルツァーなどについての議論を紹介しよう。

『リベラリズムと正義の限界』の刊行後、サンデル、テイラー、マッキンタイア、ウォルツァーといった理論家たちは「コミュニタリアニズム」という概念で括られるようになり、「リベラル－コミュニタリアン」論争が活発に行われた。これは双方に思想的な深化をもたらした。

リベラル派がコミュニタリアニズムの批判を受けて議論を修正したり、新しい議論を提起したと思えるところも多々ある。「コミュニタリアニズムの批判を受けたから修正した」とは言わずに新しい展開として提示している場合が多いが、そう見えることも少なくない。その最大のものが、ロールズの理論的「転向」である。これについては第二講で簡単にふれたが、第28章「政治的リベラリズム」は非常に重要な論文なので、「ロールズの追憶」とともに紹介しよう。

そして、第29章「コミュニタリアニズムの限界」は、リベラル－コミュニタリアン論争を踏まえて書かれた文章であり、コミュニタリアニズムに対するサンデルの近年の姿勢が明確に現れている。そこで、これらの議論を紹介して、サンデルの公共哲学ないし政治哲学の展開を整理しておくことにしよう。

テイラーとヘーゲルの影響

ここで、コミュニタリアニズムについて、今いちど簡単に説明しておこう。

その代表的な論者で、第一世代と呼ばれるマッキンタイア、テイラー、ウォルツァーは、コミュニタリアニズムと分類される前からさまざまな議論を提起して各方面に大きな影響を与えてきた思想家たちである。それに対して、サンデルは『リベラリズムと正義の限界』でデビューしたのだが、そのロールズ批判が哲学的に非常に鮮烈であったため、世代的にはサンデルの方が若いが、コミュニタリアニズムの起点といわれるようになった。

マッキンタイアは左翼的な立場から出発して、倫理学者としてさまざまな業績を発表してきた人である。彼は、アリストテレスの影響を受けて、美徳倫理学を復興した。

それに対して、サンデルの師であるテイラーは哲学者であり、行動科学をはじめ哲学から社会科学にいたるまで、多様な形で現れている科学主義的な考え方や、近代の世界観や学問的理論の中心になっている「原子論」を批判した。「原子論」というのは、一番小さな単位を考え、その小さな単位の合計として世界を見ていく考え方で、まず自然科学で現れた。その典型がニュートン力学である。ニュートンは万有引力の法則を発見し、引力を物体と物体の関係として考えたし、化学では原子や分子の集合として諸物質を考える。そして、その影響を受けた社会契約説において、最小の単位である個人が契約して国家を作るという考え方が現れた。テイラーは、小さな単位の合計として世界を見ていく世界観や諸理論を「原子論」として批判したのである。

カナダの思想家であるテイラーは、カナダのケベック州の分離自治問題に関心を持ち、コミュニティを重視する観点から、多文化主義の問題提起をしている。ヘーゲルについての大著もあり、人間が互いを承認するというヘーゲルの発想に沿って、対立するコミュニティ同士が相互に承認をすることによって共存を探っていくという「承認の政治」という考え方を提起して、多文化主義を基礎づけた。

ヘーゲルは個人を共同体の中に位置づけた。テイラーは、そのヘーゲル論でヘーゲル哲学の主体観や自己観に注目し、「位置づけられた自由」という考え方を提起した。それがサンデルに影響して、「負荷ありし自己」という考え方になっていくのである。だから、ヘーゲルの形而上学的な部分を除いて、「ヘーゲル→テイラー→サンデル」という思想的な流れが存在し、ヘーゲル的な共同性の発想、そして自己観がサンデルにも影響している。

おおまかに言うと、カントを批判したのがヘーゲルであり、カント的な発想を甦らせたのがロールズであって、そのロールズを批判してヘーゲル的発想を甦らせたのがサンデルということになる。コミュニタリアニズムにはヘーゲル的な側面があるのである。

さらに遡れば、ギリシャのプラトンやアリストテレスの思想が、今日の地平で展開したと言うことができるだろう。先述したように、マッキンタイアはアリストテレス的な倫理学に影響を受けているし、だからこそサンデルも「白熱教室」でアリストテレスを思想的源流として強調しているのである。

コミュニタリアニズムの先駆者・デューイ

コミュニタリアニズム的な公共哲学にはヘーゲル的な側面があると述べたが、それではアメリカではどのように展開したのだろうか？　サンデルは、第26章「デューイのリベラリズムと私たちのそれ」で、ジョン・デューイをコミュニタリアニズムの先駆者として位置づけている。デューイは、アメリカ思想史において重要なプラグマティズムの代表者の一人であり、一般にはリベラリズムの思想家であると理解されている。しかし、彼は『公衆とその諸問題』（植木豊訳、ハーベスト社、二〇一〇年）という著作を執筆しており、ウォルター・リップマンと同じように、非常に早い時期から公共性の問題について書いているので、公共哲学の先駆者として扱われている。

サンデルによると、デューイは、哲学と民主主義には非常に密接なかかわりがあり、民主主義はコミュニケーションや熟慮・熟議を涵養する生の様式である、と考えた。そして自由は、自分自身の目的を追求するためではなく共通の生活への参加を可能にするために大事であり、社会的コミュニケーションや自由な探求、討論を可能にする、とした。これが彼のリベラリズムであり、公共的生活で相互の責任を負い共通善を実現することができるような市民を育成するために、学校を小さなコミュニティとして重視した。

デューイは、自由がコミュニティの構成員であることと結びついていると考える点で、ヘーゲルの影響を受けている。そこで、サンデルは、デューイを「コミュニタリアニズム的リベラリズム」と位置づけている。デューイはカント的な立場でもないし、自然権という概念も拒絶しているので、権利を基礎にして考える立場［権利基底的な立場］でもないのである。

ところが、デューイはリベラル派の思想家とされているので、コミュニタリアニズムとは反対の主張をしていると見なされることが多い。例えば、リチャード・ローティという哲学者はプラグマティズムの立場に立って、ロールズの後期のような議論をもっと徹底して推進している。彼は「哲学に対する民主主義の優位性」（一九八八年）という論文（『連帯と自由の哲学――二元論の幻想を超えて』岩波書店、所収）で、デューイのプラグマティズムに基づいて、〝政治においては道徳的・哲学的議論は棚上げする〟という、彼の支持するリベラリズムを擁護しようとしている。

しかし、デューイ自身はローティとは違い、実は、〝政府は様々な善き生活の考え方の中で中立であるべき〟という考え方を斥けており、公共的生活における道徳性・精神性の喪失（disenchantment）を嘆いていた。デューイは、ヘーゲルやその影響を受けたイギリスの理想主義的哲学者トマス・ヒル・グリーンのように、自由は社会的生活の一部として実現されると考えており、ローティは、デューイ思想におけるコミュナルな側面を無視しているのである。

デューイは、コミュニティが失われ人々がバラバラに原子化して、大きな世界の中で窒息し、未組織の状態になっていることを憂えて、共有される公共的生活の回復を目指した。そして、新しいコミュニタリアニズム的制度として、学校を重視し、大きなコミュニティ（great community）を作る必要を唱え、国民的コミュニティの形成を構想した。だから、サンデルによると、デューイの思想は、「公民的リベラリズム」ないしコミュニタリアニズム的リベラリズムなのである。

このサンデルの文章は、一般にリベラリズムの先駆者と見なされているデューイが、実はコミュニタリアニズム的側面を持っていたことを明らかにしている。デューイは公共哲学の先駆者であると同時にコミュニタリアニズムの先駆者でもあったわけである。

ウォルツァーの「コミュニタリアニズム」

続いて取り上げる文章は、コミュニタリアニズムの思想家やその議論を主題としている。第24章「構成員としての正義」は、マイケル・ウォルツァーの正義論を取り上げている。

ウォルツァーは、ベトナム戦争の頃からラディカルな民主主義理論家として活躍しており、自ら社会民主主義者と称しているので、思想的な位置づけでは左派的コミュニタリアンと言われている。ウォルツァーはコミュニティのメンバーシップ（構成員資格）の重要性を強調する。なぜなら、例えば福祉においては、「誰に福祉を行うか」という問題があるからである。そこで、従来の左派的な論理に代わって、あるコミュニティの構成員に共有される領域ごとの正義という考え方を用いて、社会民主主義を再構成することを企図している。

そして、ある社会を批判する時には、普遍的な理論に基づいて外から批判するのではなくて、そのコミュニティにおける人々の文化に即した解釈を通じて内在的な社会批判を行うことを重視し、それを「解釈としての社会批判」と表現している。例えば、ユダヤ教の伝統の中ではユダヤ教の論理を用いた批判をし、儒教的伝統では儒教的思想を用いた批判をするということである。

彼は先にふれた「希薄な倫理／濃密な倫理」という表現を正面から使っており、人権をはじめとする倫理についてのリベラル派の考え方は、すべての人が合意するけれども深い中身がない「希薄な倫理」であるのに対し、各コミュニティにおいては、それぞれ独自の「濃密な倫理」がある、とする。このように、彼はコミュニティのメンバーシップ、解釈による社会、批判、濃密な倫理などを強調するのである。

ウォルツァーの議論で、もう一つ重要なのが正戦論である。正戦論は、「正しい戦争、つまり正義の戦争《ジャスト・ウォー》とはどういうものか」という問題意識に基づく議論で、神学者アウグスティヌス以来の長い伝統があり、正しい戦争を最小限に限定しようとするものである。「多くの戦争は道徳的に誤っているけれども、どうしても認めざるを得ない正しい戦争がある」というのであり、ウォルツァーは今日における代表的な正戦論者である。

戦後日本の絶対的平和主義の観点からは、「正戦論は一定の条件のもとで正義の戦争を認めるから、戦争肯定論である」と批判的に見られることもある。でも、アメリカをはじめ、「戦争があるのは当たり前」という世界の中では、「認められる正義の戦争を、可能な限り限定しよう」という正戦論は、戦争抑制の意味を持つことになる。

ただ、ウォルツァーはアフガニスタン戦争に賛成した。これが、「正戦論という観点から見て果たして正しかったのかどうか」は大きな議論になっており、これを根拠に、ウォルツァーやさらにコミュニタリアニズム全体を批判する論者もいる。

分配についての多元的正義論

ウォルツァーは『正義の諸領域』(邦訳名は『正義の領分』、一九八三年)という主著で、正義は、特定のコミュニティの人たちに共有された理解に基づいて決められ、福祉や教育などのいろいろな領域ごとに正義の原理は違い、社会的財についての分配的正義の規範は異なっている、とする。一つの統一的な正義の原理ですべてを判断すべきではないし、市場を支配する金銭の力で他の領域の分配を決めるべきではない。例えば、福祉や教育、貨幣、公職、仕事、自由時間、親族関係、政治権力などのさまざまな領域では、それぞれ別の基準で自律的に分配の正義を考えるべきである、というのである。このような考えに基づく平等観を彼は「複合的平等」と呼ぶ。これは、「分配についての多元的正義論(多元的分配正義論)」と言うべきだろう。

ウォルツァーは、コミュニティの人々が共有する文化や伝統や理解に基づいた正義を考えることを主張し、独立した哲学的論理に基づいて外から批判することに反対している。例えば「教育をどうしていくか」という問題は、アメリカならアメリカというコミュニティの人々に共有された理解によって考えるべきだ、とするのである。

ウォルツァーの議論は、「コミュニタリアン的な論理を用いながら社会民主主義的な主張をする」という点で進歩的だが、分配の根拠を、コミュニティの構成員の共通の理解に求めるので、相対主義的という批判もある。そのため、「ウォルツァーのいうことは、コミュニティの多数派の意見をそのまま認めるということではないか」と批判されることがある。彼自身、意見が多数存在する民主主義の方が、哲学に対して優位であると語っているので、この批判が的外れとは言えない。

サンデルは、ウォルツァーの多元的正義論を簡潔に説明する。市場の原理が他の領域を支配するべきではないと主張する点で、サンデルの「市場の道徳的限界」という考え方と共通しているから、サンデルもこの点ではウォルツァーの考えに近いと言えるだろう。

そして、サンデルは、〝権利が先にあるのではなく、コミュニティの構成員であるということが先にあり、私たちが権利を持つのはコミュニティの構成員であることに基づく〟というウォルツァーの考え方を紹介する。つまり、「正義」は構成員であることから始まるのである。異なったコミュニティは異なった財に異なった意味や価値を与えており、それは構成員についての異なった理解にも結びついている。このような考え方が「構成員としての正義」という文章の題名の意味するところである。

ただ、サンデルは、ウォルツァーの相対主義的な議論には必ずしも賛成はしておらず、〝ウォルツァーの多元主義は道徳的相対主義を必然的に要請するわけではない〟とする。そして、

〝ウォルツァーの相対主義は、彼の肯定的な考え方と緊張関係にあり、肯定的な考え方としては、私たちが構成員として共有している生活を培っているコミュニティについてウォルツァーには特定のビジョンが存在する〟という。

例えば、ウォルツァーは、ホリデイとバケーションを分けて考えており、ホリデイ（holiday）は宗教的ないし公民的な意味をもつ公共的な責務に満ちた日であり、通常の生活から離れて共に祝う日である。これに対して、バケーション（vacation）は、「空虚な日」という語源が意味するように、宗教的な祝祭や公共的なゲームがない日である。ウォルツァーは、「人々の公共的な支持によりどちらが選ばれるかが決まる」というような相対主義的な考え方を示しているが、実際には「バケーションよりもホリデイが価値が高い」と考えるコミュニティの方が、より豊かな共通生活を可能にし、帰属意識を培うことができる、と示唆しているというのである。

ウォルツァーの相対主義や正義論の問題性

しかし、ウォルツァーの正義の考え方は、コミュニティの多数派の考えに基づくことになるので、サンデルはこの点ではウォルツァーの考え方とは距離を置いている。「白熱教室」の第11回では、ウォルツァーの名前をあげて、そのようなコミュニタリアニズムに対する批判的な言及をしているのである。〝特定の時点における特定のコミュニティの多数派がいうことを正義だとすると、南北戦争前の南部の奴隷制擁護論も正義になってしまう〟と指摘して、そのような考え方の問題を指摘している（九二頁参照）。この点では、サンデルはウォルツァーとの違いも、明確にしていると言うことができるだろう。

『正義の諸領域』のはじめの方で、ウォルツァーはインドのカースト制に言及しているが、普遍主義的な観点から不正義と断定してはいない。そうすると、中国やイスラームの人権無視に対してはどのように考えるのだろうか。さらに、過去の時代に人々の多数派が擁護していた奴隷制は正義なのかどうか。ウォルツァー自身がそれらを正義と明確に述べているわけではないが、そのような批判を招くだろう。

ウォルツァーが代表的な正戦論者であるにもかかわらず、アフガニスタン戦争を支持したという状況も、この批判的言及と関連しているように思われる。これは、オバマ政権が発足してから刊行された『正義』には該当箇所がなく、ブッシュ政権下で収録された「白熱教室」のみで見ることができる。アメリカ人の多数派が「正義の戦争」と考える戦争下にあっただけに、この批判は極めて重要な意味を持っている。

この論点は非常に大事なので、私も論文を書いてウォルツァーを批判した（「読書案内」参照）。正戦論自体が間違っているというわけではなく、ウォルツァーのコミュニタリアニズムにおける相対主義的論理に問題があると批判して、彼の正戦論に代わる新しい地球的ないしグローカルな正戦論を提起したのである。

コミュニタリアニズム的な核戦争反対論

戦争に関しては、核戦争の問題もサンデルは論じている。東京大学の安田講堂における対話型講義の後半で、彼は日本の戦争責任問題とアメリカの原爆投下問題を扱ったが、この著作で既に核戦争の問題を論じているのである。彼は、コミュニタリアニズムの観点から「核戦争は人類絶滅の可能性をもたらすという点で従来の戦争とは別の大きな問題である」という点を明確にする論理を提起している。

核戦争は、単に死や苦しみの規模が大きいだけではなく、人類が絶滅して人間の歴史が終焉してしまう危険性を持つ点で、通常の戦争とはまったく異なった悪夢である。あるリベラル派の民主主義理論家（George Kateb）も核戦争に反対しているが、彼は個人主義の立場を取っているので、〝核戦争の危険は多くの個人の権利を侵害するところにある〟という論理を主張している。この論理では、通常の戦争や爆撃などと核戦争との違いが曖昧になってしまう。

絶滅の危機には、人類の「共通の世界」そのものが失われる危機と、国民や文化やコミュニティなどの特定の「共通の世界」が失われる危機とが存在する。ジェノサイドが深刻な問題であるのは、ただ多くの個人が死ぬというだけではなく、人種・民族とその文化が抹殺されてしまう危険をもたらすからである。これは、ただの個々人の殺人とは違う大きな問題なのである。そして、人類という種の絶滅の危険性という点で、核戦争はさらに大きな問題をもたらすのである。

こうしたことは、個々人の生命の喪失という以上の問題であるにもかかわらず、「権利」という概念に依拠する個人主義的なリベラリズムの考え方では、核戦争の問題を的確に扱うことはできない。世界の喪失は、個々人の生命の喪失を超えた問題である。この問題を扱うには、コミュナルな言語が必要であり、それなしには核戦争独自の問題を扱うことができない、とサンデルは指摘するのである（第25章「絶滅の危機」）。

「コミュニタリアニズムは保守的・前近代的ではないか」と批判されることがある。ところが、第一講で説明したように、世代を超えた戦争責任問題には、実はコミュニティを扱うコミュニタリアニズム的な論理でないと充分に対応することはできない。リベラル派の道徳的個人主義の論理を徹底すれば、「戦争の後に生まれた若い世代は、自分が全く関わっていない過去の戦争について謝罪したり補償したりする必要はない」ということになるからである。

逆に、リベラル派からは保守的と批判されるコミュニタリアニズムの方が、「コミュニティとしては世代を超えた連続性が存在するから、前の世代の起こした戦争についても、戦後世代が謝罪したり補償したりすべきである」と主張することができる。このことを考えてみれば、サンデルが言うような「コミュニタリアニズム」は決して保守主義ないし前近代的ではなく、進歩的ですらありうることがよくわかるだろう。

同じように、核戦争の深刻さという問題も、保守派はあまり扱わないテーマだし、リベラリズムやリバタリアニズムでは充分に説明することができない。これは「コミュニタリアニズム」的な論理であってはじめて、核戦争の深刻さを正面から扱うことができる。この点を明らかにしている点でも、注目に値する文章であると言えるだろう。

論争と名称問題

一九八〇年代には「リベラリズムに対するコミュニタリアニズム的批判」が活発になされた反面、サンデルらの「コミュニタリアニズム」もリベラル派から様々な批判を浴びた。これが、「リベラル－コミュニタリアン論争」である。

コミュニタリアニズム批判の中で代表的なものは、「コミュニティ」という表現に注目して、「コミュニティの多数派が言うことが正義なのか。多数派の見解を押しつけるのか。少数派を抑圧する危険があるのではないか。自由を軽視したり圧殺したりする危険があるのではないか」という批判であり、さらには「近代の成果を斥ける前近代的な議論ではないか」というような批判である。このような批判は日本で非常に強いが、海外でも同種の批判がない訳ではない。

そこで、コミュニタリアニズムという言葉をあまり使わない思想家が、特に第一世代の論者には多かった。彼らは実は、「この表現は誤解を招く」として、「自分はコミュニタリアンではない」と述べることもある。例えばマッキンタイアは、コミュニタリアニズムという概念はナショナリズムを表すが、自分はナショナリズムには反対だから、コミュニタリアンではないと述べている。彼は、ローカルなコミュニティの再生を主張しているのである（『美徳なき時代』18章）。

これに対して、社会学者アミタイ・エツィオーニはコミュニタリアニズムという言葉を積極的に使って、「コミュニタリアン・ネットワーク」を作り、アメリカを中心に社会的な運動を起こした。彼は、「権利と責任」という標語を用いて、リベラル派が権利ばかり主張することを批判して、権利と共に、それに対応する責任を重視することを強調した。そして賛成する様々な理論家たちをネットワークでつなげ、『責任あるコミュニティ』という雑誌も発行し、インターネットなども使って政治や社会に働きかけた。私の運営する公共哲学ネットワークも、これに想を得て作ったものである（「読書案内」参照）。

テイラーやサンデルあるいはウォルツァーなどが哲学者なのに対して、エツィオーニは社会学者なので、その議論は非常にわかりやすい。エツィオーニの本は、哲学的な深みには欠けているかもしれないが、彼の社会的・政治的主張についてはわかりやすい。多くの人々に訴えていこうとしているからでもあろう。社会学ではしばしばコミュニティの連帯に注目するので、社会学者の中にコミュニタリアニズムに近い考え方を持っている人は比較的に多い。

コミュニタリアニズムはこのような実践的な運動としても展開したので、クリントン時代の政策にはかなりの影響を与えた。また、当時のイギリスでは、社会学者アンソニー・ギデンズらの「第三の道」やコミュニタリアニズムが話題となり、ブレア政権に影響を与えたという点でもコミュニタリアニズムは注目を浴びた。ただ、これらの政権がどこまで本当のコミュニタリアニズム的政策を採用したかという点には疑問の余地がある。しかし、一定の政治的・社会的な影響力を持ったことは確かである。

このような中で、ロールズは「政治的リベラリズム」に大きく「転向」した。そこで、サンデルは、その新しいロールズの議論を批判するとともに、リベラル－コミュニタリアン論争に対して自分の立場を明確にした。それが、この著作の最後に収録された二つの文章である。この二つは、この論争を経て新しく生じた局面における、リベラリズム批判と、「コミュニタリアニズムの限界」の指摘であり、ある意味では双方が対になっている。この二つを踏まえて、現在のサンデルの思想的立場が成立している、と言えよう。

ロールズ追悼文

その二つの文章を紹介する前に、第29章「ロールズの追憶」を紹介しておこう。これは、二〇〇二年にロールズが亡くなったときの追悼文である。ロールズの停年後まもなく、ロールズはサンデルの「正義」についての学部生向けクラスの議論に加わったことがあるという。ロールズに対して、「カントは人間の平等が物質的な所有の不平等と完全に両立すると主張した点では間違っていたのではないか」と尋ねたところ、ロールズはとても困惑して、「カントは非常に偉大であり、彼が間違っているというよりも、彼は当時の時代より遥かに先を行っており、彼は奇蹟だ」というような趣旨のことを言ったという。

サンデルは、アメリカの哲学者がホッブズ、ロック、ルソー、マルクス、J・S・ミルらと並んで考えられていること自体が奇蹟的だと称えて、ロールズの伝説的な謙虚さを伝えている。サンデルがハーバード大学に助教授として赴任した後で、ロールズからいきなり電話がかかってきて、躊躇《ためら》いがちに「私はジョン・ロールズです。ロ・オ・ル・ズ」というように、非常に丁寧に自己紹介をした、という。

「政治的リベラリズム」批判――第二局面のロールズ批判

さて、第28章「政治的リベラリズム」は、リベラル―コミュニタリアン論争を踏まえ、ロールズの「転向」後に、彼が新しく提起した「政治的リベラリズム」を哲学的に批判した文章である。『リベラリズムと正義の限界』が初期のロールズ批判であったのと同じように、この文章は後期ロールズ批判の論理を集約的に示しているので、非常に重要である。これはもともとは一九九四年に公表されたものであるが、すでに『リベラリズムと正義の限界』の第二版(一九九八年)に「ロールズの政治的リベラリズムへの応答」として収録されており、その邦訳にも収録されている。

まず、ロールズの正義論以後に現れた論争をサンデルは、三つに整理する。第一は、功利主義と権利志向的リベラリズムとの議論であり、「正義は効用に基づくのか、個人の権利に立脚するのか」という論争である。この結果、それまで主流だった功利主義が凋落して、ロールズ的な権利志向的リベラリズムが優勢になった。

第二は、権利志向的リベラリズム内部の議論であり、今度は権利の内容をめぐる論争である。ノージックやフリードリッヒ・ハイエクらの「リバタリアン・リベラル派」とロールズらの「平等主義的リベラル派」との論争が一九七〇年代に盛んになった。これは、市場経済擁護派と福祉国家の唱道者との対立にほぼ対応する。

そして、第三がリバタリアニズムとロールズ的リベラリズムが共有している「正は善に優位する」という主張をめぐるものであり、これは「政府は、競合する様々な善き生の考え方の中で中立的であるべきだ」という考え方である。この「正の善に対する優位性」は、「ある種の個人主義的権利は共通善の考慮に優先する」という意味①と「(権利を特定する)正義の原理は善き生の特定の考え方に立脚しない」という意味②を持っている。

サンデルが言うには、この中で、「リベラル―コミュニタリアン論争」という少しミスリーディングな名称のもとで盛んに行われたのは、この後者②の意味の「正の善に対する優位性」についてである。サンデル自身も含めて「コミュニタリアニズムのリベラル派批判」と言われているが、権利が特定のコミュニティで優勢な価値や好みに立脚しているという意味でコミュニタリアニズムと言われるのならば、これはミスリーディングである。なぜなら、このような意味ならばほとんどの論者がコミュニタリアンではないからである。問題は、「権利が尊重されるべきかどうか」ではなく、「権利は善の特定の考え方によって決められたり正当化されたりすることができるのかどうか」であり、「個人の主張とコミュニティの主張の間ではどちらが相対的に重要か」ではなく「正と善の関係についての条件」である。リベラリズム批判者は「正義は善に相関していて、独立していない」と主張したのであり、この場合は、正義や権利は、「善き生」や最高の「人間の目的」の性質についての省察とは切り離して考えることはできない、ということになる。

ロールズは『政治的リベラリズム』で、はじめの二つの論争は脇に置いて第三の論争に的を絞って、議論している。彼は、サンデルが『リベラリズムと正義の限界』で批判したカント的な人間についての考え方を擁護するのではなく、それと切り離してリベラリズムを擁護した。それが、「哲学的ないし形而上学的ではなく、政治的なリベラリズム」であり、「重合的合意」に基づく正義という考え方である。カント的な人間についての考え方に代わって、政治的な目的のために私たちを「自由で独立した市民」と考えるのであり、「人間についての政治的な考え方」に基づいて原初状態を考える。この場合の人間は市民としての「公共的アイデンティティ」に限定されており、「公共的自己」としては特定の忠誠や愛情や善の考え方などの「負荷」を棚上げするのである。

このようなロールズの考え方は、道徳的・哲学的正当化を欠いていて、私たちの政治的文化に暗に存在する共有された理解に基づいている、とみなすことができる。事実、ロールズは重合的合意を、民主主義社会において、互いに競合するものの、それぞれ道理に適った包括的な宗教的・哲学的・道徳的教説の間で成立するものとし、「道理に適った重合的合意」と述べている。だから、それを肯定する立場から「完全に歴史主義的で、反普遍主義的」（リチャード・ローティ）と考える者もいる。ロールズが正義論を国際法に適用した『諸国民の法』（*The Law of Peoples*, Harvard University Press, 1999, 邦訳あり）では、「道理に適ったリベラルな諸国民」「良識ある諸国民」といった類型化が行われているので、この傾向は強まりこそすれ、弱まってはいない。

この「政治的リベラリズム」は、サンデルが行ったような「負荷なき自己」という批判を回避した代わりに、三つの問題が生じている。第一は、「政治的目的のために道徳的・宗教的議論を棚上げするのがいつも道理に適っているかどうか」という問題である。このような棚上げについて、サンデルは、第三講で論じたように、妊娠中絶問題とリンカーン－ダグラス論争を例として挙げて批判している。ちなみに、妊娠中絶の可否の判断は、「早い段階の胎児の流産と、子ども殺しの間で道徳的違いがある」と示せるかどうかにかかっており、「私は可能と信じる」と書いているので、サンデル自身は、早い段階なら妊娠中絶を認める立場であることがわかる。

第二は、「リベラル派は民主主義社会には善について『道理に適った多元主義という事実』

が存在するから『善とは独立した正義』を考えるというが、正義についてもやはりそのような多元主義が存在するのではないか」という問題である。正義について様々な考え方があることを指摘すると、リベラル派は「正義の原理それ自体ではなく、その適用について様々な考え方があるだけである」と答えるかもしれないが、リバタリアニズムとロールズ的リベラリズムとの対立はまさに正義の原理の内容に関する対立である。福祉のための課税をリバタリアンは不正義とするが、ロールズは（格差原理に基づく限り）正義とする。これは正義の内容についての対立に他ならない。

だから、善だけではなく正［正義］についても道理に適った多元的な考え方が存在する。リベラリズムは、「善は多様だが、正義には皆が合意できる」として善と正とは非対称的だとするが、実際には善と正の間に非対称性は存在せず、多元的な考え方が存在するのは、双方とも同じである。でも、だからといって正義について結論が導けないわけではない。

サンデルはここで、ロールズの格差原理についての議論は、リバタリアニズムの議論よりも説得的だと「信じる」と言っており、これも重要な言明である。そして、そうであれば、ある正義の原理の方が他の正義の原理よりも道理に適うのだから、リバタリアニズムの異論があっても、道理に適った正義の原理を法律や政策に具体化することができる。

そして、同様に、善に関しても、〝ある善の考え方の方が別の善の考え方よりも道理に適っている〟と言うことができる。例えば、同性愛について、「それが道徳的に許される」という議論の方が、それに反対する議論よりも、道理に適っているかもしれない。だから、よく考えることによって、正義の場合と同様に、善についても、より妥当と思われる考え方を決めることができるし、政府は善について中立的である必要はなく、より良いと思われる善を政策や法律に反映させることができるのである。

第三に「公共的理性の理想のもとでは、政治的・憲法的問題を道徳的・宗教的理想との関係に言及して議論すべきではない」というが、それは政治的言説を貧困にするのではないか、という問題である。ロールズは、「公共的理性」の理想のもとでは、特に正義や権利についての議論においては、すべての人が受け入れると期待できる「政治的価値」（寛容さ、礼節、相互の尊敬など）に即して政治的言説を行うべきで、包括的な道徳的・宗教的信念をそこに導入すべきではないとする。しかし、この道徳的な損失《コスト》として、南北戦争時のダグラスの棚上げ論における奴隷制の問題のように、深刻な道徳的悪を放置することになってしまう。また政治的な損失として、政治的言説が道徳的響きを失ってしまうので、価値を論じない「裸の公共的広場（naked public square）」にキリスト教右派や原理主義のような狭い、不寛容な道徳主義が入り込んだり、公的役職者（政治家や行政官）の私的な悪（スキャンダルなど）に注意が集まったりする。つまり、ロールズのいう「公共的理性の理想」は道徳的真空を作り出し、不寛容な道徳主義や、つまらないことに関する見当違いの道徳主義へと道を開いてしまうのである。

だから、相互に敬意を持って同朋市民の道徳的・宗教的信念について聞き、学び、熟議することによって、関わりあうことが大事である。それによって、リベラリズムが許容するよりも広大な公共的理性がもたらされる。サンデルは、このように述べて、「政治的リベラリズム」批判を終わらせている。

サンデルのコミュニタリアニズム批判?――「善と正の相関性」と目的論的正義

他方で、サンデルは「コミュニタリアニズムの限界」(第30章)という文章を掲載して、この本を締めくくっている。この文章は、『リベラリズムと正義の限界』の第二版の「序」(一九九八年)をわざわざ収録したものであり、サンデルが重視していることがわかるだろう。これも第二版の邦訳に収録されている。

「コミュニタリアニズムの限界」という題を見て、「サンデルがコミュニタリアニズムを批判しているように見えて不思議だ」と思う人もいるかもしれない。前述したマッキンタイアと同じように、リベラル派からの批判を受けて、サンデルは、「コミュニタリアニズム」という言葉を必ずしも使わない方が自分の真意を明確に表せると考え、『リベラリズムと正義の限界』の自らの見解が「コミュニタリアニズム」という呼称で呼ばれたことに対して「心配」を表明したのである。

この文章の初めの部分は、前の章の議論と重なっている。コミュニタリアニズムという「ラベル」は誤解を招きやすく、自分はいわゆるリベラル―コミュニタリアン論争において、いつもコミュニタリアニズムの側にいるとは必ずしも思っていない。「コミュニタリアニズム」が多数派主義（majoritarianism）の別名、ないし「権利が、所与の時に、所与のコミュニティにおいて優勢である価値に立脚すべきである」という考え方の別名ならば、これは自分の擁護する立場ではない。そうサンデルは明言した。

多数派主義という意味の「コミュニタリアニズム」を、以下では「多数派主義的コミュニタリアニズム」と呼ぶことにしよう。ここで名前を挙げてはいないが、前述のように、代表的なコミュニタリアンの中ではウォルツァーがこの立場に最も近いように思われる。サンデルは「白熱教室」でもこの点に批判的に言及しており、ウォルツァーとは一線を画している。多数派が良いと考えていることが正義であるわけではなく、時代と共に考え方が変わる可能性があるのだから、特定の時代の特定のコミュニティの多数派の考え方を単純に肯定することはできず、それを超えた考え方を見出していく必要がある、というのである。

ここでもう一つ重要なのは、サンデルが、問題は、「個人の主張とコミュナルな主張の間で、どちらがより重要性を持つべきか」ではないと言っていることである。「コミュニタリアニズム」という表現によって、「個人とコミュニティのどちらが大事か」という論争が生じてしまった。「リベラリズムは個人を重視し、コミュニタリアニズムはコミュニティを重視する」という議論になってしまったのだ。でも実は、コミュニタリアンも「コミュニティだけが大事だ」と言っているわけではない。例えば、ロバート・ベラーという非常に優れた社会学者を中心にするグループが、コミュニタリアニズムに近い議論を『心の習慣』や『善い社会』（いずれも邦訳あり）という重要な作品で提起して、ベストセラーになった。これらの本では、個人とコミュニティのバランスが大事だ、という議論をしている。またエツィオーニも、「人権は重要ではなくて責任が大事」と言っているのではなく、人権と責任の双方が大事だとして双方のバランスを取る必要性を指摘しているのである。でも、コミュニタリアニズムという表現を用いると、どうしても「個人対コミュニティ」という対立の図式になってしまう。

それに対してサンデルが重視するのは、「正義の原理が、競合する善の間で中立的でありうるかどうか」という論点であり、いわゆる「正の善に対する優位性」の妥当性である。そして、「正は善に相関していて、善から独立していない」というのがサンデルの主張である。

つまり、善と正とは相関的な関係にあって、善を無視する正義の議論は成立しない。これを「善と正の相関性テーゼ」と呼ぶことができよう。このテーゼがサンデルの主張の核心である。これは、善から独立した正義の観念を批判して、善との関係において正義を考えることを主張しているのである。「負荷なき自己」、「負荷ありし自己」という有名なサンデルの概念になぞらえて言えば、彼は「善なき正義」を批判して、「善ありし正義」を主張していると言うことができるだろう。

正義と善とを結びつける方法については、第一に、〝正義の原理は、特定のコミュニティや伝統において広く共有されている価値から道徳的な力を引き出す〟という考え方がある。つまり、「コミュニティの価値が、正義と不正義を決める」という点で、この方法はコミュニタリアニズム的である。

第二は、〝正義の原理の正当性は、その貢献する目的の道徳的価値ないし内在的な善に立脚している〟という考え方である。つまり、例えばある行為を正義と考える理由は、その行為が重要な人間の善に栄誉を与えたり前進させたりするところにある、とするのである。これは、「この善が特定のコミュニティで評価されているかどうか」とは関係がないから、厳密に言えばコミュニタリアニズム的ではない。これは、「権利の理由は、権利が促進する目的の道徳的重要性に基づく」と考えているから、目的論的（teleological）ないし完成主義的（perfectionist）と呼ぶことができる。アリストテレスの政治理論がその例である。

この第一の方法は、正義を特定のコミュニティの伝統や慣行に基づくと考えることになるから不充分であり、権利が促進する目的の内容についての判断を回避しているという点で、リベラル派と同じ間違いを犯している。サンデルが正しいと思うのは、〝正義の原理の正当性は、それが目的の道徳的価値に立脚している〟という第二の目的論的な考え方である。

つまり、サンデルが考える「正義」や「権利」は、目的論的な観念であって、完成主義《パーフェクショニズム》的である。「完成主義」は日本語で卓越主義と訳されることもあるが、人格を向上させ完成していく存在と人間をみなし、美徳の会得を重視する考え方である。ここには「善」に向かっての人格向上という「目的」があるから、完成主義は目的論的なのである。

サンデルはこれ以上の議論を行ってはいないが、私の見るところでは、ここで彼は新しい正義論を提示し始めている。これは、「目的論的正義論」であり、「完成主義的正義論」である。アリストテレス以来、「善」の観念は「目的論的」だから、サンデルは「善」と「正義」の双方を目的論的に考えていると言うことができるだろう。この考え方が『正義』の第8章、「白熱教室」の第9、10回に現れていたのである。

サンデルは、このような正義の観念を、「宗教的自由」と「自由な言論」の権利という二つの点について説明している。宗教的自由はなぜ尊重される必要があるのか。リベラル派は宗教的自由を、人々の信仰内容や宗教の道徳的重要性からではなく、独立した自己の「自由で自発的な選択」の結果というように、通常の自由と同じ理由で擁護する。しかし、それでは「良心の要請」と「単なる好み［選好、preferences］」との差がなくなってしまう。宗教は、個々人がただ好みで追求するようなものではなく、「負荷ありし自己」の良心に基づいて、義務として行っている。だから、この場合、宗教的自由という「正＝権利」の理由は、信仰が守ろうとする内容の道徳的価値についての実質的な判断と切り離すことはできない。

「自由な言論」の議論としては、スコーキーにおけるネオ・ナチや、マーティン・ルーサー・キングの行進の例が挙げられている。第三講で説明したように、この二つでは、リベラル派の考え方が正しいならば、スコーキーにおけるネオ・ナチの行進も許されないし、南部の中でのキング牧師の行進も許されないことになる。しかし、この二つの事件は倫理的・道徳的な意味が異なっている。だから、言論の内容ないし大義に基づいて、〝ネオ・ナチは許されないが、キング牧師は許される〟とすることができる。

「コミュニタリアニズム」の思想的発展――「善ありし正義」へ

こうして、サンデルは、後期ロールズの「政治的リベラリズム」を批判する一方で、いわゆるコミュニタリアニズムの「限界」も指摘し、自分自身の思想の展開として、目的論的ないし完成主義的正義論を提起した。第二講で説明したように、サンデル自身もかつてはコミュニタリアンと自らを考えていたと思われるが、リベラル－コミュニタリアン論争を経て、自らは多数派主義的コミュニタリアニズムの立場ではないことを明確にしたのである。

「コミュニタリアニズムの限界」という題名をそのままに理解すれば、サンデルは今やコミュニタリアンではないことになる。そこで、呼称として「サンデルをコミュニタリアンと呼ぶことができるかどうか」という問題が生じたので、私が彼に直接尋ねたところ、「単一の原理の主張者とか多数派主義という意味ではコミュニタリアンではないが、『負荷なき自己』に対する批判者という意味で理解するのならば、コミュニタリアンと言うことができる」という趣旨の答えであった（邦訳『民主政の不満』上、一六五頁参照）。その場にいたチャールズ・テイラーも「単一の原理の主張者という意味ではコミュニタリアンではないが、他の異なった社会の考え方を尊重し、そこから学び、自己批判の糧とするという意味においては自分はコミュニタリアンである」という趣旨の返答をした。

だから、サンデルの立場は、「多数派主義的コミュニタリアニズム」ではないが、「善と正の相関性」を主張するという点では「コミュニタリアニズム」と言ってもいい。このようなコミュニタリアニズムを「善－正相関的コミュニタリアニズム」と言ってもいいだろう。サンデルの思想をコミュニタリアニズムとして位置づけるのならば、彼はリベラル－コミュニタリアン論争を経て「善－正相関的コミュニタリアニズム」へと自分の思想を明確化したことになる。

もっとも、この立場を敢えてコミュニタリアニズムと呼ぶことが必要なわけでもない。要は、サンデルの思想的革新は、「正と善」の関係性の考察にあるのであり、「善と相関する正」が彼の提示する命題なのである。この正義の観念を「善相関型正義」と呼ぶことができよう。これは、前述のように、単純化すれば、リベラリズムの「善なき正義」に対する「善ありし正義」である。これは、アリストテレス以来の倫理的正義の観念と言ってもいいだろう。そして、「コミュニタリアニズムの限界」においては、それを目的論的ないし完成主義的正義として提示したのである。

公共哲学としての特色と公私関係

最後に、本書の全体を俯瞰して、日本の公共哲学プロジェクトも意識しつつ、公共哲学としての特色を指摘しておこう。第1部は政治的評論であって実践性が強く、第2部は文化的・社会的論説であって第1部と合わせて学際性がある。こういった実践性・学際性は日本の公共哲学プロジェクトと共通性が高い。

他方で、「政治における道徳性の小論集《エッセイ》」という副題に現れているように、政治哲学が中心となっていて、しかも道徳的・精神的議の面が強い。この点では、やはりコミュニタリアニズム的論説の面目躍如たるものがある。日本の公共哲学プロジェクトにも精神的・倫理的な議論もあるが、必ずしもそうではない「公共哲学」も存在するから、やはりこの点はサンデルの「公共哲学」の特色と言えるだろう。

第2部では、リバタリアニズムないしリベラリズムの発想のもたらした様々な問題が挙げられているが、日本でも類似の現象や問題を見ることができる。例えば、国営宝くじの問題に似たものとして、石原慎太郎都知事や橋下徹大阪府知事が、カジノを合法化して自治体に作ることを主張している。また、サッカーのJリーグで呼称を「地域名＋愛称」として、「ホームタウン」と呼ぶ市町村とのつながりを重視しているのは、地域的拠点をはじめ、スポーツにおける公民的アイデンティティ重視の例である。他方で、プロ野球では球団の変遷に伴って本拠地が度々変わっている。

総じて、日本でも、小泉政権などにおけるネオ・リベラリズムに基づく改革により、公共的領域が市場化されつつあり、この問題を直視すべきだろう。アメリカの事例は、市場主義・商業主義が日本よりも極端になっているところが多く、これは以て他山の石とすべきだろう。このような視角は、日本の公共哲学でも重要であり、サンデルのいう「公共哲学」と共通性が存在する。

クリントンのスキャンダルについての擁護も興味深く、その論理は、私自身が鳩山政権のときに、鳩山首相の「政治とカネ」の問題について擁護論を展開したことと論理的に類似している。これは、「鳩山首相が実母から資金をもらった」という話だから、「脱税かどうか」は問題であるが、贈収賄のように公共的な資金を私的目的のために使ったということではない。だから、〝この問題は政治的腐敗ではなく、基本的には私的な問題であって、政権の交代を迫るような深刻な公共的問題ではない〟と私は主張したのである(『友愛革命は可能か』)。

これはある意味で、「公共と私」という公共哲学の基本的問題に関わっている。この本全体が、公共哲学を主題にしており、公共領域や公民性の重要性を強調している。この点も日本の公共哲学の主張と同じである。ただ、アメリカでは、日本に比して官僚制の問題は小さいので、日本のように「公＝国家＝官」と「民の公共」を使い分けるという概念的な議論はあまり行われていないし、「公と私を媒介する公共」という三元論的な考え方もない。その意味では、素朴な「公［共］／私」という二分論が取られていると言えよう。

もっとも、公共的問題と私的問題との区別は重要である。ニクソンのウォーターゲート事件は、公的権力の行使に関わる公共的問題だからこそ、弾劾されるべき深刻な問題であるのに対して、クリントンのスキャンダルはあくまで私的領域の問題なので、本来は深刻な公共的問題ではない。
ケネディをはじめとする有名人の競売の問題が扱われていたが（第12章）、この問題に関しても、「競売によって私的な事柄が公共化されてしまい、その結果として逆に、公共的に展示されるべきものが私的所有物になってしまう」というように、本来の公私関係が逆転していることが指摘されていた。だから、日本の公共哲学プロジェクトでも強調されているように、なんでも公共化すればいいというのではなくて、プライバシーに関わるプライベイトな問題は私的領域として尊重されるべきである。他方で、「本来公共的であるものが市場に浸食され、腐敗してしまう」という問題に対しては、公共的な発想が再生するべきである。

そしてサンデルは、この公共的領域を善と切り離すことはできない、と主張する。第28章の「政治的リベラリズム」で議論されているように、後期ロールズの公共的理性の考え方においては、〝私的には個々人にとっての善はあっても、公共的理性においては、価値の問題、善の問題を扱うべきではない〟とされていた。そのように公共と私の領域の使い分けをしたわけである。でも、サンデルの議論の中核は、〝公共的な領域においても善を考えなければならないときがある〟ということである。だからこそ、共通善の観念が重要になるのである。

コミュニタリアニズム的共和主義の公共哲学

サンデルは使っていない表現だが、第三講で述べたように、彼自身の主張する公共哲学は、リベラリズムも含む様々な公共哲学の中において、「コミュニタリアニズム的共和主義」の公共哲学と言うことができるだろう。

次講で詳述するが、私は、「リベラリズムが世俗性・非倫理性と別個性・分離性・原子性という特徴を持つのに対し、コミュニタリアニズムは倫理性・精神性と共通性という二つの特徴を持つ」と整理している。サンデルの場合は、一方で「善」という概念で倫理性、精神性を強調し、もう一方で「共通性」という言葉を用いてコミュニティの重要性も主張して、この二つを合わせて「共通善」の復興を目指すということになる。

日本においてはリベラリズムが非常に強力なので、いわば「善」の観念なき公共哲学が少なくない。これに対して、サンデルの主張の最重要な点は、「正義」を考える際にも「善」について考えることが必要だ、ということである。これが、「善ありし正義」に他ならない。

コミュニタリアニズム一般においては人間の全人的な美徳の涵養が主張されているのに対し、共和主義の場合は特に政治的な美徳が重視されている。サンデルの場合は共和主義的公共哲学なので、自己統治を可能にするような公民的美徳の涵養が特に強調されている。リベラル派の公共哲学においては、「裸の公共圏」という表現のように、価値や善の問題を考えない公共的領域を肯定する考え方が強いが、サンデルはそれに明確に反対をして、〝善や美徳を重視することが公共圏にも必要である〟という点を強調しているのである。

コミュニティに関しても『公共哲学』では、〝個人と国家の中間にあるコミュニティが今日では浸食されているので、それを回復する必要がある〟と繰り返し述べられている。ちなみに、一般には、個人と国家の間にあるものとして、自発的結社（association）に注目することが多く、NGOやNPOなどの中間的諸集団が、日本の公共哲学では重要視されている。これに対して、サンデルは、自発的結社とはあまり言わずにコミュニティという言葉を一貫して用いている。サンデルはもちろん自発的結社も民主主義の担い手として積極的に評価していると想像するが、それだけではなくコミュニティも重視するのが、サンデルのコミュニタリアニズム的な特色であろう。

次に共和主義的な側面を整理しておこう。第2部では、市場が様々な領域を商業化していて、公民的領域を浸食してしまう点について、教育、スポーツをはじめいろいろな領域の事例をあげながら反対している。そして、市場や官僚制に対する無力感をなくして自己統治を可能にするために経済的な改革を行う必要がある、と主張している。そういう意味で、サンデルの共和主義的公共哲学の中心的な主張は、自己統治を可能にする政治経済を作ることにある。

それから、『民主政の不満』に述べられている規模の変化の問題も『公共哲学』で繰り返し説かれている。二〇世紀初頭に、アメリカで経済が大規模になって、それに対して政治をナショナルなレベルに拡大しなければならなかったのと同じように、今日ではグローバルな経済が展開しているので、それに対応するのが現在の課題なのである。第三講で述べたように、主権分散的・多元的共和主義というビジョンを彼は示していた。

日米の公共哲学

日本の公共哲学プロジェクトに目を転じると、国家とか官僚制（国家＝官＝公）に対する「民の公共」の重要性が特に強調されている。サンデルの場合、自己統治という概念でそれと共通する主張をしており、官僚制の問題にも言及しているので、方向としては共通性が非常に高い。しかし、アメリカという文脈での議論なので、官僚制の問題以上に、市場主義の問題性とコミュニティの重要性を強調している。

また、日本の公共哲学プロジェクトでは、地球的ないしグローカルな公共哲学というように、「基礎に地球的なアイデンティティを置いて、その上にナショナル・ローカルなアイデンティティを構成する」という多層的なアイデンティティを主張する考え方が有力である。私は、コミュニタリアニズムを同様に展開し、グローバル・ナショナル・ローカルという多層的なコミュニティを考えて、「地球的コミュニタリアニズム」ないし「グローカル・コミュニタリアニズム」という考え方を提起している。

サンデルも、多元的なアイデンティティや主権の上下への分散を主張しているから共通性が高い。ただ、彼は地球的なアイデンティティというところまでは主張しておらず、そのような考え方には慎重な姿勢を示しているから、この点においては力点に若干の相違が存在する。

総じて、サンデルのコミュニタリアニズム的共和主義は多くの点で、日本における公共哲学と共通性が高いが、善や美徳、特に公民的美徳を重視し、家族・地域コミュニティ・国家などのコミュニティの活性化を主張する点は、サンデルの特色であると言うことができよう。「白熱教室」が話題になり、サンデルが注目を浴び始めた頃、「すでに日本には公共哲学が発展しているし、サンデルの公共哲学はアメリカの文脈における思想に過ぎないから、日本ではあまり意味がない」という冷ややかな意見もあった。確かに、『民主政の不満』はアメリカの文脈に即した議論であり、サンデルの主張がそのままでは日本に当てはまらない部分もあり得よう。

しかし、アメリカの政治的・経済的影響力を思えばわかるように、アメリカの問題点は相似的な形で日本にも現れている。本書の第2部で扱われていた市場主義や商業主義は、その最たるものである。これは、ある意味では、アメリカから始まって、グローバリズムによって全世界に拡大しつつある問題である。この点を鋭く直視するためには、サンデルの視点は非常に有意義である。

そもそも、なぜサンデルのコミュニタリアニズムや公共哲学がこれまであまり日本で知られていなかったのだろうか？　その理由の一つは、序で述べたように、日本で政治哲学があまり研究されていなかったということもあるが、それだけではない。日本の学界では自由主義ないしリベラリズムやリバタリアニズムが圧倒的に優勢であり、その立場の人々は「共同体の個人への抑圧」を心配し、個人や自律性を重視しているから、サンデルらのコミュニタリアニズムには批判的だったのである。

日本では確かに個人の独立や自律が充分に確立していないため、この議論にも一理はある。けれども、近年の日本では家族や地域コミュニティなどの崩壊も進行しており、道徳的な空白状態も存在している。だから、この点ではアメリカに続いて類似の問題が現れてきており、コミュニタリアニズム的な思想は日本においても有意義であり必要にもなってきているのである。

日本政治と公共哲学

また、サンデルがこの著作の第1部で政治評論を行っているが、それと似た視角で日本政治を論じることもできる。例えば、戦後日本の自民党政権は、官僚制度と結びつきつつ、功利主義的な考え方に基づいて、経済成長を目指してきた。社会党などの革新勢力の要求もあって、部分的には平等主義的リベラリズムの発想も現れ、福祉政策も一定程度導入された。ところが、それが行き詰まった頃から、英米のサッチャー政権やレーガン政権に先導されて、一九八〇年代はじめの中曾根政権の第二臨調や国鉄の民営化、小泉政権の郵政民営化などに代表されるように、リバタリアニズムの考え方が、ここ三〇年弱ほど現実政治を席捲してきた。

ところが、リーマン・ショックによる世界経済の動揺によって、この考え方は大きく後退して、日本政治史上で初めての本格的政権交代が生じた。その結果、成立した鳩山政権の理念は、友愛という「善」を掲げる点において、オバマ政権と同様に、コミュニタリアニズム的である。また、「新しい公共」を理念とする点において、公共哲学と思想的に近く、「地域主権」を唱える点において、「自己統治」という共和主義的理念にも即している。そして、「東アジア共同体」の構想を推進しようとした点において、その政権の公共哲学はグローカルなコミュニタリアニズムと言うことができる。

ただ、その後で菅首相が政権発足直後に掲げた「最小不幸社会」という概念は、功利主義の始祖ベンサムの「最大幸福原理」の裏返しのようで、哲学者カール・ポパーらの言う「消極的功利主義」［苦しみの縮減を優先する功利主義］に似ている。またロールズのリベラリズムにおける格差原理は、最も惨めな境涯の便益を図ることになる原理なので、「最小不幸社会」という概念はこの原理も想起させる。

このように、日本政治の展開も、サンデルの言う公共哲学の観点から描き出すことができる。だから、サンデルの議論は日本の政治経済を考えるためにも有意義なのである。日本政治では官僚制の影響が大きかったから、政治と官僚制の関係は、『民主政の不満』でアメリカ政治について言及されているよりも、もっと本格的に扱われるべきだろう。サンデルの視点にこのような日本独自の点を付加して、日本の公共哲学の発展を目指せばいいのである。

日本の公共哲学研究は、サンデルが議論していない様々な主題や論点を開拓している一方で、サンデルの公共哲学にはそれ独自の重要な意義と洞察が存在する。また、コミュニタリアニズム的公共哲学は、その地域の個性や必要性に応じて展開するから、日本の公共哲学とアメリカの公共哲学がまったく同じである必要もない。例えば、共和主義的公共哲学も、アメリカと日本とでは、これまでも異なった形で展開してきたし、今後も相違は残るだろうと思われる。アメリカの共和主義はイギリスからの独立後には王権がない共和国において発展してきたのに対し、日本の「共和主義」は天皇制のもとで展開してきたし、近未来もそうであろう。そこで、私は、王権のない「近代的共和主義」と区別して、そのような共和主義を「近世的共和主義」と呼び、今後も「新共和主義」ないし「公共主義」として発展させることを主張している。

他方で、地球時代には、各地域の公共哲学がお互いに影響し合うことによって、地球時代にふさわしい公共哲学が展開していくだろう。日米双方の公共哲学の洞察を生かすことによって、国境を越えた公共哲学の発展が可能になると思われるのである。

最終講　「本来の正義」とは何か？——正義論批判から新・正義論へ

二つのマイケル・サンデル像

マイケル・サンデルと言えば、もともと政治哲学を少し知っている人には、「負荷なき自己」という自己観についてのロールズ批判や、コミュニタリアニズムの代表者というイメージが強い。しかし、白熱教室をご覧になっても、この双方についてはあまり詳しく述べられていないから、こういった点は必ずしも印象には残らないだろう。

他方で、『これからの「正義」の話をしよう』の大ヒットで、サンデルと言えば、その読者には「正義」の論者というイメージが非常に強くなった。しかし、サンデルの他の著作を知っている人には、彼はロールズの正義論の批判者として知られているが、彼自身が正義についての議論を積極的に展開するというイメージはない。彼は、正義論批判者であって、正義論者としてはあまり認識されていなかったのである。

だから、これまでのマイケル・サンデル像と、「白熱教室」や『これからの「正義」の話をしよう』によるサンデル像との間には、実は大きな相違が存在している。そこで、最後に、この溝を埋めて、この二つのサンデル像を整理し、統合的なサンデル像を描き出してみよう。「白熱教室」は、自分の思想を正面から強く述べずに学生の対話を引き出すという方式をとっているから、サンデルは自分の思想には詳しく触れていない。だから、「白熱教室」だけを見ると、上記のような印象が生じるのである。ただ、本書で概観したように彼の著作を仔細に見ると、このような印象が生まれてくるのには、さらに深い理由があることがわかる。そこで、ここではその理由を総括的に整理しつつ、サンデルの現在の到達点と今後の展望を明らかにしたい。

サンデルの思想的一貫性――「負荷ありし自己」も含んだ「正義」論批判

ジョン・ロールズは一九七〇年代前半の正義論によって、それまで主流だった功利主義を批判して、それに代わって義務・権利論を提起した。そして、サンデルが登場した一九八〇年代初めには、リバタリアニズムも含めて考えれば、リベラリズムは圧倒的な影響力をもっていた。サンデルが注目を浴びたのは、そのロールズの正義論を鋭く批判したからである。サンデルは、ロールズの論理を内在的に批判し、その論理的魔術を解いて見せた。だから、彼は、リベラル派の正義論に対する批判者として頭角を現したのである。

その批判の論理の中で最も有名になったのが、「負荷なき自己」批判であり、実際の人間は「負荷ありし自己」であるという議論である。コミュニタリアニズムのリベラリズム批判と言えば、これしか頭に思い浮かばない人も多いだろうと思われる。

でも、『リベラリズムと正義の限界』のロールズ批判には、すでに道徳的適価の問題、契約論における「認知」ないし「発見」の論理、強い意味（構成的意味）のコミュニティといった問題がすでに現れているし、最後には目的論的世界観に言及している。これらの見解は、すべて今日まで一貫しており、この著作刊行の一九八二年から一八年が経過するにもかかわらず、サンデルの立場は不動であり、論理的に継続的な発展をしていると言うことができる。

そして、その最大の主題は「正の首位性」ないし「善に対する正の優位性」を批判するところにあり、正義論において「善」の概念を無視できないことを一貫して主張している。言い換えれば、「正」の概念だけに基づく議論を批判して、「正義」を考える際には「善」も考える必要性を指摘したのである。つまり、『リベラリズムと正義の限界』は、「正義の限界」という題名にも表れているように、リベラリズムの正義論に対して批判した書物である。彼自身が「正義」そのものの内容について積極的に議論を進めたわけではない。この意味において、彼は、「正義論」批判者であって、必ずしも「正義」論者ではなかったのである。

コミュニタリアニズムの二つの特徴——善と共

彼のロールズ批判を契機にして、リベラル－コミュニタリアン論争が生じたので、サンデルはコミュニタリアニズムの代表的論者として知られるようになった。彼自身も、この時期にはそのような姿勢で論文集を編纂したり、議論を展開していたのである。

私は、コミュニタリアニズムの議論について、次の二つの特徴を挙げている。一つは、倫理性・道徳性ないし精神性・霊性といった特徴であり、サンデルの言葉を使えば「善」である。リベラリズムはこれに対して、「価値観は多様であり、何を善と考えるかは個々人の自由だから、公共的に決めるべき問題ではない。だから、国家や政府は、価値や善という問題からは中立的であるべきである」とする。これは、宗教観が薄れ、世俗化した社会の中で非常に力を持つ論理である。だから、リベラリズムは「世俗性・非倫理性」という特徴を持つ。

それに対して、倫理性や精神性を強調するのがコミュニタリアニズムで、実はコミュニタリアニズムの思想家はたいてい、何らかの宗教的な感覚を持っている場合が多い。第四講でユダヤ教的神学に立脚した生命倫理の議論について説明したが、ここにはサンデル個人の宗教的感覚が現れていると思われる。

もう一つは、「共通性」である。コミュニタリアニズムという概念はもちろんコミュニティという言葉に由来しているが、私自身は、コミュニティそのものを強調する必要性は必ずしもないものの、共同性や共通性という際の「共」の考え方が必要だと考えている。

日本の公共哲学プロジェクトでも、「共」という発想が強調されていて、私と公の間を媒介するのが「共」ないし「公共」と考えられている。そういう意味での「共」の感覚、共にあること (togetherness)、コモンの考え方がコミュニタリアンの思想家には非常に強い。そうした観点からコミュニティという言葉もしばしば使われるので、コミュニタリアニズムという呼称が用いられているのである。

それに対してリベラル派の思想家は、第二講で述べたように、ロールズは人々が多元的で別個の存在であるとするし、リバタリアンのノージックは個々人が分離した存在であることを強調している。テイラーの言葉を使うと、まさに「原子論」的な考えを持っているのである。リバタリアニズムも含めリベラリズムは「別個性・分離性・原子性」という特徴を持つということができる。

ただし、コミュニタリアニズムは個人主義をすべて批判しているわけではない。個人主義にはいろいろな種類のものがあって、中にはコミュニタリアニズムの思想家が擁護するような個人主義（例えば、ロバート・ベラーの言う「倫理的個人主義」や「共和主義的個人主義」）もある。

しかし、このような個人主義とは違って、「ばらばらの個人」という発想の原子論的ないし分離的な個人主義がリベラリズムないしリバタリアニズムの根底にある。それに対して、コミュニタリアンの理論家たちは、コミュニティに見られるような共通性を重視し、多様な人間の間に共通性が存在し、その人々が「共」に行動することを重視する。日本語で「共同性」と言ってしまうと、「同《どう》」という言葉は同質化を強制する危険性があるという議論もあるので、私は主として「共通」や「共」という言葉を用いている。

だから、簡単に言うと、「善」と「共」、つまり倫理性・精神性と共通性の二つがコミュニタリアニズムの議論に共通する特徴である。サンデルは、「善」については、「善に対する正の優位性」というリベラリズムの命題を批判した。また、「共」については、「共通性」という概念を多用しているし、「構成的な意味のコミュニティ」を重視している。この点において、『リベラリズムと正義の限界』は、まさにコミュニタリアニズムの起点と言ってもいいような内容を持っていたのである。

そして、「善」と「共」の双方を統合する概念が、コミュニティの人々に共通する善、すなわち「共通善」である。サンデル自身が、この時期の彼のコミュニタリアニズムを集約的に述べている論文「道徳性とリベラルの理想」(第二講参照)でコミュニタリアニズムを「共通善の党派」と呼んでいるように、彼も「共通善」を重視しており、これはコミュニタリアニズムの最重要な概念と言えるだろう。

ロールズの「転向」と批判の展開——善ありし正義へ

サンデルの批判は非常に大きな衝撃を与えて、ロールズの魔法は色あせていった。そして、様々な批判を受けて、一九九〇年代初めにロールズ自身の議論も大きく変貌した。カント的な道徳的主体の議論を放棄して、「政治的リベラリズム」の議論へと移行し、人々の重合的な合意によって正義が成立する、という論理に代わったのである。そして、この重なり合う合意は、〝民主主義社会で道理に適った包括的教説の間で成立する道理に適った重合的合意〟というように条件が付されることになったから、普遍主義が後退して、「歴史主義的で反普遍主義的」

になったというように評されるようになった。

このロールズの「転向」は、ある意味で、『リベラリズムと正義の限界』におけるサンデルの正義論批判を受けて、それをかわすような意味を持っている。サンデルの「負荷なき自己」批判に対して、ロールズは自らのカント的道徳的主体の考え方を放棄してしまったのである。また、ロールズが普遍主義的姿勢を後退させたのも、サンデルの「負荷ありし自己」ないし「位置づけられた自己」という考え方の方に、一歩近づいたと言えよう。

この新しいロールズの論理に対して、サンデルはまず一九九四年に、第五講で紹介した「政治的リベラリズム」（『公共哲学』第28章）で批判し、次いで一九九六年には『民主政の不満』では、それを「最小限主義的リベラリズム」と呼んで批判した。ただ、すでにロールズ自身が「負荷なき自己」を放棄してしまったので、この批判ではもう「負荷なき自己」批判は現れない。「政治的リベラリズム」においても残っている「善に対する正の優位性」というテーゼに批判の焦点が絞られるのである。

このことを明確にするために、『民主政の不満』では、リベラリズムの考え方を「①善に対する正（ないし権利）の優位性、②政府の中立性、③自由に選択する、負荷なき自己」という三点を挙げて説明している。ロールズの初期の正義論はカント主義的リベラリズムであり、これに対するサンデルの批判は③に重点があった。これに対して、後期ロールズの政治的リベラリズムは「最小限主義的リベラリズム」であり、もはや③は放棄されている。しかし、①は初期から一貫してロールズの議論の中軸にある。そして、この点をさらに明確にするために、「②政府の中立性」が付加されたと思われる。後期ロールズにおいて③は放棄されていても②は持続しているので、「最小限主義的リベラリズム」批判は、②「中立性」に対する批判を軸にして、①の「善に対する正の優位性」というテーゼを批判することになるのである。

その論理は、妊娠中絶などの様々な事例を考えることによって、「リベラリズムは政府が中立的であるためには善の問題を棚上げして、個人の自由な選択を尊重することが必要であるとしているが、実際には棚上げすること自体が、善についての特定の立場に有利であり、中立性に反している」というものである。例えば、妊娠中絶問題に対して、胎児の道徳的地位について議論することを棚上げして、女性の自由な選択に「妊娠中絶するかどうか」という判断を委ねるということは、胎児を子供とは別の存在と考える人々（中絶許容論者）にとっては問題がないが、胎児を子供と同じと考える人々（中絶禁止論者）にとっては自由な選択による人殺しを認めることに等しい。だから、善についての棚上げは、実際には中立性に反しているのである。これが「棚上げ論」批判である。

この批判において、〝正義を考える際には善を考えることが必要であり、善と正義は相関している〟とサンデルは主張する。正義は「善相関型正義」、言い換えれば「善ありし正義」なのである。そして、実際には善き生だけではなく正義についても「リバタリアニズム 対 ロールズ的リベラリズム」というように複数の競合する考え方があるのだから、道理に適った善が多元的であるのに、正義は一つに定められるということはない。また、善を政治的議論から排除するのは、政治的議論を貧困にしてしまう。だから、「善に対する正義の優位性」というテーゼは成り立たず、善にせよ、正義にせよ、人々の熟慮や議論によって探求されるべきものなのである。

このような批判の論理は、ロールズの「転向」を受けて展開されたものだから、もともとの正義論への批判から変化している。「負荷なき自己」批判から「棚上げ論」批判へと移行したのである。「負荷なき自己」という自己論への批判は姿を消した。しかしこれは、サンデルの立場が変わったためではない。彼は、今でも「負荷ありし自己」という自己観を持っており、それは、道徳的責任を負う主体として、「白熱教室」でもしばしば言及されている。しかし、ロールズ批判の際にこの点に特に力点を置く必要がなくなったのである。

だから、「白熱教室」でのロールズ批判では、「負荷なき自己」批判はほとんど登場しない。それに代わって、契約論の構成や――第9回の「アファーマティブ・アクション」の事例に現れているように――道徳的適価の問題が主として取り上げられている。この批判の論理は、「政治的リベラリズム」におけるロールズに対してのものなのである。本講の冒頭に述べたように、「白熱教室」にあまり「負荷なき自己」という考え方が強く表れていないのは、ここに一因があると思われる。ロールズ批判の焦点が、ロールズの変化に対応して、「負荷なき自己」批判から「棚上げ論」批判、そして「善なき正」そのものに移行したのである。

目的論的正義論へ――「本来の正義」とは？

だから、現在のサンデルのロールズ批判を考える際には、「負荷なき自己」批判よりも、「棚上げ論」批判、そして道徳的適価の問題、さらには「正の善に対する優位性」の命題批判そのものが重要である。

ロールズをはじめとするリベラリズムは、倫理性と切り離した正義という観念を提起して、人間が合意することができるものと主張した。この場合の「justice」は、日本語の正義における「義」というような倫理性はもたず、むしろ司法や法律において正しいと判断されることという意味が強い。あくまでも人間の合意に基づく「正義」であり、法的なニュアンスの強い正義の観念だから、いわば「法義」とも言うことができよう。これは、『民主政の不満』で描かれた手続き的共和国における「正義＝法義」なのである。これは「善き生」をはじめとする倫理的観念とは切り離されたものだから、「非倫理的正義」の観念であり、「善と無関係な正義」、要するに「善なき正義」なのである。

これに対して、サンデルが提起している「善ありし正義」という考え方は、いわば「倫理的正義」の考え方であり、これはむしろ古典的な正義の概念である。ギリシャ時代以来、正義という概念は倫理性を帯びていて、プラトンやアリストテレスが使っており、東洋の世界にも儒教において「義」という言葉があるように、倫理性を帯びている。だから、正義という観念がなんらかの意味で倫理性を帯びているのが、洋の東西を問わず、普遍的な考え方なのである。

そして、サンデルは「善ありし正義」について、その促進する目的の道徳的重要性から権利を考えるという見方を示した。これが「目的論的正義」ないし「完成主義的正義」である。すでに『リベラリズムと正義の限界』でも結論部で、ロールズらの義務論的リベラリズムに対比して目的論的世界観にふれていたから、目的論的思想は一貫している。しかし、正義の観念に関して明確に目的論的正義観を提起したのは、論文「政治的リベラリズム」を公表した一九九〇年代中頃（一九九四年）のことである。

この当時はあまり認識されていなかったが、実はこの展開の意味は非常に大きい。『リベラリズムと正義の批判』においては、リベラリズムの正義論の批判を行ったサンデルが、ここに至って、それに代わる新しい正義観の性格を明らかにしたからである。この目的論的正義という考え方が、新しい正義論への起点となるものである。

だから、『正義』において、サンデルは最後の部分で目的論を説明している。新しい正義論を支える考え方だからこそ、目的論が重要なのである。そして、これらにおいては、サンデルは、正義の三つの考え方として、第一講に説明したように、「福利型正義、自由型正義、美徳型正義」という三類型を示した。ここで言う美徳型正義が、「善ありし正義」としての目的論的正義に他ならない。

ただ、二〇〇五年刊行の『公共哲学』でも、二〇〇五年収録の「白熱教室」でも、二〇〇七年刊行の『完成に反対する理由』でも、美徳型正義などの正義論の三類型は明示的には書かれていない。美徳型正義の観念として目的論的正義論を全面的に提起するのは、活字では、二〇〇九年の『正義』からであり、ここには大きな飛躍が存在していた。これによって、サンデルは、単にリベラリズムの正義論を批判するだけではなく、積極的に自らの正義論を示すようになったからである。これは、アリストテレス的な正義論であり、目的論的正義論である。そしてこれは、コミュニタリアニズム的な正義論であり、ロールズの正義論に代わる新しい正義論である。そして、これは古典的な倫理的正義観が再生したものだから、「新しい正義論」であると同時に、「本来の正義」を復興することを目指す「本来の正義論」でもあるのである。

多数派コミュニタリアニズム批判――特定のコミュニティを超えた善

このようにサンデルは「善」についての考え方を発展させて、「善ありし正義」という新しい正義観を提起した。他方で、彼は「共」についても考え方を発展させている。

サンデルは、おそらくリベラリズムからのコミュニタリアニズム批判に示唆されて、一九九八年の『リベラリズムと正義の限界』の第二版の序文で「コミュニタリアニズムの限界」を指摘した。サンデルは、自分の思想がコミュニタリアニズムと呼ばれることに留保を付して、「ある特定の時代のある特定の地域の多数派が支持していることを正義と考える」という多数派主義的コミュニタリアニズムの立場ではないと明言したのである。でも、他方で、「善ありし正義」という意味において理解すれば、彼をコミュニタリアンと呼んでもいいので、その意味で善－正相関的コミュニタリアニズムであった。

サンデルは、『正義』では触れていないものの、「白熱教室」でもこの論点について述べている。これは、オバマ政権期に刊行された『正義』とは異なり、「白熱教室」がブッシュ政権下で行われたものであるからかもしれない。そして、コミュニティにおいて、特定のある時期に多数派が抱いている意見は必ずしも正義ではないとすると、「特定の時期の特定のコミュニティの人々を超えた善や正義をどう探求するのか」ということが次の問題になる。これが実は、サンデルの取り組んでいる現在の課題であり、「白熱教室」では最後に取り上げられていた問題である。サンデルは、この問いに答えて、原理と事例との往復によって考察を深める弁証法的方法を挙げたのであった。

ある意味で、ロールズの軌跡とサンデルの軌跡は反対の方向を向いている。当初は普遍主義的な主張をしていたロールズが歴史主義的な主張に変化したのに対し、サンデルは特定の時期の特定のコミュニティを超えた善の探求に向かっているからである。そのような善との関係において正義を考えるのだから、正義もまた特定の時代・コミュニティを超えたものとなる。だからといって、サンデルはこうして弁証法的に考えられる善と正義を「普遍主義的」なものとも「コスモポリタン的」なものとも主張してはいない。ただ、もともとは「コミュニタリアニズム」の旗手とされていたサンデルが、特定の時代・コミュニティやその多数派の考え方に依存する思想を明確に斥けるようになった点において、ロールズの移行とは反対の方向を向いていることは確かだろう。

主権分散的・多元的な共和主義的公共哲学

それでは、サンデルは「共」について、どのように考えるようになっているのだろうか。私の見るところ、特定の時代の特定のコミュニティに依存する考え方を斥けてはいるが、彼はコミュニティにおける「共通性」は今でも重要視しており、だから「共通善」も政治の目的と考えている。つまり、特定の時代の特定のコミュニティではなく、コミュニティ一般、特にその「共」は重視している。

私は、「共同体《コミュニティ》」という概念を使うと、どうしても特定の共同体や、さらには前近代的・封建的な共同体を想起しやすいから、コミュニタリアニズムという言葉の代わりに、「コミュナリズム」という用語を使うこともある。サンデルの言う「共通性《コモナリティ》」は、コミュナリズムという概念に極めて適合的であるように思われる。

そして、サンデルがその「共」のイメージをアメリカ政治に即して示したのが、彼のアメリカ公共哲学に関する考え方、特に共和主義の理論であると言うことができよう。「コミュニタリアニズムのいう共同体が個人の自由を抑圧する」とか「コミュニタリアニズムは前近代的・封建主義的な思想だ」というような批判がリベラル派からしばしばなされるが、それに対してサンデルは『民主政の不満』で、自らの共和主義的な政治の理想を明らかにした。アメリカの共和主義は、建国以来、アメリカの民主政治を作ってきた思想の一つだから、このような単純な批判は成り立たない。それ以来、問題は、〝リベラリズムのいう「自由」と共和主義のいう「自由」のいずれが望ましいか〟という次元に移行したのである。

第二講で説明したように、サンデルの「コミュニタリアニズム」的な考え方と『民主政の不満』で描かれた共和主義的理想との間に矛盾はなく、彼の政治哲学は「コミュニタリアニズム的共和主義」と言うことができる。コミュニタリアニズムにおける善や美徳の考え方が、共和主義における公民的美徳を支え、それによって自己統治が実現されるという思想である。

コミュニタリアニズムは文脈を重視する思想であり、それをアメリカというコミュニティに適用してこの著作が生まれた。第五講で説明した『公共哲学』においても、その第2部などでアメリカの現在の社会的・文化的問題に対して共和主義的公共哲学に相当する議論がなされている。

もちろん、この著作におけるコミュニタリアニズム的共和主義は、アメリカという文脈における公共哲学であり、日本をはじめ他の地域では、その地域の個性を反映した公共哲学が考えられるだろう。しかし、これらはまったく無関係のものではなく、共通性も存在し、相互に影響し合ってそれぞれが発展していくべきものである。

サンデルは、『民主政の不満』の最後に、多元的共和主義の考え方と主権が国民国家から上方と下方の双方に分散して成立する「多元的に負荷ありし自己」という新しいアイデンティティのビジョンを示していた。合わせて言えば、主権分散的・多元的な共和主義的公共哲学のビジョンを示したのである。

コミュニティも、従来は国民国家が中心だったが、これからは国家を超えたコミュニティや自治体などの地域のコミュニティが重要になっていくだろう。私は、コミュニタリアニズムで注目するコミュニティも、時代に応じてその性格や規模が変化していくので、その歴史的変化を捉える「ダイナミック・コミュニタリアニズム」という考え方を提起している。前講の最後に述べたように、地球時代には各地域の公共哲学の精華が触発しあって、地球時代の公共哲学が生まれいずることだろう。

「本来の正義」を問う、新しい正義論

以上をまとめて言えば、サンデルは、コミュニタリアニズムにおける「善」と「共」を、目的論的な「善ありし正義」と「共和主義的公共哲学」として発展させてきた、と言うことができる。この双方を統合する理念が、コミュニタリアニズムにおける「共通善」であり、公共哲学で言うところの「公共善」である。そして、「善ありし正義」という考え方からすれば、共通善ないし公共善を実現することは正義であり、それを妨げることは不正義ということになろう。

サンデルは、ロールズのカント的な義務論的リベラリズムを批判するところから出発して、

アリストテレス的な目的論的正義論へと到達した。ある意味では、近代的・現代的な正義論の批判から始まって、古典的な正義論へと回帰したと言うこともできる。リベラル派の非倫理的な正義論を斥けて、倫理的な正義論を復権させたのである。

これは、古典的な観点からすれば、「本来の正義」に他ならないだろう。サンデルは西洋的伝統に基づいてアリストテレス的な正義の観念を考えているが、例えば東洋では儒教には「義」の観念がある。第二講で述べたように、儒教では「義」は重要な徳の一つだから、サンデルの言う美徳型正義の観念は、儒教的な「義」とも類似している。ここでの正義論とは、いわば「義論」である。だから、「善ありし正義」という考え方は、西洋だけではなく、東洋も含めて、古典的な正義観なのである。

これは、リベラリズムの正義論に代わる、新しい正義論に他ならない。あるいは、「古くて新しい正義論」と言うべきかもしれない。敢えてコミュニタリアニズムという言葉を使うのならば、「コミュニタリアニズム的正義論」であり、それは目的論的正義論、完成主義的正義論である。

これまで、コミュニタリアニズムや公共哲学の多くでは、共通善や公共善という概念は用いてきたが、「正義」という概念はさほど積極的に使ってはこなかった。だから、「コミュニタリアニズム的正義論」と呼ぶにしても、その内容は従来のコミュニタリアニズムの限界を超えたところにある。あるいは、それは、いわゆるコミュニタリアニズムの枠を超えた、新しい公共哲学の試みなのかもしれない。

「本来の正義」の対話的探求

サンデルが拓いた正義論のフロンティアは、実に広大で多くの問いに満ちている。私たちは、様々な事例を考えることによって、美徳型正義という「本来の正義」を探求していく必要がある。私自身も対話型講義の試みにおいて、サンデルが挙げたアメリカの様々な例に対応するような日本の事例を考察することによって、日本における「善ありし正義」を探求し始めている。

例えば、複数のコミュニティに対する忠誠心の相剋という問題に関しては、サンデルが挙げたビリー・バルジャーやリー司令官の例に代えて、坂本龍馬や西郷隆盛の例（出身の藩やその人々への忠誠と日本全体への忠誠との相剋）を考えることができる。また、最近日本で大きな話題になっている、司法や検察の問題や、日中間の領土問題などについても、「本来の正義とは何か」という問いを考えることができるだろう。

次々と現れるこのような問題について、「本来の正義」を考えることは、日本の政治、そして社会において「正義」の実現の可能性を高めていくに違いない。功利主義が経済的発想に親和性があるのに対し、リベラリズムやリバタリアニズムの義務・権利論は、法的な「正しさ」、言いかえれば法義と親和性がある。これに対して、「コミュニタリアニズム」的な正義論は、政治そのものについて「正義」を探求することを可能にするだろう。「法義」と対比すれば、これは「政義」とも言えるかもしれない。日本に数少ない政治哲学者・南原繁は、かつて先進的なコミュニタリアニズム的議論を提起し、文化領域としての政治の独自の「価値」をまさに「正義」とした。私たちは、新たな時代にこの問題を改めて追究する地平に立っているのである。

また、こういった事例の考察を通じて、正義論の内容自体にも様々な考察が必要となり、それを通じての発展が可能になるだろう。正義論の根幹をなす原理に関して、例えば「善ありし正義」という時の、「善」と「正義」の関係はどうなのか。サンデルは、中絶禁止問題など幾つかの事例においては、正義の考察には善が必要だと主張したが、すべての場合に正義が善と相関しているとまで明示的に主張していたわけではない。そこで、正義は常に善であって、「善なる正義」ないし「善き正義」と言えるのかどうか。儒教的な「徳」の一つとしての「義」という考え方と同じなのかどうか。そして、このような「本来の正義」と、権利の関係はどうなるのか。リベラリズムのように正義と権利を事実上同一視することはないだろうが、それならばどのような「権利」がこの「本来の正義」によって導き出せるのか。それと、責任や義務との関係はどのように考えられるのか。いずれも興味深い論点であり、新しい目的論的正義論が取り組んでいくべき課題であろう。

また、正義論の文脈や状況、ロールズの表現を用いれば「正義の状況」もまた重要であり、それに即した考察も必要である。今日では、経済的にグローバリズムが進行し、国民国家を中心にする時代から地球的な時代へと移りつつある。そこで、国境を越えた諸問題について「善ありし正義」をどのように考えるべきなのか。これは、古来より戦争との関係で問われてきた問題でもあり、「正義の戦争」という正戦論の議論が行われてきた。また、世界の貧困問題に関しては、国境を越えた分配的正義の問題も考察する必要がある。こういった世界的・地球的な「正義」は、現在では「国際的正義」ないし「地球的正義」といった主題として論じられ始めている。こういった地球的な問題についての「善ありし正義」、つまり「地球的倫理的正義」を考察する必要もあるのである。

サンデルは、特定のコミュニティを超えた「善」の問題について、事例と原理の往復を通じて、対話的・弁証法的に探求するという方法を、自らの新しい正義論の方法として提示している。もちろん、そのような方法で「本来の正義」を対話的に探求するのは、「白熱教室」だけの課題ではない。それは、日本の私たちも含めた、全ての人々の課題である。「白熱教室」に啓発されて、私たち自らが、日本の諸問題、そして世界の諸問題に対して、対話的・弁証法的な方法によって、目的論的な「善ありし正義」、すなわち「本来の正義」について探求していかなければならない。それこそが、サンデルの提示する、古くて新しい正義論の示す道なのである。

あとがき

本書は、サンデル教授の政治哲学の全体像を解説したものであるが、私は、「政治哲学や公共哲学の内容についてもその重要な部分を広く日本の人々に紹介する役割も果たしうるのではないか」と希望している。

もともと私はコミュニタリアニズムをはじめとする政治哲学に関心を持っていたが、ケンブリッジ大学における海外研修（一九九五—九七年）でレイモンド・ゴイス博士の政治哲学の講義にふれて、このような講義の重要性を痛感した。だから、日本に政治哲学（と「社会科学の哲学」）を紹介しようと考えて帰国し、一九九九年から千葉大学で政治哲学の講義を開設した。今回のサンデル旋風を機に、日本でも政治哲学が一気に発展をしていくのではないかと私は期待している。

帰国の翌年から、私は公共哲学プロジェクトに関わり、日本における公共哲学の展開に努めてきた。そのプロジェクトの最大の成果が、『公共哲学』シリーズ二〇巻（東京大学出版会）である。私は、もともとサンデル教授らのコミュニタリアニズム的公共哲学に共鳴していたので、そのような観点からこの日本独自のプロジェクトに参加したのである。将来世代国際財団や公共哲学協働研究所（現在）が主催するこのプロジェクトでは、二〇〇〇年三月にハーバード大学で「地球時代《グローバル》の公共哲学ハーバード・セミナー」を開催した。その場で、私はサンデル教授や、その先生にあたるチャールズ・テイラー教授にもはじめて会ったのだった。振り返ってみれば、これが本書の起点となるので、多くの公共哲学プロジェクトの関係者に心からの感謝を表したい。

その後、私は千葉大学では、「持続可能な福祉社会に向けた公共研究拠点」という大型プロジェクト（21世紀COEプロジェクト、二〇〇三―〇八年度）に携わり、公共哲学と公共政策とを結びつけて、「公共研究」という新しい学問領域を開発することに努めてきた。私が公共哲学の担当責任者となり、公共政策の専門家たちと協力して、政治哲学と政策とを連携させて発展させる試みを進めている。政策の提案や研究については多くの研究機関が行っているが、政治哲学と政策研究が協力しているところは数少ないだろう。

このプロジェクトの一環として、本書でふれた共和主義研究に深く関わる「ケンブリッジ学派」についてのJ・ポーコック教授、J・ダン教授、I・ホント博士など、その代表的研究者の多くを招聘して国際シンポジウムやセミナーを行った。さらにこのプロジェクトの最後の時期に、中国・韓国・台湾など東アジアの研究者を招聘して、「グローバルな時代における公共哲学――マイケル・サンデル教授を迎えて」という国際シンポジウムを二〇〇九年三月二〇―

二一日に千葉大学で行った。その準備のために二〇〇八年三月に『民主政の不満』の監訳者の一人、金原恭子教授らと共にハーバード大学を訪問してサンデル教授と会い、その際に、ハーバード大学の講義「正義」の（WGBHボストンによる）アメリカPBSでの放映やサイトの番組掲載について伺ったのであった。そして、千葉大学の国際会議では、国際的教育・研究プロジェクトの申請の相談をし、その一環として、まさにその講義を日本語化して日本の大学生や大学院生が学ぶことができるようにするという計画を考えた。二〇一〇年に政権交代が起こってそのプロジェクトの新規募集自体がなくなってしまったのであるが、この構想は、図らずもNHK教育テレビによって「白熱教室」として実現したのである。

「はじめに」で述べたように、本書は、サンデル教授の全著作について解説した連続講義が、母体になっている。「白熱教室」や『これからの「正義」の話をしよう』の多くの視聴者・読者の要望に応えて、東京財団とオールアズワンが共催して、「マイケル・サンデルの『正義と善』――その政治哲学の全貌」という全五回の連続講義を企画してくださったのである。東京財団の会議室で、二〇一〇年七月一六日から八月二〇日にかけて、本書の序・第二講から第五講にかけて四回講義を行い、九月三日には第一講の講義と、日本政治との関連についての対話型講義を行った。そのような貴重な機会を作って下さった、加藤秀樹理事長、今井章子氏、上村麻子氏をはじめとする東京財団の方々、そしてオールアズワンの森田浩行氏ら関係者に感謝したい。

また、その受講者からも書籍化の要望がしばしば寄せられ、幸い、平凡社新書から刊行することが可能になった。連続講義の意義を理解して早期の刊行を可能にして下さった編集長の松井純氏、担当編集者の福田祐介氏、そして講義の録音を文字化して下さった高木啓介氏に感謝する。特に、前著『友愛革命は可能か――公共哲学から考える』の刊行を機に福田氏と知りあったが、本書が講義から短期間のうちに刊行できたのは、ひとえに福田氏の優れた激励・編集手腕と熱意、そして文字通り日々の尽力の賜物である。

そして、もちろん、このような企画が可能になったのは、もとを辿れば、ＮＨＫ教育テレビの「白熱教室」が放映されたからであり、寺園慎一氏をはじめとするＮＨＫ関係者の慧眼と尽力にも感謝したい。私は、かねてからサンデル教授をはじめとするコミュニタリアニズムや公共哲学の紹介と発展を念願してきたが、これらがこのような規模で多くの人々に知られるようになったのは、「白熱教室」の放映や『これからの「正義」の話をしよう』の刊行があったからこそである。また、二〇一〇年八月末の東京大学安田講堂で行われた「白熱教室 in Japan」のＮＨＫの企画も予想以上の成功を収め、ＮＨＫの方々に協力することでサンデル教授の名講義が日本の文脈の中で実現するのを目にすることができたのは、私にとっても忘れがたい喜びである。

そして何よりも、本書の対象となる著作の著者であると同時に、本書に推薦の辞を賜ったマイケル・サンデル教授にも心からの感謝を捧げたい。私としては、サンデル教授の著作や発言にかくも多くの関心が集まっているので、それが誤りなく伝わるように、今後も微力を尽くしたいと思っており、本書がその一助となることを願っている。

これを一つの契機として、日本において政治哲学の教育や普及が本格的に開始され、公共哲学が一層発展することを望みたい。そして、それによって、日本において公民的生活が活性化し、日本にも存在する「民主政の不満」が克服されていけば、これに優る喜びはない。この拙い書物が「新しい『知』と『美徳』の時代」、そして「本来の正義の時代」の到来に少しでも寄与することを祈る次第である。

平成二二年一一月一五日

小林正弥

・本文で言及したロバート・ベラーたちの作品として、ベラー他『心の習慣——アメリカ個人主義のゆくえ』(島薗進、中村圭志共訳、みすず書房、1991)、『善い社会——道徳的エコロジーの制度論』(中村圭志訳、みすず書房、2000) が翻訳されている。

○「白熱教室」の開始以来、「政治哲学の本を読みたいので資料や書籍の紹介をしてほしい」という要望も相当あり、それらの声に応えるため、私たちが運営している幾つかのサイトを紹介する。

・公共哲学ネットワーク:http://public-philosophy.net

・小林正弥研究室/ハーバード白熱教室—— JUSTICE 特設サイト
:http://sandel.masaya-kobayashi.net/ でも参考文献を掲載しているので、参考にしていただければ幸いである。

命倫理評議会報告書』(青木書店、2005、倉持武訳)、カス自身の著作が『生命操作は人を幸せにするのか——蝕まれる人間の未来(堤理華訳、日本教文社、2005)である。この委員会に加わっていた有名な論客の作品として、フランシス・フクヤマ『人間の終わり——バイオテクノロジーはなぜ危険か』(鈴木淑美訳、ダイヤモンド社、2002)がある。

・増強の推進派の作品として、ラメズ・ナム著『超人類へ!——バイオとサイボーグ技術がひらく衝撃の近未来社会』(西尾香苗訳、河出書房新社、2006)、レイ・カーツワイル著『ポスト・ヒューマン誕生——コンピュータが人類の知性を超えるとき』(井上健・小野木明恵・野中香方子・福田実訳、日本放送出版協会、2007)、論争の紹介として、『エンハンスメント論争——身体・精神の増強と先端科学技術』(上田 昌文・渡部麻衣子編、社会評論社、2008)、生命環境倫理ドイツ情報センター編『エンハンスメント——バイオテクノロジーによる人間改造と倫理』(松田純・小椋宗一郎訳、知泉書館、2007)

・日本における批判派の議論として、鎌田東二・粟屋剛・上田紀行・加藤眞三・八木久美子著『人間改造論——生命操作は幸福をもたらすのか?』(町田宗鳳・島薗進編、新曜社、2007)がある。

・また、本文で言及した哲学者の作品として、ロナルド・ドゥウォーキン著『ライフズ・ドミニオン——中絶と尊厳死そして個人の自由』(水谷英夫・小島妙子訳、信山社出版、1998)、ユルゲン・ハーバーマス著『人間の将来とバイオエシックス』(三島憲一訳、法政大学出版局、2004)が翻訳されている。

第五講

・公共哲学に関しては、日本では、東京大学出版会の『公共哲学』20巻シリーズを起点にして、学際的な学問的改革運動として進行中であり、紹介書として山脇直司の『公共哲学とは何か』(ちくま新書、2004)を勧めたい。その先駆的作品としてはハンナ・アレント著『人間の条件』(志水速雄訳、ちくま学芸文庫、1994)を挙げておこう。

・平和憲法との関係について、『平和憲法と公共哲学』(千葉眞・小林正弥編、晃洋書房、2007)を挙げておこう。小林正弥『友愛革命は可能か——公共哲学から考える』(平凡社新書、2010)は、政権交代と鳩山政権を念頭に、コミュニタリアニズム的な公共哲学の観点から日本政治について考察した作品である。小林正弥「ハーバード地球的公共哲学セミナー所感——共同体主義者達との交感」(『公共哲学共同研究ニュース』(将来世代総合研究所編、将来世代国際財団発行、2000年4月1日、第9号、2-12頁、2001年2月改訂)は、公共哲学ネットワークのサイトに掲載。http://public-philosophy.net/archives/46 また、このセミナーについては、山脇直司「ハーバード・フォーラム『地球時代の公共哲学』を終えて」(『UP』338号、2000年12月、6-11頁)がある。

その他、『寛容について』(大川正彦訳、みすず書房、2003)、『アメリカ人であるとはどういうことか——歴史的自己省察の試み』(ウォルツァー編、古茂田宏訳、ミネルヴァ書房、2006)、『グローバルな市民社会に向かって』(石田淳他訳、日本経済評論社、2001) などもある。

・コミュニティについては、広井良典・小林正弥編『コミュニティ——公共性・コモンズ・コミュニタリアニズム　持続可能な福祉社会へ：公共性の視座から1』(勁草書房、2010) があり、コミュニタリアニズムについても扱っていて、私がウォルツァーの正戦論について批判したのは、第2章「地球的コミュニタリアニズムに向けて——ウォルツァー正戦論を超えて」である。

第三講

・『民主政の不満』についての議論としては、Anita L. Allen and Milton C. Regan, Jr., *Debating Democracy's Discontent*: *Essays on American Politics, Law, and Public Philosophy,* Oxford University Press, 1988. という優れた論文集が存在する。

・日本政治史における憲政の概念について、坂野潤治・新藤宗幸・小林正弥編『憲政の政治学』(東京大学出版会、2006)。

・共和主義研究の思想史的研究としては、ジョン・ポーコックの『マキァヴェリアン・モーメント——フィレンツェの政治思想と大西洋圏の共和主義の伝統』(田中秀夫・奥田敬・森岡邦康訳、名古屋大学出版会、2008)、クウェンティン・スキナーの『近代政治思想の基礎——ルネッサンス、宗教改革の時代』(門間都喜郎訳、春風社、2009) イシュトファン・ホント、マイケル・イグナティエフ編『富と徳——スコットランド啓蒙における経済学の形成』(水田 洋・杉山忠平訳、未来社、1991)、クェンティン　スキナー『自由主義に先立つ自由』(梅津 順一 訳、聖学院大学出版会、2001) が翻訳されている。研究書としては、田中秀夫・山脇直司編『共和主義の思想空間——シヴィック・ヒューマニズムの可能性』(名古屋大学出版会、2006) があり、第16章には拙論「共和主義解釈と新公共主義——思想史と公共哲学」(490-527頁) が掲載されている。また、拙論「古典的共和主義から新公共主義へ——公共哲学における思想的再定式化」(宮本久雄・山脇直司編『公共哲学の古典と将来』東京大学出版会、第6章、239-286頁、2005) も関連する論稿である。

・リベラル共和主義の研究としては、ブルース・アッカーマンの *We the People,* vol.1,2, Belknap Press of Harvard University Press,1988. を挙げておこう。

第四講

・まず、サンデルが関わった大統領生命倫理評議会報告書について、レオン・R・カス編著『治療を超えて——バイオテクノロジーと幸福の追求　大統領生渡辺幹雄『ロールズ正義論とその周辺——コミュニタリアニズム、共和主義、ポストモダニズム』（春秋社、2007）などがある。

- また、ロナルド・ドゥオーキンについては、『権利論　増補版』（木下毅・小林公・野坂泰司共訳、木鐸社、2003）、『法の帝国』（小林公訳、木鐸社、1995）がある。
- リバタリアニズムについて知るためには、森村進『自由はどこまで可能か——リバタリアニズム入門』（講談社現代新書、2001）と、森村進編『リバタリアニズム読本』（勁草書房、2005年）が紹介書としてわかりやすい。
- コミュニタリアニズムについては、菊池理夫『現代のコミュニタリアニズムと「第三の道」』（風行社、2004）が、批判に基づく偏見を解いてくれる。新書では、菊池理夫『日本を甦らせる政治思想——現代コミュニタリアニズム入門』（講談社現代新書、2007）がある。
- サンデル以外のコミュニタリアンの代表的な論者の作品として1冊ずつあげれば、テイラーの『〈ほんもの〉という倫理——近代とその不安』（田中智彦訳、産業図書、2004）と、マイケル・ウォルツァー（Michael Walzer）の *Spheres of Justice*, Oxford, Blackwell, 1983（『正義の領分——多元性と平等の擁護』山口晃訳、而立書房、1999）は哲学的であり、アラスデア・マッキンタイアの『美徳なき時代』（篠崎榮訳、みすず書房、1993）は倫理学的である。アミタイ・エツィオーニの『ネクスト——善き社会への道』（小林正弥監訳、公共哲学センター訳、麗澤大学出版会、2005）は社会学的であり、読みやすい。エツィオーニについて詳しくは、この訳書に所収の解説「エツィオーニのコミュニタリアニズム」（小林正弥、212-245頁）を参照されたい。エツィオーニの第2作『新しい黄金律』（永安幸正監訳、麗澤大学出版会、2001）も重要である。
- サンデルの師であるチャールズ・テイラーについては、『チャールズ・テイラー——ヘーゲルと近代社会』（渡辺義雄訳、岩波書店、2000）、『今日の宗教の諸相』（伊藤邦武・佐々木崇・三宅岳史訳、岩波書店、2009）、『自己の源泉——近代的アイデンティティの形成』（下川潔・桜井徹・田中智彦訳、名古屋大学出版会、2010）、『マルチカルチュラリズム』（佐々木毅・辻康夫・向山恭一訳、岩波書店、2007）などが存在する。研究書としては、中野剛充『テイラーのコミュニタリアニズム——自己・共同体・近代』（勁草書房、2007）に詳しい。ここには、サンデルについての論文も収録されている。
- ウォルツァーについては、『解釈としての社会批判——暮らしに根ざした批判の流儀』（大川正彦・川本隆史訳、風行社、1996）、『道徳の厚みと広がり——われわれはどこまで他者の声を聴き取ることができるか』（芦川晋・大川正彦訳、風行社、2004）。正戦論については、『正しい戦争と不正な戦争』（萩原能久監訳、風行社、2008）、『戦争を論ずる——正戦のモラル・リアリティ』（駒村圭吾・鈴木正彦・松元雅和訳、風行社、2008）が存在する。

いも掲載されている。Harvard University's Justice with Michael Sandel (http://www.justiceharvard.org/)

序

古典的な対話編として、プラトンの『ソクラテスの弁明・クリトン』(久保勉訳、岩波文庫、1964)、『ゴルギアス』(加来彰俊訳、岩波文庫、1967)、『饗宴』(岩波文庫、久保勉訳、1952)、『国家(上・下)』(藤沢令夫訳、岩波文庫、1979)を挙げておこう。

第一講

- コミュニタリアニズムに対立する思想として、「白熱教室」で説明された順に、功利主義、リバタリアニズム、リベラリズムについて1冊ずつ挙げると、J・S・ミルの『功利主義論』(入手困難)、ロバート・ノージックの『アナーキー・国家・ユートピア』(嶋津格訳、木鐸社、1985[上]・1989[下]、1995[合本])、ロールズの『公正としての正義再説』(田中成明・亀本洋・平井亮輔訳、エリン・ケリー編、岩波書店、2004)がよいだろう。
- これらの背景をなす古典としては、ミルの他に、「白熱教室」で取り上げられていたジョン・ロックの『市民政府論』(鵜飼信成訳、岩波文庫、1968)、カントの『道徳形而上学原論』(篠田英雄訳、岩波文庫、1976)、そしてアリストテレスの『政治学』(田中美知太郎他訳、中公クラシックス、2009)、同じくアリストテレスの『ニコマコス倫理学(上・下)』(高田三郎訳、岩波文庫、1971[上]・1973[下])が重要である。

第二講

- 政治哲学の復権については、寺島俊穂『政治哲学の復権――アレントからロールズまで』(ミネルヴァ書房、1998)がいいだろう。
- サンデルの思想を知る上でも不可欠なジョン・ロールズについては、John Rawls, *A Theory of Justice*, Harvard University Press, 1971(『正義論』川本隆史・福間聡・神島裕子訳、紀伊國屋書店;改訂版、2010)と、*Political Liberalism* , Columbia University Press, 1993が最重要文献である。その他に邦訳では、『ロールズ哲学史講義(上・下)』(バーバラ・ハーマン編、久保田顕二・下野正俊・山根雄一郎訳、みすず書房、2005)、『万民の法』(中山竜一訳、岩波書店、2006)などがある。ロールズやリベラリズムに関する研究としては、川本隆『ロールズ』(講談社、2005)、井上達夫『共生の作法――会話としての正義』(創文社、1986)、井上達夫『他者への自由――公共性の哲学としてのリベラリズム』(創文社、1999)、渡辺幹雄『ロールズ正義論の行方――その全体系の批判的考察』(春秋社、2000)、

読書案内——マイケル・サンデルの政治哲学を理解するために

まず、マイケル・サンデル自身の著作を年代順に挙げておこう。本書で主として言及した講義との対応関係を示しておく。出版社等がないのは、未邦訳の文献である。

○ Michael Sandel, *Liberalism and Limits of Justice*, Cambridge University Press, 1982, 1998（『リベラリズムと正義の限界』菊池理夫訳、勁草書房、2009）——第2講
○ Michael Sandel, ed., *Liberalism and its Critics*, Basil Blackwell and N. Y. U. Press, 1984（『リベラリズムとその批判者たち』）——第2講
○ Michael Sandel, *Democracy's Discontent—America in search of a Public Philosophy*, Harvard University Press, 1996（『民主政の不満——公共哲学を求めるアメリカ（上）手続き的共和国の憲法』金原恭子・小林正弥監訳、千葉大学人文社会科学研究科公共哲学センター訳、勁草書房、2010）——第3講（付録として「チャールズ・テイラー及びマイケル・サンデルとの質疑応答」、また様々な思想の位置関係について、訳者「解説」参照）。
○ Michael Sandel, *Public Philosophy: Essays on Morality in Politics*, Harvard University Press,2005（『公共哲学——政治における道徳性についての小論集』）——第5講
○ Michael Sandel, *The Case Against Perfection: Ethic in the Age of Genetic Engineering*, Harvard University Press, 2007（『完全な人間を目指さなくてもよい理由——遺伝子操作とエンハンスメント』林芳紀・伊吹友秀訳、ナカニシヤ出版、2010）——第4講（邦訳名については、本文参照）。
○ Michael Sandel, *Justice: A Reader*, Oxford University Press,2007（『正義——読本』）——第1講
○ Michael Sandel, *Justice: What's the Right Thing to Do?* Farrar, Straus and Giroux, New York, 2009『これからの「正義」の話をしよう——いまを生き延びるための哲学』鬼澤忍訳、早川書房、2010）——第1講
○マイケル・サンデル『ハーバード白熱教室講義録＋東大特別授業（上・下）』（早川書房、2010）——第1講
○ NHK『ハーバード白熱教室DVD』（NHKエンタープライズ、ポリドール映像販売会社、2010）。——第1講（小林正弥「解説ブックレット」）
○「白熱教室」のもとになったハーバード講義「正義」（英語）は、WGBHボストンがPBS(Public Broadcasting Service)で放送して、ハーバード大学と協力してサイトに掲載している。このサイトには参考文献や議論のための問

【著者】
小林正弥（こばやし まさや）
1963年東京生まれ。東京大学法学部卒業。千葉大学法経学部教授。専門は政治哲学・公共哲学・比較政治。コミュニタリアニズムや公共哲学の研究を通じ、ハーバード大学のマイケル・サンデル教授と長年の交流があり、NHKの「白熱教室」（2010年）では監訳と解説を務め、同講義のDVD版では解説を執筆。サンデル著『民主政の不満』（全2巻、勁草書房）の監訳も務める。著書に『政治的恩顧主義論』（東京大学出版会）、『非戦の哲学』（ちくま新書）、『友愛革命は可能か』（平凡社新書）、編著書に『戦争批判の 公共哲学』（勁草書房）など多数。

平 凡 社 新 書 ５ ５ ３

サンデルの政治哲学
〈正義〉とは何か

発行日――2010年12月10日　初版第1刷

著者――小林正弥
発行者――坂下裕明
発行所――株式会社平凡社
東京都文京区白山2-29-4　〒112-0001
電話　東京（03）3818-0743［編集］
東京（03）3818-0874［営業］
振替　00180-0-29639
印刷・製本―株式会社東京印書館
装幀――菊地信義

ISBN978-4-582-85553-1
NDC 分類番号130　新書判（17.2cm）　総ページ376
平凡社ホームページ　http://www.heibonsha.co.jp/